中國學術思想 研究輯刊

十七編

林慶彰 主編

第 31 冊

理想秩序的探求
——近代中國烏托邦思想研究

李書巧 著

花木蘭文化出版社

國家圖書館出版品預行編目資料

理想秩序的探求——近代中國烏托邦思想研究／李書巧 著 ─
初版 ─ 新北市：花木蘭文化出版社，2013〔民102〕
目 2+166 面；19×26 公分
（中國學術思想研究輯刊 十七編；第 31 冊）
ISBN：978-986-322-421-1（精裝）
1. 烏托邦主義　2. 中國
030.8　　　　　　　　　　　　　　　　102014820

ISBN-978-986-322-421-1

9 789863 224211

中國學術思想研究輯刊
十七編　第三一冊　　　　　　　ISBN：978-986-322-421-1

理想秩序的探求——近代中國烏托邦思想研究

作　　者　李書巧
主　　編　林慶彰
總 編 輯　杜潔祥
出　　版　花木蘭文化出版社
發 行 所　花木蘭文化出版社
發 行 人　高小娟
聯絡地址　235 新北市中和區中安街七二號十三樓
　　　　　電話：02-2923-1455／傳真：02-2923-1452
網　　址　http://www.huamulan.tw 信箱 sut81518@gmail.com
印　　刷　普羅文化出版廣告事業
封面設計　劉開工作室
初　　版　2013 年 9 月
定　　價　十七編 34 冊（精裝）新台幣 60,000 元　　版權所有·請勿翻印

理想秩序的探求
——近代中國烏托邦思想研究

李書巧　著

作者簡介

李書巧，女，1978 年生，漢族，河南鎮平人，東華大學人文學院公共管理系教師，1999 年畢業於河南大學管理科學系，獲經濟學學士學位，2003 年畢業於河南大學哲學與公共管理學院，獲法學碩士學位，2006 年畢業於武漢大學政治與公共管理學院政治學理論專業，獲法學博士學位。2006 年至今就職於上海東華大學人文學院，主要研究方向為中外政治思想、政治哲學，先後在《河南大學學報》、《理論月刊》、《湖北社會科學》等核心學術期刊上發表論文十多篇。

提　要

　　儒家思想所安排的秩序體系在近代遭遇挑戰並最終解體導致了中國社會終極理想的缺失，各種關於完美社會秩序的烏托邦思想由此產生。本書從分析烏托邦的基本內涵出發，對近代中國的典型烏托邦個案進行細緻研究，選取洪秀全的「塵世天國」、康有為的「大同社會」和無政府社會三個典型個案，分析了他們所描繪的理想藍圖及其所依存的理論基礎，指出它們的主題、特徵以及存在的差異。在此基礎上分析了烏托邦精神在現實社會中建構秩序的能力，指出烏托邦精神對於現有不合理政治秩序的解體有著積極的意義，但對新的政治秩序的重建卻無能為力。進而從社會、思想、人三個角度分析了近代中國烏托邦思想形成的原因。結語部分進行反思，指出需要在烏托邦與政治現實之間保持適度的張力。烏托邦對人類政治生活的意義在於其對未來美好可能性的探索以及對現存社會政治狀況的批判，但烏托邦作為人類對「應然」狀態的期許也因其科學理論基礎的缺失而成為一種想象而非現實的存在。因此，它是不能被現實化的，它必須恪守自己的邊界，也只有當它存在於可能和思想的領域中時，它才保有其豐富的生命力。

目

次

導　言

一、問題的緣起與意義

　　近代中國遭遇到了前所未有的危機，遭遇了「三千年未有之大變局」，伴隨著民族危機的日益加重，各種社會政治問題也「蜂擁而至，全面地、『總爆發式』地到來」〔註1〕，造成了近代中國極其尖銳複雜、極其緊迫的政治局面，而同樣的這些社會政治問題在西方是隨著現代化的逐步深入而漸次展開的。這些擺在中國人面前需要亟待解決的問題促使思想界不斷進行反思並迫切希望找到徹底解決問題的方法以擺脫現實中的困厄。

　　千百年來，儒家所構築的理想社會秩序雖然從來沒有真正的實現過，在孔孟之後的 1500 年間，「其間雖或不無小康，而堯舜三王周公孔子所傳之道，未嘗一日得行於天地之間」〔註2〕，但它一直是上至帝王下到黎民百姓孜孜以求的目標，也是應對各種社會問題的理想路徑。到了近代，根據儒家理念所建立起來的現實政治秩序應對各種危機時所表現出來的無能為力使它的合法性、合理性、可欲性受到質疑（理想社會在現實中遭受挫敗並不必然導向對這種理想社會的否定，但中國傳統中的實用主義傾向決定了中國的思想者以社會制度的有用與否來判定其可欲與否），尤其是甲午戰敗更是宣告了這種制度在西方衝擊下的毫無抵抗力，因為甲午戰敗意味著「中國近代傳統中用經世致用來強化儒學事功能力之破產，它清楚表明，既然儒學經過強化事功的變構都不能對抗西方衝擊，使中國立足於民族國家之林，那麼儒家倫理所相

〔註1〕 張星久：《中國近現代政治思想述論》，湖北人民出版社，2000 年，第 27 頁。
〔註2〕 朱熹語。

應的社會制度在現代世界中不是一種好的制度」〔註3〕，思想界意識到「並非理學所刻畫的社會制度不可實現，而是實現了後不能對抗西方衝擊，因而不是一種好制度。」〔註4〕儒家理想社會秩序的不可欲性導致了近代中國終極社會理想的缺失，既然儒家的理想社會已被實踐證明是不完美的，甚至是不好的，那麼什麼樣的社會才真正是完美無缺的？什麼樣的社會才能真正一勞永逸地解決中國目前所面臨的問題？這個問題一直困擾著近代的人們，因此重構理想社會便成為近代思想家們苦苦思索的主題，近代種種關於完美社會的烏托邦思想也由此產生。

近代中國烏托邦的誕生是作為對現實危機的一種反應，因此它就不僅僅是一種思想，更是一種對社會進行積極干預的力量，這明顯受到了儒家入世精神的影響，這種對儒家積極入世精神的保持使得近代中國的烏托邦具有明顯的本土特色。在這種急於實現自身目標的烏托邦思想的影響下發生了一場又一場旨在現實社會中重建秩序的革命或改革，這些政治實踐的努力和嘗試最終都失敗了，都沒有能力為近代中國建立起一個完善的社會，都沒能夠使中國迅速擺脫困境，走向富強。近代的思想家們並沒有從這些失敗中反思自己的行為是否太過激進，大大超出了當時社會所能承受的限度，反而認為失敗的原因是改革不夠徹底，於是伴隨著一次失敗而來的是更為激進的政治訴求，戊戌運動失敗了，人們便發動了辛亥革命，辛亥革命失敗了，人們便主張無政府主義，主張進行文化的革命，總之，近代在沒有現狀值得維持的情況下，「激進的力量拼命地發展，基本上中國近百年來是以『變』：變革、變動、革命作為基本價值的」〔註5〕。這種狀況甚至一直持續到1949年後的「大躍進」運動和「文化大革命」運動。因此，張灝認為中國人在二十世紀的大部分時間是花在所謂「革命」這條曲折的道路上〔註6〕。可見，近代中國思想家身上所具有的這種烏托邦精神促使他們選擇了往而不返的激進的革命道路，這對近代乃至現代的中國社會都產生了深遠的影響。

〔註3〕 金觀濤：《中國革命烏托邦的起源：論道德理想主義演變的邏輯》，載《亞洲研究》1999年第三十期，第38頁。

〔註4〕 同上，第41頁。

〔註5〕 余英時：《中國近代思想史上的激進與保守》，載《現代儒學的回顧與展望》，三聯書店，2004年，第17頁。

〔註6〕 張灝：《中國近百年來的革命思想道路》，載《二十世紀中國思想史論》（下），東方出版中心，2000年，第384頁。

　　20 世紀 80 年代末 90 年代初以來，海外華人學者首先開始從學理上對近代中國的激進思潮進行反思和檢討，林毓生的《中國意識的危機》認爲五四運動的「徹底反傳統」造成中國思想的斷裂和意識的危機，嚴重阻礙了現代化的進程。1988 年余英時在香港中文大學做了題爲《中國近代思想史上的激進與保守》的演講，他認爲近代思想家身上所具有的這種烏托邦精神導致中國百餘年來走了一段思想激化的歷程，中國已爲這一歷程付出了極大的代價。這種觀點在 90 年代初得到了大陸學者的積極回應，1992 年《二十一世紀》發表了姜義華的《激進與保守：與余英時先生商榷》和余英時的《再論中國現代思想的激進與保守》，隨後姜義華又撰文《20 世紀中國思想史上的政治保守主義》，兩人展開了關於「激進主義」和「保守主義」的爭鳴，姜義華的基本觀點是中國百年變革不斷受阻的眞正原因在於激進主義的不夠強大和保守主義的過於強大，肯定了激進主義思潮的價值。學界所存在的這種思想狀況使得我們需要進一步思考，如何評價導致激進主義思潮的烏托邦思想？烏托邦思想的政治意義和價值如何？烏托邦思想是否需要與現實保持一定的張力？對這些問題的回答便需要從理論的角度對近代中國所出現的典型烏托邦思想進行詳細的分析研究，它們是在什麼樣的條件下形成的？它們的主題和特徵是什麼？它們對現實政治社會秩序的影響是怎樣的？在它們影響下所發生的革命或改革運動是否達到了預期的目標？這便是本書所要探討的主要內容。

　　對歷史問題的關注和思考往往是爲了能夠更好地服務於現實的政治發展。改革開放以來，在深受激進思潮危害的中國人看來，烏托邦就是一個貶義詞。尤其是隨著市場經濟的不斷發展，中國社會快速邁向現代社會，人們愈來愈多地沉浸於追求必需性的日常生活之中，似乎唯有關注於眼前才是眞實的，人們失卻了勾畫烏托邦的衝動。人們熱衷於追求現實的物質利益，不再懷抱高遠的理想，「人」被徹底地「物」化，沒有理想與激情，似乎比任何時代都更爲遠離烏托邦精神。「烏托邦的消失帶來事物的靜態，在靜態中，人本身變成了不過是物。」〔註 7〕正如英國作家王爾德所言：「一幅沒有烏托邦景色的世界地圖根本不值得一瞧，因爲它捨棄了人類永遠嚮往的境域。」〔註 8〕總之，沒有烏托邦

〔註 7〕〔德〕卡爾・曼海姆：《意識形態與烏托邦》，黎鳴等譯，商務印書館，2000年，第 268 頁。

〔註 8〕轉引自 Zygmunt Bauman，Socialism：The Active Utopia，London：Gorge Allen & Unwin Ltd，1976. p11.

精神的社會是沒有希望的社會，失去烏托邦衝動的人類將失去未來，而沒有烏托邦衝動的學者也不可能產生對社會強有力的批判。可見，烏托邦對現實的批判和超越精神對於建設社會主義政治文明、構建和諧社會有著極大的積極意義。因此，對烏托邦精神的思考可以給我們帶來諸多啓示，我們需要認眞思考烏托邦的價值、意義及其限度。

可見，對中國近代烏托邦思想進行分析與研究既有理論價值，又有現實意義。因此，本書的研究對象是近代中國的烏托邦思想，通過對近代三個烏托邦個案的分析與研究，指出烏托邦追求的目標是完美的政治社會秩序，但在其影響下所發生的革命或改革卻無力在現實社會中建構新的秩序，並分析了近代中國烏托邦思想形成的原因，在結束語中反思烏托邦的政治意義及其限度，以期對中國的現代化建設有所貢獻。

二、研究現狀

人類關於完美社會的構想可以說由來已久，回顧歷史，我們可以發現，正是人類不斷創造出來的這一幅幅希望的藍圖標誌了人類作爲一種超越現實的最具想像力的存在。但作爲對人在此世的價值進行積極肯定意義上的烏托邦在西方到了近代才眞正產生〔註9〕。由資本原始積纍所引發的城市對鄉村的無情剝奪催生了一大批以文學形式出現的烏托邦著作，其中的開山之作便是莫爾的《烏托邦》。在資本家對無產者進行殘酷剝削的不義年代，「人們熱衷於烏托邦的創造，而無暇顧及對烏托邦本身的反思。」〔註10〕因此，烏托邦作爲學術研究的對象不過是近兩個世紀的事。烏托邦這個術語是隨著西方文明的傳入而開始出現在中國學術界的。人們大多是在貶義的層面上使用的，通常更爲強調其「空想、不科學」的一面，帶有很大程度的主觀感情色彩。可以說烏托邦在中國還未引起廣泛的學術興趣，對烏托邦的研究還處於起步階段。從烏托邦的角度對中國的近代思想進行分析整理的幾乎沒有，對具有烏托邦特質的思想的研究大多散落於對某一個或幾個思想家大同思想及無政府主義等的研究中。因此梳理近代中國烏托邦思想的研究現狀就需要對國內

〔註 9〕Krishan Kumar，Utopia and Anti-Utopia in Modern Times，Oxford：Basil Blackwell，1987，p22.

〔註10〕陳周旺：《正義之善──論烏托邦的政治意義》，天津人民出版社，2003 年，第 2 頁。

外烏托邦研究的現狀和國內外中國近代具有烏托邦特質的思想的研究現狀加
以分析研究。

（一）當代烏托邦的研究現狀

　　烏托邦在國外學術界一直是一個比較受到關注的話題，研究者所持價值
立場各有不同，研究方法也多種多樣，對烏托邦概念的界定也非常混亂，再
加上很多學者雖然沒有對烏托邦進行專題式的研究，但都涉及了烏托邦的問
題，因此要對烏托邦研究的現狀作全景式描繪，難度可想而知，這裏，我們
只能概括性地擇要加以介紹評析。對烏托邦持肯定態度的有布洛赫、卡爾·
曼海姆、保羅·蒂利希等。布洛赫從自然、社會和人類文化中所表現出來的
追求美好境界的內在發展趨勢來說明烏托邦具有「客觀」的基礎，或者說烏
托邦就是世界的本質，他將烏托邦視為一種「希望的力量」，是人類衝破異化
結構、積極行動的根本動力。曼海姆將烏托邦定義為「超越現實，同時又打
破現存秩序的結合力的那類趨向」〔註11〕，在他看來，沒有烏托邦的社會，「人
便可能喪失其塑造歷史的意志，從而喪失其理解歷史的能力」〔註12〕。蒂利
希從終極關懷的角度出發，指出：「烏托邦的概念依賴於人本質上應該是和可
能是的那種東西與人在生存中即在現實中所是的那種東西之間的差別。」〔註
13〕他認為烏托邦在人的存在中的基礎在於人的本質，烏托邦不同於無價值的
幻想，他相信烏托邦並不是可以被取消的事物，而是與人一樣長期存在下去
的事物。對烏托邦持否定態度的主要有哈耶克、以賽亞·伯林和卡爾·波普
爾等。哈耶克從人類社會演進的角度，認為烏托邦違反了社會演進中的自發
秩序原理，是通往奴役之路，終將淪落為國家專制權力對個人選擇的殘酷剝
奪。伯林將烏托邦視為一種「積極自由」，實質是以集體自由的名義壓制個人
自由。波普爾認為烏托邦所提供的理想藍圖和實現手段根本無法用科學方法
來瞭解和證明，因而也不能用說服的方法加以實現，只能訴諸於暴力的壓服
手段，因此「烏托邦工程」必然導致極權主義。從史的角度對烏托邦進行客
觀的純學術研究的有赫茨勒、曼努爾兄弟、庫瑪等。他們大多對烏托邦持同

〔註11〕卡爾·曼海姆：《意識形態與烏托邦》，黎鳴等譯，商務印書館，2000 年，第
　　　196 頁。
〔註12〕同上，第 268 頁。
〔註13〕保羅·蒂利希：《政治期望》，徐鈞堯譯，四川人民出版社，1989 年，第 181
　　　頁。

情態度，在肯定烏托邦積極意義的同時探討其負面影響。此外，鑒於烏托邦概念的混亂狀況，試圖對其進行重新界定的著作有盧斯・利維塔的《烏托邦的概念》等。

國內的烏托邦研究經歷了兩個階段，90 年代以前主要研究空想社會主義，翻譯了一批西方空想社會主義者的著作，並取得了一些理論研究的成果，如吳易風的《空想社會主義》、李鳳鳴的《空想社會主義思想史》、王蘭垣、余金成主編的《空想社會主義比較論》等。這一時期的研究把烏托邦局限於空想社會主義，在視野、方法、材料上都有些狹窄。90 年代以後，國內學者逐漸將烏托邦與空想社會主義區別開來，出現了一批研究烏托邦的專著和文章。對國外烏托邦研究進行引介評析的有陸俊的《理想的界限——「西方馬克思主義」現代烏托邦社會主義理論研究》、陳岸瑛的《不該遺忘的希望——恩斯特・布洛赫烏托邦哲學評述》、劉懷玉的《走出歷史哲學烏托邦》、章國鋒的《關於一個公正世界的烏托邦構想》、龔群的《道德烏托邦的重構》等。從哲學思辨角度來探討烏托邦的哲學意義的有衣俊卿的《歷史與烏托邦——歷史哲學：走出傳統設計之誤區》、賀來的《現實生活世界：烏托邦精神的真實根基》等。這兩部著作「反映了當代中國學者在烏托邦問題上的思想水準」〔註14〕。從政治學角度對烏托邦的概念及其政治意義進行分析探討的有陳周旺的《正義之善——論烏托邦的政治意義》、楊紅偉的《論烏托邦的概念及其政治意義》等，新學科的介入拓寬了烏托邦研究的領域。此外，從烏托邦角度進行歷史文化反思的有林毓生的《二十世紀中國的反傳統思潮與中式烏托邦主義》、郭蓁的《論晚清政治烏托邦》、張星久的《淺論黨史上左傾錯誤發生的傳統思想文化背景》、閔樂曉的《走出烏托邦困境——從現代角度對中國傳統烏托邦主義進行審視》等。這些成果已經開拓了近代中國烏托邦思想的研究領域，構成了我們進一步研究的背景，爲我們的研究提供了理論素材和方法論支撐，但還處於初步階段，本書將繼續對這一領域展開研究。

（二）近代中國具有烏托邦特質的思想的研究現狀

1、大同思想的研究現狀

對近代中國思想家大同思想進行專門研究的著作不是很多，大多是在思

〔註14〕徐長福：《烏托邦反思：在歷史與現實之間》，載《求是學刊》1999 年第 2 期，第 22 頁。

想史或者專人思想研究中涉及，文章很多，現簡要述之。蕭公權的《近代中國與新世界：康有爲變法與大同思想研究》一書將康有爲的思想放在整個中國思想史的視野中進行「宏觀」分析，把康有爲的大同學說與世界上其他的烏托邦理論進行比較，因而「肯定康氏是一世界級的烏托邦建造者」〔註15〕。閻丹紅的碩士論文《〈大同書〉烏托邦思想與西方烏托邦思想之比較》將康氏的烏托邦思想與西方的做一比較。臧世俊的《康有爲大同思想研究》一書較爲詳細系統地分析了康有爲大同思想的形成條件、理論來源、基本內容、內在矛盾，並比較了其與洪秀全、孫中山關於理想社會的異同。其他的一些思想史的著作如侯外廬的《近代中國思想學說史》、陳旭麓的《近代史思辨錄》、熊月之的《中國近代民主思想史》、李澤厚的《中國近代思想史論》、張星久的《中國近現代政治思想述論》等雖然沒有對大同思想進行專門的研究，但都涉及了這方面的問題並提出了獨到的見解，因此對我們的研究有著相當的參考價值。此外，一些期刊上發表的學術論文也比較多，具有代表性的有林克光的《論〈大同書〉》、張家驤的《康有爲及其〈大同書〉烏托邦思想》、L. 普菲斯特的《康有爲・柏拉圖烏托邦思想比較研究》、湯志鈞的《孫中山和儒家「大同學」》、戚其章的《論孫中山的「大同主義」說》、李子文的《論康有爲的大同思想》、羅峻的《洪秀全、康有爲大同理想之比較研究》等。當前大同思想研究存在的問題主要有，一是缺乏整體研究，大部分是作爲思想家個人的思想來研究的，而沒有作爲整體放到整個近代歷史的背景中來加以研究，從而凸現它的意義和價值。二是大多是從史的角度來研究，鮮有從政治學的角度進行精細研究並分析它的政治意義。

2、中國無政府主義的研究現狀

建國以來對無政府主義的研究由於種種原因在 50 年代處於寂寞狀態，文化大革命時期幾乎停頓，改革開放以後才逐步繁榮起來。專著不是很多，學術論文很多，現概括述之。研究資料有北京大學出版社編輯出版的《中國無政府主義思想資料選編》、高軍等編輯的《無政府主義在中國》等。徐善廣、柳劍平的《中國無政府主義史》一書從史的角度較爲詳盡地論述了無政府主義在中國傳播的歷史條件，闡明了無政府主義從傳入、流傳、衰落到破產的整個歷史過程，並對中國無政府主義與歐洲的無政府主義作了比較分析，可

〔註15〕蕭公權：《近代中國與新世界：康有爲變法與大同思想研究》譯者序言，江蘇人民出版社，1997 年，第 2 頁。

以說，「較集中地反映了 1989 年前的研究成果」〔註16〕。蔣俊、李興芝的《中國近代的無政府主義思潮》一書對無政府主義的各種派別、無政府主義與革命派及馬克思主義分別進行了比較分析，指出無政府主義是隨著中國近代的中心問題「中國向何處去」的探索而出現和發展的，又隨著這一問題在理論和實踐上的解決而逐漸消失。李怡的《近代中國無政府主義思潮與中國傳統文化》一書從中國傳統文化底蘊與中國無政府主義思潮的互動關係的角度出發，敘述了無政府主義在與中國文化整合過程中被吸收嬗變的真實狀況，指出其主流傾向是無政府共產主義，其之所以在中國流行的深層原因在於民族的文化心理興趣，是近年來研究無政府主義思潮的一部力作。學術文章中具有代表性的有湯庭芬的《試論無政府主義在中國的破產》、姜義華等的《無政府主義與近代青年運動》、孫茂生的《中國無政府派的政治思想》、顧昕的《無政府主義與中國馬克思主義的起源》、張亞多的《無政府主義與「五四」新文化運動》等。目前對無政府主義的研究側重點主要在於對它的批判上，對其積極意義分析不夠。

三、研究方法與內容

　　近代中國可以說是烏托邦思想大放異彩的時代，思想家們一個接一個的構劃理想社會的藍圖，而且在這種思想的影響下發生了一場又一場悲壯的為社會樹立新秩序的革命或改革，這些革命或改革是否達到了預期的目標？烏托邦思想為什麼在近代中國廣泛興起？對這些問題的思考是本書研究的出發點，因此，本書的研究主要集中在兩個問題上，即烏托邦在近代興起的原因及其在現實社會中建構秩序的能力。問題本身決定了研究方法的取捨。本文研究的整體性要求在辯證唯物主義和歷史唯物主義的指導下，將科學研究與價值判斷、烏托邦文本與歷史——社會語境相結合，具體主要採用以下幾種方法：

　　1、文獻研究方法。我們對思想的研究必須忠於思想的原貌，因此要研究中國近代的烏托邦思想，便需要對思想家個人的著述進行細緻的研究，而不能僅僅借鑒他人的研究成果，從而使自己的分析和結論立於科學的基礎之上。主要文獻有神州國光社出版的《中國近代史資料叢刊》中的《太平天國》

〔註16〕李怡：《近代中國無政府主義思潮與中國傳統文化》，華中師範大學出版社，2001 年，第 3 頁。

和《戊戌變法》，江蘇人民出版社的《太平天國印書》，古籍出版社的《大同書》、北京大學出版社編輯的《中國無政府主義思想資料選編》、高軍等編輯的《無政府主義在中國》等。

　　2、比較分析的方法。阿爾蒙德曾指出：「比較分析是一種有效而多能的工具，它通過從一個更廣闊的眼界提供各種觀念和衡量標準，增強我們評述和瞭解任何國家，包括我們自己的國家的政治能力。」〔註 17〕近代中國的烏托邦思想既有形成的共同的時代背景，又因思想家個人的經歷、思想來源的不同而呈現出不同的特點，因而要想對此有一個全面深刻的認識，便需要把它們放到一個寬廣的視野中進行比較分析。

　　3、歷史社會學的方法。歷史社會學處理「介入」與「超然」關係的方法對於本文的研究有重要的借鑒意義。「所謂介入是指它對所考察的人類處境產生同感或者直接進入其中；所謂超然是指它能夠減少對於情緒化的反應以進行清楚認知。」〔註 18〕本文力圖把握二者之間的平衡，既能客觀地分析思想家個人的思想，又能對處於一定時空條件下的思想家給予一定的同情並力圖再現其思想產生的情景。

　　基於這樣的設想，本書主要劃分為四章。第一章在梳理分析歷史上種種對烏托邦不同理解的基礎上，提出本書的界定並分析其涵義。第二章運用所界定的烏托邦概念對近代中國的典型烏托邦個案進行細緻研究，分析他們所描繪的理想藍圖及其所依存的理論基礎，指出它們的主題與特徵以及存在的差異。第三章對烏托邦精神在現實社會中建構秩序的能力進行了分析。第四章從社會、思想、人三個角度分析了近代中國烏托邦思想形成的原因。最後的結語部分反思了烏托邦的政治意義及其限度，指出需要在烏托邦與政治現實之間保持適度的張力。

　　總之，本書試圖以整體的和發展的視角，用政治學式的思維，結合歷史學的方法，從政治學的角度客觀地分析、探討近代中國烏托邦思想形成的原因及其所產生的政治影響。

〔註17〕阿爾蒙德、小鮑威爾：《當代比較政治學》，商務印書館，1995 年，第 5～6頁。

〔註18〕〔英〕丹尼斯·史密斯：《歷史社會學的興起》，周輝榮等譯，上海人民出版社，2000 年，第 4 頁，轉引自劉暉：《知識分子與中國革命》，天津人民出版社，2004 年，第 37 頁。

第一章　烏托邦與烏托邦精神

　　不管是在西方文明中還是在東方文明中，人類追求美好社會的理想源遠流長，不曾中斷過。但用「烏托邦」這個詞語來表達這種對美好社會的嚮往卻是近代以來的事情。自從莫爾首次使用了「烏托邦」這個術語來表達這樣一種理念之後，烏托邦便成了一個廣泛使用的名詞。雖然人們經常使用，但對它的理解卻眾說紛紜，莫衷一是。從其積極方面來探討的強調烏托邦精神是人類的根本精神；從其消極方面來研究的則側重於指出烏托邦運動給人類社會帶來的實際影響。由於研究者目的與偏好的不同，所持的價值立場和意識形態的不同等諸多因素導致了對烏托邦概念作出了或寬或窄的界定。可以說，如同政治學中的其它的重要概念（如「民主」、「自由」等）一樣，「烏托邦這個詞的含義一經產生就處於不斷的變化之中，每一個思想家都以不同的言說方式來表達自己對它的理解。」〔註1〕因此，為著本書分析的需要，本章主要是在對烏托邦的種種不同理解進行分析的基礎上提出本書對烏托邦概念的界定，並對烏托邦的理論基礎、內涵外延做一分析探討，為本書以後的分析做一理論鋪墊。

一、種種對烏托邦的不同理解

　　首先讓我們看看一些較為權威的工具書中的定義。《布萊克維爾政治學詞典》是從從詞源上來理解烏托邦的：在希臘語中 eu 相當於 good（好），ou 相當

〔註 1〕 楊紅偉：《論烏托邦的概念及其政治意義》，武漢大學 2004 年政治與公共管理
　　　　學院碩士論文，第 8 頁。

於 not（無），莫爾運用了這種雙關性，utopia 既可以指 eutopia，即一個美好的地方，也可以指 outopia，即子虛烏有的地方，或者可以同時擁有這兩種含義。《牛津英語詞典》中列出了烏托邦四個方面的含義：「（1）托馬斯・莫爾所描繪的一個想像中的島，島上有一個具備完美法律和政治制度的理想社會；（2）任何想像中的或不明確的、遙遠的國家、地域或場所；（3）在政治、法律、風俗、生活狀態等一切方面都完美無缺的地方、國家或場所；（4）一種不可能的理想計劃，尤指社會改革計劃。」〔註2〕其中第一方面是專指莫爾在《關於最完美的國家制度和烏托邦新島的既有益又有趣的金書》中所描述的一個島嶼；第二方面則側重於從「烏托邦」的「無」來理解，強調其是人們頭腦中想像的產物，與現實社會的距離是遙遠的、難以捉摸的；第三方面則指出烏托邦「完美無缺」的性質，在社會的各個方面都是一種全新完美的狀態，是一個與現有社會完全不同的地方。第四方面可以說是「烏托邦」最初含義的引申，是一種依據「完美社會」的理想來對現實進行改造的措施。通過分析，我們可以發現，第二方面和第三方面是「烏托邦」概念中最為核心的部分，即「完美但卻無法實現」。《不列顛百科全書》中認為烏托邦是指「一個理想的國家，其屬民存在於完美的狀態。」〔註3〕《韋氏標準詞典》的解釋是「（烏托邦）是指任何理想而臻於完美境界的地方或國家。」〔註4〕這兩種解釋都非常簡單明瞭，都只強調「烏托邦」的完美性，似乎「烏托邦」之為「烏托邦」僅僅在於它是理想的、美好的，至於能否實現則並不重要。換言之，烏托邦的意義應在於提供一個完美的狀態作為現實生活的觀照，使人們發現現實生活的缺點並努力改善、超越。《大美百科全書》則這樣定義烏托邦：「在英語中，烏托邦已被當作理想的同義詞，尤其是指理想的政府和社會。因為這種理想幾乎是不可能實現的，烏托邦主義往往意味著不切實際與非現實。」〔註5〕與前面幾個界定相比，這個定義更強調「烏托邦」是關於人類社會的理想狀態，是人們對此世美好生活的構劃，而不是關於來世或天國的。

其次再看看國內外學者對烏托邦的理解。根據價值立場可以分為三類，一種是烏托邦的支持者，他們認為烏托邦是不可或缺的，是人類的存在和價

〔註2〕 The Oxford English Dictionary，Vol 11，Oxford University Press，1978，p.485.
〔註3〕 Encyclopedia Britannica，VOL22，p913，1964.
〔註4〕 WEBSTER NORMAL DICTIONARY，p.1820.
〔註5〕 《大美百科全書》，臺灣光復書局，1990 年，卷 28，第 2 頁。

值實現方式，是一種積極的力量，意味著歷史的創造和人的解放，企圖在貧乏的年代高揚烏托邦精神。如蒂利希認爲烏托邦沒有空間，沒有時間，沒有在場，但並不同於無價值的幻想，不是毫無意義的，事實上烏托邦在人自身的結構中有一個基礎，與人的存在密不可分：「烏托邦並不是可以被取消的事物，而是與人一樣長期存在下去的事物。」〔註6〕曼海姆側重於從與現有秩序對立的方面來界定烏托邦：「我們稱之爲烏托邦的，只能是那樣一些超越現實的取向：當它們轉化爲行動時，傾向於局部或全部地打破當時佔優勢的事物的秩序。」〔註7〕這就確立了烏托邦和意識形態的區別。意識形態是指維持現存秩序的活動的那些思想體系，它所表達的是現實權威人物的世界觀和價值觀；烏托邦則是指產生改變現行秩序活動的那些思想體系，它表明有可能實現變革，烏托邦就其本性而言是顛覆性的，他們反對現存的權威，抵制現存權威所推行的世界觀和價值觀。因而曼海姆認爲烏托邦帶有希望的信息。布洛赫用「烏托邦的」來指人類世界中普遍存在的這樣一種精神現象——趨向尚未到來的更好狀態的意向。他認爲真正的烏托邦總是人們對符合人性的美好的事物的構想，它促進人類追求現在「尚未」實現但值得追求的未來，因此烏托邦設想在人真正成爲他自己的過程中必不可少，烏托邦精神是人之爲人的根本精神。如果說曼海姆是從烏托邦與現存世界的關係上來理解烏托邦的話，那麼布洛赫對烏托邦的理解則更側重於內在的維度，即正是由於人類內心烏托邦精神的覺醒，我們才可能與外部現存世界處於永恆的對立之中，處在對烏托邦的「尚未」的永恆的「希望」之中，我們才不會被現實世界所束縛，成爲自己的真正主宰，直至世界成爲我們的家園。國內學者賀來把「這種超越當下可感的現存狀態對真善美價值理想的不懈追求精神，稱爲『烏托邦精神』。烏托邦精神是人之爲人的標誌，因而是人的根本精神。」〔註8〕在他看來，沒有烏托邦的社會是一個貧瘠的社會。他認爲烏托邦精神意味著一種批判性的向度，它爲現實世界懸設了一個普遍性的價值尺度，它以超越現實的應然狀態來審視人和社會的現狀。陳周旺從超越政治現實和追尋正義兩

〔註6〕〔美〕保羅·蒂利希：《政治期望》，徐鈞堯譯，四川人民出版社，1989年，第163頁。

〔註7〕〔德〕卡爾·曼海姆：《意識形態與烏托邦》，黎鳴等譯，商務印書館，2000年，第196頁。

〔註8〕賀來：《現實生活世界——烏托邦精神的真實根基》，吉林教育出版社，1998年，第35頁。

個方面來界定「烏托邦」，認爲「烏托邦」之「無」並非空無、非存在，而是相對於政治現實之「無」，即超越政治現實所堅執的現實性，如果我們無法目睹烏托邦之「有」，並不是因爲它不存在，而是因爲「我們皆被現實存在的假象遮蔽而已。我們只相信目光可及之物，而忘卻自己是身處於總體意義關係之中」〔註9〕。烏托邦之所以爲現實所不容，乃是因爲烏托邦政治設計以普遍正義爲先驗結構，堅持正義之首要性，對現存的政治結構進行無條件的否定和批判，企求打破異化的特權結構，實現人的解放。烏托邦政治設計中所呈現的這種對普遍正義的追尋，就是烏托邦精神。〔註10〕

　　一種是烏托邦的反對者，他們認爲烏托邦必將會導致專政和獨裁，給人類帶來災難。其關注點在於烏托邦思想的實施也即烏托邦運動對人類社會所造成的消極影響。哈耶克認爲人類歷史是自發演進的，並沒有先驗目的和規律，也沒有可以預先選定的路徑，而烏托邦卻認爲可以憑藉理性對社會進行「設計」，預先建構一個完美的社會。烏托邦取消自發秩序而進行理性設計將會使人類通往奴役之路。他批評了烏托邦的這種對人的理性和能力的盲目自信，他說：「我們根本不可能全知全能，無所不通。這就像一切偉大宗教的教誨一樣：人不是神，也絕對不可能變爲神，在神面前，他必須俯首稱臣。」〔註11〕波普認爲烏托邦主義者試圖實現一種理想的國家，而理想社會的藍圖只有極少數人才能設計出來，這便要求少數人的強有力的集權統治，因而可能導致少數人對多數人的獨裁〔註12〕。烏托邦提供了一個完美的社會理想和實現手段並要求人們以此作爲政治行動的信仰來對現實社會進行徹底的改造和重建，拋棄現存的制度、觀念和生活方式。然而，這種完美的理想卻無法證僞，無法用科學的方法來證明其真實性，是違背人類常識的。他稱「對於吃過知識之樹的人來說，天堂已不復存在」。柏林認爲烏托邦假定人性是靜止不變的，人的目的也是永遠不變的，存在著一種對一切人都有意義的至善觀念，存在著對所有人來說都是同樣的價值和真理，爲此設計了一個理想狀態，希

〔註 9〕 陳周旺：《正義之善──論烏托邦的政治意義》，天津人民出版社，2003 年，第 17 頁。

〔註10〕 同上，第 29 頁。

〔註11〕 哈耶克：《科學的反革命：理想濫用之研究》，馮克利譯，譯林出版社，2003 年，第 109 頁。

〔註12〕 卡爾·波普：《開放社會及其敵人》，陸衡等譯，中國社會科學出版社，1999 年，第 295 頁。

望現實的所有問題都能夠得到完美解決，人類所追求的各種價值都能得到實現，即魚與熊掌兼得，但這是不可能的，因爲這個世界上很多價值無法兼容並存，一些價值的實現不可避免地要犧牲另一些價值，人類的問題不可能最終得到解決。國內學者衣俊卿把「人內在具有的這種根本超越自己在宇宙存在鏈條上有限的、孤獨的和缺憾的境遇的企圖和傾向，這種對永恒、無限和完善完滿的渴望與衝動界定爲『烏托邦定勢』。」〔註13〕他認爲「這一烏托邦傾向或定勢的最終意圖是要把人提高到神的地位，或者使人與神認同，從而終結人之爲人的歷史。這一傾向從根本上有悖於人的存在本性，它所設定的目標是人永遠無法抵及的存在狀態，因此，它會對人的存在和歷史進程帶來消極的後果。」〔註14〕

　　一種是價值中立者，他們進行整體性的純學術研究，在肯定烏托邦政治意義的同時探討其局限性，其關注點在於烏托邦的文本或結構。赫茨勒是在相對寬泛的意義上來使用烏托邦這個概念的，認爲烏托邦這個名稱是「種種想像中理想社會的通用名詞」〔註15〕。它完全沒有缺點，人們生活在完全協調、充滿幸福和美滿的世界之中。烏托邦雖然美好，但卻無法實現，永遠是某種未來的事物。烏托邦的基礎在於人類自身所具有的「烏托邦主義精神，即認爲社會是可以改進的，而且是可以改造過來以實現一種合理的理想的。」〔註16〕赫茨勒客觀地分析了烏托邦的積極意義和局限性，認爲人類的烏托邦精神是克服停滯不前、促進社會進步的保證，但同時烏托邦所描述的社會卻又是停滯不前的存在。在考夫曼看來，烏托邦是一個消除了現實社會所有缺點的世界，因而也是不可能的，是「烏有之地」，只能是人類的一種想像。他認爲烏托邦實際上是對現實不滿的一種表達，是社會不和諧的產物，往往在社會失範、秩序混亂的地方蔓延叢生，確實可以說是社會病態的反映。烏托邦既有積極方面的功能，又有消極方面的功能。雖然它是不能實現的，因爲它忽視了人類的弱點，但它通過提出一個更高的（即使說是不可達到的）的

〔註13〕衣俊卿：《歷史與烏托邦——歷史哲學：走出傳統歷史設計之誤區》，黑龍江
　　　　教育出版社，1995 年，第 31 頁。
〔註14〕同上，第 33 頁。
〔註15〕〔美〕喬・奧・赫茨勒：《烏托邦思想史》，張兆麟等譯，商務印書館，1990
　　　　年，第 3 頁。
〔註16〕〔美〕喬・奧・赫茨勒：《烏托邦思想史》，張兆麟等譯，商務印書館，1990
　　　　年，第 4 頁。

理想，給那些僅僅看到自私自利盛行的人們提供了一個有用的矯正物，它給
我們指出了正確的方向，有助於社會的進步。不過，烏托邦也僅僅在此範圍
內發生作用。如果它不滿足於僅僅作爲現實狀態的批評者而存在，而是要成
爲社會動盪的催化劑，那麼它就是很危險的。對待烏托邦的正確態度就是把
它看作是一種不可能實現的社會理想狀態的體現，用以激勵鼓舞持續不斷的
進步。楊紅偉通過對各種不同流派的烏托邦概念進行抽樣和統計分析，審愼
地得出結論，認爲雖然人們對烏托邦含義的理解各有不同，但大都沒有背離
烏托邦是「想像的完美」這一核心表述。從這一表述，可以得出以下推論：1、
烏托邦是人的一種能力和傾向，是內在於人的屬性，沒有了烏托邦，人將不
再是眞正的人；2、從積極的意義上講，烏托邦是對價值的主動追求；3、從
消極意義上講，烏托邦意味著現實合法性資源的缺失，烏托邦正是人們對現
實的反叛、逃避或超越。〔註17〕

二、烏托邦基本內涵的界定

人們對烏托邦的種種定義，有許多是從比較寬泛的意義上來理解的，由
此把烏托邦分爲很多種，比如宗教烏托邦、社會烏托邦、技術烏托邦等等，
而本書則側重於烏托邦較爲狹窄的含義，專指一種對整個人類世俗社會進行
完美勾畫的社會烏托邦。其實寬泛的定義也好，狹窄的定義也好，都反映了
「確定『烏托邦』含義的努力，表明在歷史思考中每一種定義在多大程度上
必須取決於人們的視角，就是說，它本身包含了代表思考者地位的整個思想
體系，尤其是隱含在這種思想體系背後的政治評價性。一個概念被界定的方
式，以及這個概念中所表現的細微差別，已在某種程度上體現了有關建立在
這個概念之上的一系列思想後果的先入之見。」〔註18〕

在對種種烏托邦概念的陳述和分析的基礎上，我們可以看出，自從莫爾首
次將「烏托邦」這個希臘語引入近代政治詞彙，用以指代一個遠方想像中的完
美島嶼之後，人們對它的理解也隨時空的變化而變化，但大都是在最初詞源意
義上的展開和延伸，或者強調 Eutopia（美好），或者強調 Outopia（子虛烏有），

〔註17〕楊紅偉：《論烏托邦的概念及其政治意義》，武漢大學政治學管理學院 2004 年
　　　　碩士論文，第 25 頁。
〔註18〕〔德〕卡爾·曼海姆：《意識形態與烏托邦》，黎鳴等譯，商務印書館，2000
　　　　年，第 201 頁。

或者二者兼而有之（完美而子虛烏有）。如美國知名的毛澤東學專家莫里斯·邁斯納就認為：「在道德上，烏托邦或許是『福地樂土』，而在歷史上，它卻可能是『烏有之鄉』。」〔註 19〕因此，本文對烏托邦概念的界定也將在這兩個維度上展開。它包含三個方面的含義：從其描繪的理想藍圖來看，它是對未來完美世俗社會的設計；從其與現存秩序的關係來看，它是對現存政治秩序的否定和超越；從其依存的理論基礎來看，它是想像的而非科學的思維的產物。

（一）未來完美世俗社會的設計

烏托邦構畫了一個完美社會。人天生是社會動物，是要過群居生活的，在社會生活中必然會產生矛盾和衝突，由此便需要有政治來進行協調，從本質上講，政治是為人的幸福和人的發展而存在的，政治的最高理想是實現人間善的生活。亞里士多德也指出「城邦不僅為生活而存在，實在應該為優良的生活而存在」。〔註 20〕如果說政治是為了實現優良的生活，那麼烏托邦則指出了什麼是優良的生活。烏托邦為我們描繪了一個完美的社會狀態。「它完全沒有缺點，沒有浪費現象，也沒有我們這個時代那種混亂狀況。人們生活在完全協調、充滿幸福和美滿的世界之中。」〔註 21〕「那是某個遙遠的幸福之島，那裏具備完美的社會關係，純正優良的憲法以及永無過失的政府。人們過著單純而幸福的生活，遠離現實生活中的一切混亂、煩擾和無窮無盡的憂愁。」〔註 22〕正是烏托邦所描繪的優良生活的圖景使我們發現在我們的視野之外，有更廣闊的存在，生活不僅僅是我們身處的所在，而是可以更美好的。只要我們去探尋，就可以生活得更好。好比長時間的洞穴生活使其中的人已經習慣了黑暗，只看到火光或模糊的影子，便以為這就是生活的全部。直至有一天有人掙脫枷鎖，爬出洞穴，看見了第一縷陽光，才發現生活的本質。〔註 23〕而烏托邦就是那向我們揭示真理的第一縷陽光。

烏托邦的完美社會是關於未來的。自從人類進入文明社會，不管是在東

〔註 19〕 轉引自〔美〕莫里斯·邁斯納：《毛澤東與馬克思主義、烏托邦主義》，中央文獻出版社，1991 年，第 1 頁。

〔註 20〕 亞里士多德：《政治學》，吳彭壽譯，商務印書館，1965 年，第 137 頁。

〔註 21〕 赫茨勒：《烏托邦思想史》，張兆麟等譯，商務印書館，1990 年，第 3 頁。

〔註 22〕 Moritz Kaufman：Utopias，p1，Kegan Paul press，Reference Ruth Levitas：the concept of utopia，Philip Allan 1990，p.12.

〔註 23〕 參見柏拉圖：《理想國》，郭斌和等譯，商務印書館，1986 年，第 273～275 頁。

方文明中，還是在西方文明中，對完美社會的嚮往和描繪便沒有停止過。赫茨勒在《烏托邦思想史》中將西方這種對美好社會的嚮往追溯到希伯來的先知者那裏。這種對「應然」狀態的期許有朝前看的，如基督教的末世期待，也有向後看的，如儒家的「三代」盛世理想。正如蒂利希所說，「被想像為未來理想的事物同時也被投射為過去的『往昔時光』——或者被當成人們從中而來並企圖復歸到其中去的事物。」〔註24〕但就烏托邦能夠給人類帶來全新的氣息、希望和勇氣而言，烏托邦則應指向對我們來說充滿期待的未來。因為只有它存在於我們未知的將來，才能給我們以希望，才能激勵我們去發現與當下狀態完全不同的全新的生活方式，才能帶給我們以勇氣去追尋新的美好的生活。如果它存在於歷史上曾經出現的某個歷史時刻，那麼我們所能做的就只是向過去的復歸而已，而不需要對生活進行全新的創造。只有當我們關注於對未來的期望時，烏托邦才會引起「一種進步主義的、在某種條件下也是一種革命性的思想和行動方式」。〔註25〕因此，本書就是在這個意義上來使用「烏托邦」這個概念的。

烏托邦的完美社會是世俗的。對未來完美社會的設計有天國的，有世俗的；有屬神的，有屬人的；有來世的，有此世的。就烏托邦強調對人類生命本身的關懷而言，烏托邦則應是世俗的，屬人的，此世的。人在烏托邦中的和諧生活不能脫離其世俗性。烏托邦是人在此世就能夠實現的美好社會。「……，在關於天堂和黃金時代的描述中，理想社會並不存在於世俗的時間和空間裏，不能靠普通的人的手段來達到，與烏托邦正好相反；烏托邦是一種純粹靠人的手段就可以達到的理想社會。對於來自關於天堂的空想的那些觀念來說，從現實社會到理想社會的過渡是通過象徵性的手段和宗教儀式來實現的，而烏托邦思想則是通過物質手段來實現的。」〔註26〕可見，在這個意義上，天國觀念與烏托邦是有根本區別的。天國觀念認為世俗社會是黑暗的，不可救藥的，不可能實現普遍和永恆的正義，不可能達到至善境界，人類在此世是沒有希望獲得救贖的，只有在天國或來世中才能真正獲得幸福。

〔註24〕〔美〕保羅·蒂利希：《政治期望》，徐鈞堯譯，四川人民出版社，1989年，第171～172頁。
〔註25〕〔美〕保羅·蒂利希：《政治期望》，徐鈞堯譯，四川人民出版社，1989年，第181頁。
〔註26〕〔法〕呂克·拉西納：《天堂、黃金時代、太平盛世和烏托邦》，《第歐根尼》中文版創刊號，第88頁。

西蒙娜・薇依就指出：「我們都知道塵世間並無善，一切在塵世間呈現爲善的東西都是有終的，有限的，會耗盡的，而一旦消耗而盡，必需性就會暴露無遺。」〔註27〕在基督教中，由於人類始祖亞當偷吃禁果而被逐出伊甸園，所以人生而有罪，人的一生就是向上帝贖罪的過程。人無法自我完善，所能做的只是在塵世中受苦和忍耐，期待上帝福臨拯救，以便死後能夠進入天堂享有永恒的幸福。換言之，基督教否定了人的價值和能力，由於人自身的缺陷，人不能憑藉自己的理性努力設計一套完美的制度而使自己得救，人在塵世中所做的一切都毫無價值，認爲人憑藉自身的努力就可以實現完美的社會無異於冒犯神靈。所以，人是無足輕重的，「一切都聽從上帝的統一安排，聽從上帝的計劃，聽從上帝所希望的結局。……眼下罪惡叢生乃是出於神的旨意，罪惡的結局也安排好了。善良的人除了等待全能的上帝採取下一行動之外是無所作爲的。」〔註28〕天國的存在使塵世的一切努力都歸於徒勞，人的獲救必須通過上帝來完成，人們的職責乃是消極等待上帝的干預和這種由上帝命定的世俗事務和權力的崩潰。烏托邦則不然，烏托邦認爲人的本性是善良的，人也是可以自我完善的，人通過自己的努力、正確運用理性是可以在此世享有無窮的福祉的。人有能力改變自己的處境，只要積極面對，一切都是可能的。現實社會的種種弊端違背了人的天性，是制度敗壞的結果，因此，只要有完美的制度安排，人類便會成爲「天使」。烏托邦透露出來濃郁的世俗氣息，給人類帶來了希望和勇氣。人雖然對現存的社會政治制度失去了希望，但人類對自己還抱有信心。朱迪斯・史科勒一語中的：「一切烏托邦都拒絕原罪說……更重要的是烏托邦否定了一切將人的自然品德和理性看作是脆弱和具有致命之傷的『原罪』觀念。」〔註29〕可以說，烏托邦是天國價值的塵世追求，善的生活是可以在此世建構的。這一完美的國家是在人世上的，因此，要使人民達於完善並不在於把人民遷移到耶和華的居住地，而是使耶和華來到人間，生活在人民之中。可見，烏托邦是在高揚人的價值的基礎上追尋正義，天國觀念則是在取消人的價值的基礎上實現拯救。正是在這個意義上，庫瑪認爲「宗教與烏托邦在原則上有基本矛盾。……宗教典型地具有來世的

〔註27〕〔法〕西蒙娜・薇依：《在期待之中》，杜小眞等譯，三聯書店，1994年，第137頁。

〔註28〕〔美〕喬・奧・赫茨勒：《烏托邦思想史》，張兆麟等譯，商務印書館，1990年，第65頁。

〔註29〕轉引自鄭也夫：《代價論》，三聯書店，1995年，第146頁。

關懷，而烏托邦的興趣則在此世。」〔註 30〕因而他認爲當人從神權結構中解放出來才可能有眞正的烏托邦，中世紀占統治地位的宗教世界觀不再完全控制人們的頭腦，可以說是產生烏托邦的必要條件，故而烏托邦是近代的產物。

（二）對政治現實的否定和超越

烏托邦是對現存政治秩序的否定和超越。莫爾的《烏托邦》分上下兩篇，與第二部分描繪的理想國相對照，第一部分勾畫了一個不合理的社會，其中充滿了爭鬥、陰謀和罪惡，暗喻著當時英國的現實政治社會。康帕內拉在描述太陽城理想社會的同時，也批判了那波利黑暗的政治現實〔註 31〕。聖西門在《實業家問答》中指出英國的政治制度是一種患病的不健康的制度〔註 32〕。傅立葉則對現代文明制度進行了徹底否定，指出其「過去是，將來也只能是一切罪惡的淵藪」〔註 33〕。正是因爲人們對現實政治的不滿與失望導致了種種關於完美社會的設計的產生，現存秩序的種種弊端使人們看不到在現有狀況下獲得幸福的可能性，於是便將希望寄託於一種全新的、合理的、可欲的政治和社會結構。現有政治秩序的腐朽、僵化也往往使在結構內進行任何合理可欲的改造成爲不可能，因此人們發現要想開始美好的生活就必須尋找一套新的更爲符合人性的社會政治制度，一切都需要建立在全新的基礎之上。烏托邦與現有秩序建立在不同的原則之上，因而二者不可共容。可見，烏托邦從一開始就是在否定政治現實的基礎上產生的，它總是作爲現實的對立面出現。烏托邦的完美正是發源於現實中的不完美，現實中人們無法獲得的幸福可以在烏托邦中尋覓到。因此，烏托邦意味著政治現實背離了眞正的人類生活，也因此預示著政治現實合法性資源的缺失。烏托邦在否定政治現實的基礎上超越了政治現實。它勾畫了一個完美和諧的政治社會狀態，人們在這裏實現了眞正的富有人性的生活。烏托邦與政治現實分別代表著光明與黑暗的兩極，烏托邦始終對政治現實保持著道德上的優勢。

烏托邦意味著對現存政治秩序的挑戰和顚覆。烏托邦產生於現有的政治

〔註 30〕 Krishan Kumar, Utopia and Anti-Utopia in Modern Times, Oxford：Basil Blackwell, 1987, p.10.

〔註 31〕 〔意〕康帕內拉：《太陽城》，陳大維等譯，商務印書館，1980 年，第 23 頁。

〔註 32〕 〔法〕聖西門：《聖西門選集》（第二卷），董果良譯，商務印書館，1982 年，第 96～98 頁。

〔註 33〕 〔法〕傅立葉：《傅立葉選集》（第三卷），王耀三等譯，商務印書館，1982 年，第 155 頁。

秩序，卻往往又傾向於擺脫現實的束縛、打破現存秩序的枷鎖。「烏托邦與現存秩序之間的關係表明是『辯證的』關係。……它們以概括的形式包含了代表每一時代需要的未被實現和未被滿足的傾向。這些思想因素然後變成打破現存秩序局限的爆破材料。現存秩序產生出烏托邦，烏托邦反過來又打破現存秩序的紐帶，……」〔註34〕這一點凸現了烏托邦與宗教和意識形態的區別。在對現實秩序的否定和超越方面，宗教和烏托邦不可避免有一致的地方。二者都包含著對現實黑暗的不滿，並描繪了一個美好的世界作為希冀達到的目標。但宗教對政治現實的「抗議」只是一種默默的「抗議」，它不鼓勵人們去打破現實的束縛、努力爭取自己在現世的幸福，只希望人們默默地忍受現實的種種苦難，無為等待天國或來世的到來。因此，馬克思稱宗教為「人民的鴉片」。在超越現實的維度上，烏托邦與意識形態一樣，所包含的思想體系與現實秩序都不相適合，都高於現實生活，因而都是「情境上超越」或不真實的。但烏托邦超越現實又要求打破現實的束縛，而意識形態的超越則是以想像的方式去描述現實並竭力掩蓋現實的真實關係，或是有意識地編造謊言〔註35〕。烏托邦超越現實的目的是為了彰顯政治現實的合法性危機，而意識形態超越現實的目的則在於為現實政治提供合法性支持。伊格爾頓一語中的：「意識形態是種種話語策略，對統治權力會感到難堪的現實予以移植、重鑄或欺騙性的解說，為統治權力的自我合法化不遺餘力。」〔註36〕可見，烏托邦與意識形態的最根本的區別在於是否對現有秩序的存在構成威脅和挑戰。正是在這個意義上，曼海姆指出：「當把烏托邦這一術語的含義限定為超越現實，同時又打破現存秩序的結合力的那類趨向時，我們就確立了思想意識形態和烏托邦之間的區別。」〔註37〕

　　自從有了人類，充滿願望的富有想像力的思考就一直出現在人們的生活中，它是人類獨有的屬性，標誌著人類的存在。宗教、意識形態、烏托邦等其實都是人類這種「充滿願望的思考」的產物，它們都是對實際生活中所缺

〔註34〕〔德〕卡爾・曼海姆：《意識形態與烏托邦》，黎鳴等譯，商務印書館，2000年，第203頁。

〔註35〕參見俞吾金：《意識形態論》，上海人民出版社，1993年，第245頁。

〔註36〕〔英〕伊格爾頓：《歷史中的政治、哲學、愛欲》，馬海良譯，中國社會科學出版社，1999年，第86頁。

〔註37〕〔德〕卡爾・曼海姆：《意識形態與烏托邦》，黎鳴等譯，商務印書館，2000年，第196頁。

少的東西的表達，只不過方式不同罷了。當人們的思考（想像力）與現實發生衝突時，有的選擇躲避於用願望建成的象牙塔，如各種神話、仙女的傳說以及宗教對彼岸世界的承諾；有的選擇對現實進行粉飾以便模糊人們的視線，如意識形態；有的選擇否定和挑戰現實的不合理，如烏托邦。與傾向於反對現狀和瓦解現狀的烏托邦相比，宗教和意識形態「對當時現實存在的圖景是更近似補充的色彩。」〔註38〕

（三）想像的而非科學思維的產物

烏托邦描繪了一個完美的社會狀態，但因其是「想像」的產物，即它從先驗出發、以想像中的人而不是現實中的人為理論建構的前提，因此缺乏科學的理論基礎，而使自己成為永遠的空中樓閣。烏托邦建構的理論前提是人性善、人有理性、諸善共容、普遍主義的整體價值觀。

1、人性善。烏托邦大都認為人天生是善良的，是能夠不斷趨於完善的，可以說是完美無缺的。只是由於缺乏教育或者是由於社會政治制度的腐敗才產生現實政治生活中的種種弊端和苦難。烏托邦思想家都認為「有了適宜的環境，人類就會真正變得盡善盡美。人的本性是好的，但是現存的環境，以其過多的缺陷與矛盾注定驅使人們走上邪惡與苦難的道路。」〔註39〕因此，只要設計一個完美無缺的符合人性的社會政治制度，現實的種種罪惡都會得到根除，人類將會成為天使，將會過上完美的至善的生活。在烏托邦看來，完美的生活之所以可能，乃是因為人自身是完美的，只要有安排得當的制度，使人按照自己的本性發展，人們目前面臨的苦難和社會問題都會迎刃而解。但是，正如赫茨勒所說：「烏托邦思想家不可能對人的本性有正確的認識。」〔註40〕因為他們只考慮人應當是什麼樣子和應當需要什麼而不考慮現實中的人實際上是什麼樣子。烏托邦中的人是先驗的想像中的理想的抽象的人，而不是現實中的活生生的有著各種不同需要和特性的人。現實中的人性有善的一面，也有惡的一面。正是因為善的存在，人才會有道德、美德可言，也正是因為有惡的存在，所以才需要有各種強制性的制度對其加以約束，正是在

〔註38〕同上，第 209 頁。

〔註39〕〔美〕喬·奧·赫茨勒：《烏托邦思想史》，張兆麟等譯，商務印書館，1990年，第 216 頁。

〔註40〕〔美〕喬·奧·赫茨勒：《烏托邦思想史》，張兆麟等譯，商務印書館，1990年，第 291 頁。

這個意義上，康德說：「從扭曲的人性中造不出完全筆直的東西。」〔註41〕現實中的人是不完美的，有著天然的缺陷，因此是不可能造就一個完美的世界的，而烏托邦也正是因此才產生的，這是烏托邦的悖論和困境。蒂利希在談到烏托邦的消極意義時指出，烏托邦忘記了人是有限的存在，忘記現實中的人是異化的人，因此也不可能真正依賴作爲實在的人的真實存在。它假設了一個虛假的尚未疏遠化的人的形象，並以此爲基礎構築自己的完美社會，所以是自相矛盾的，因爲烏托邦的主題就是要使疏遠化的人脫離疏遠化，這是烏托邦的根本弱點之所在〔註42〕。可見，烏托邦的人性善的假設是不科學的，它沒有按照人的本來面目去認識人，而是在自己的頭腦中想像人應該是什麼樣子，烏托邦中的人性並不具有歷史的真實性，而是具有理想的真實性。因此烏托邦注定只能存在於人們的想像之中，如莫爾在《烏托邦》結尾處所說「我只是想想而已，別無他求」。因此，如果烏托邦不僅僅停留在想像之中而傾向於把自己轉變成爲一種社會實踐，即烏托邦運動，在現實中發現真正的人並不符合烏托邦「理想的」人性，那麼將會採取措施對人性加以控制和重塑，肯定會壓制、扼殺人的天然本性，忽視人們的自然感情，從而束縛人們的生活，這將是對人類自身幸福的最大誤解。我們可以對人性加以引導使之昇華，使之更爲符合社會的整體利益，但我們絕不能忽視乃至漠視人性本身，否則帶來的只可能是悲劇。

　　2、人的絕對理性。烏托邦認爲人是有理性的，憑藉理性人能夠通過設計建構完美社會來最終解決人類面臨的所有問題。正如在自然科學中一樣，人類事務領域中也有規律，人類運用理性便能發現這些規律，按照這些規律理性地重組社會將結束精神與理智的混亂、偏見與迷信的統治。烏托邦相信社會進步是可能的，以罕見的樂觀精神認爲社會的發展受理性的支配，是人的意旨和計劃的產物。在烏托邦看來，「理性樹立正義、理性揭示真理、理性確立價值與美德、理性通往至善」〔註43〕。人因爲有理性，所以有能力去認識社會並改造社會而不是被動地接受社會所加諸於人們身上的既成歷史事實，幸福和完美的境界是可以獲得的，現實的苦難是可以消除的，只要人們努力

〔註41〕康德：《從世界公民立場設想的一般歷史》，轉引自張汝倫《柏林和烏托邦》，載《讀書》1999年第7期，第93頁。

〔註42〕〔美〕保羅・蒂利希：《政治期望》，徐鈞堯譯，四川人民出版社，1989年，第217～218頁。

〔註43〕劉軍寧：《保守主義》，中國社會科學出版社，1997年，第43頁。

去做並正確地運用理性。在整個世界中，人之所以區別於其它物種就在於人有理性，人是自己命運的主宰者，而不是相反。他們都認為「人的本質就是能夠選擇如何生活。社會通過人們強烈的信仰和為之獻身的真正理想是可以改變的」〔註44〕。可見，烏托邦相信人的理性稟賦具有無限的潛力。那麼面對社會的種種不合理現象，理性定能使我們衝破經驗世界的限制，對社會和國家進行重新設計和改造，使其達致完美的狀態。烏托邦表達了思想家本人的、同時也代表人類所追求的一種理想「觀念」——「由理性主宰的理想國家的觀念」。〔註45〕烏托邦對人類理性的自信注定使它必然要遺棄感性的生活世界。人是有理性的，但人並不是時時刻刻都處在理性的指引之下。烏托邦的理性主義色彩過於強調人的理性能力，強調人對現有狀態的超越能力，似乎人只要去幹，沒有什麼是幹不成的，因此往往無視傳統，要求按照完美社會的原則對社會進行激進主義的改造。社會的發展受制於很多因素，不是僅僅憑藉理性和熱情就可以解決所有的問題。現有的社會都是經過漫長的時間才演變而成的，都有著悠久的歷史並形成了根深蒂固的傳統，這些都是我們的思想和行為得以生長的土壤，也是我們的理性難以改變的力量，可以說，我們都生活於傳統之中。美國現代社會學家希爾斯指出，那些對傳統視而不見的人實際上正生活在傳統的掌心中，正如同他們自認為是真正理性和科學的時候，並沒有逃出傳統的掌心一樣〔註46〕。因此，我們必須學會尊重歷史，尊重傳統。當烏托邦傾向於向實踐轉化時，它往往無視或輕視傳統，把歷史看作一張白紙，要求在這之上建造完美的全新的社會政治體系。而這往往要求對現有的秩序、習俗、道德進行徹底的清理，連根拔除現存的各種建構和傳統，甚至有可能導致要迫害拒絕進行這種清理的人，這將是對人類理性和尊嚴的最大羞辱。可見，在烏托邦對未來社會的理性建構中，片面地強調人的理性，過分關注人解放自己的政治能動性，而忽略歷史和傳統在人類事務中的巨大力量，未能正確處理理性和傳統的關係，因此使自己建立於虛幻的基礎之上。

3、諸善共容。烏托邦建構了一個完美無缺的社會狀態，這表明烏托邦認為人類事務中所存在的一切真問題必定只有一個真答案，這些真答案如果發

〔註44〕張汝倫：《柏林和烏托邦》，載《讀書》1999 年第 7 期，第 88 頁。

〔註45〕Grolier，Academic Encyclopedia，Vol. 19，Grolier International 1983，p.497.

〔註46〕參見 E·希爾斯：《論傳統》，上海人民出版社，1991 年，第 45～84 頁。

現的話，必然能夠彼此兼容，形成一個完美的整體。它的理論預設前提是：眾善能夠並存，諸善是可以統一的，人間天堂是可能的。但事實上人類生命中存在的許多價值追求是互相衝突的，是無法兼容並存的，比如自由和平等、正義和寬容等。社會並不是一個各種價值和諧並存的狀態，而是各種可能性自行其是、相互衝突的戰場。因此，我們必須在眾多互相衝突的價值中做出選擇，每一種選擇都可能包含著不可彌補的損失，這就在理論上否定了存在著一個完美狀態的可能性，更不用說將它作為奮鬥目標了，人類的問題不可能一勞永逸的得到最終解決。吉拉斯說：「我相信社會根本不可能完美。……我若說社會是不完全的，其含義便好像說社會是可以變為完全的。但事實上社會卻是不可能沒有缺憾的。」〔註47〕阿多爾諾也說：「根本就不存在不再會有邪惡的世界。」〔註48〕顧準更是坦率地說：「這個人世間永不會絕對完善，我們所能做的，永遠不過是『兩利相權取其重，兩害相權取其輕』」。〔註49〕大多數烏托邦思想家都認為他們所設計的烏托邦是社會發展的最終狀態，社會已經不可能也不需要再改進和發展了，因為沒有什麼進步事業能比他們所設計的社會秩序更「好」的了。「對他們來說，理想的國家乃是一個已經完成了改革的國家，而不是一種過程。」〔註50〕可見，烏托邦認為人類歷史是可以進步的，但進步是有終點的，而不是一個永無止境的過程。烏托邦所描述的完美社會存在於歷史的盡頭，是固定的、封閉的、不再變化和發展的永恒狀態，是停滯不前的存在。然而歷史是沒有盡頭的，進步是永恒的，社會是不斷變化發展的，沒有永恒（確定）不變的事物，人類每前進一步，新的問題就會出現，視野就會變化。人類的完美境界是永遠無法達到的，唯一可能的只能是不斷努力向前。因此，關於完美社會的理想只能是一種虛構，它總是隨著我們的前進而向後退卻。

　　4、普遍主義。烏托邦從普遍主義的立場來理解人類事務。它假定人性是靜止不變的，是一種可以依靠的、具有規律性的東西，人的目的也是永遠不

〔註47〕〔南斯拉夫〕吉拉斯：《不完美的社會》，香港今日世界出版社，1976年，第2頁。

〔註48〕〔德〕阿多爾諾：《否定的辯證法》，張鋒譯，重慶出版社，1993年，第214頁。

〔註49〕顧準：《顧準文集》，貴州人民出版社，1994年，第364頁。

〔註50〕〔美〕喬·奧·赫茨勒：《烏托邦思想史》，張兆麟等譯，商務印書館，1990年，第217頁。

變的，存在著一種對一切人都有意義的至善觀念，存在著普遍的對所有人都
一樣的價值和眞理，在一切時代，在一切地方，人們所渴望獲得的和享有的
都是相同的，人與人之間沒有太多區別，因此，人們可以據此預先精確地、
一絲不漏地制定出一套完整的政治社會秩序的方案，其中大家都按照同樣的
模式生活，遵循著同樣的生活準則。從這個觀點出發，烏托邦總是從整體的
角度來看待人類，把社會看作是一個總體而沒有看到它是由眾多單獨的個人
所組成的，個人具體、眞實的存在雖然原則上被予以尊重，但並沒有被眞正
加以考慮。烏托邦把目光更多地投向作爲「類」存在的社會，單獨的個人很
少成爲其關注的對象。人與人之間的確有很多共同的東西，但人與人的差異
也即個性才是最重要的。正如馬克思所說：「人的本質不是單個人所固有的抽
象物，在其現實性上，它是一切社會關係的總和。」〔註51〕現實中的具體的
人都生活在一定的社會關係之中，都有不同的需要、興趣、性格，都將面臨
不同的問題與境況。對於這些具體的眞實的個人來說，沒有什麼共同的模式
可供遵循以徹底解決他們所有的苦難。可見，烏托邦和科學社會主義都追求
人從異化狀態下的解放，但科學社會主義堅持從具體、個別到一般、普遍的
解放，因而將人類解放納入到歷史進程之中，找到了科學的革命道路，烏托
邦則相反，顯然是從一般的類存在出發來尋求個體的解放。〔註52〕馬克思主
義正是在這個層面上批判烏托邦的虛幻性和空想性。當烏托邦在實際運動中
發現由於個人因素所產生的不確定性時，他們將力圖用行政手段對人進行控
制以實施自己的綱領，他們將按照理想社會的要求來塑造理想的人，而不是
依據人性建立一個適合於人生活於其中的社會。他們不僅改造社會，而且改
造人。這就要求「一種少數人的強有力的統治，因而可能導致獨裁。」〔註53〕

三、烏托邦精神

　　烏托邦是指思想家所描繪的完美的社會狀態，人們在這種價值理念和思
維方式的影響下所形成的非系統的潛在的行爲趨向便是烏托邦精神。從上文

〔註51〕馬克思：《關於費爾巴哈的提綱》，《馬克思恩格斯選集》第 1 卷，人民出版社，
　　　　1995，第 56 頁。
〔註52〕陳周旺：《正義之善──論烏托邦的政治意義》，天津人民出版社，2003 年，
　　　　第 27～28 頁。
〔註53〕卡爾‧波普爾：《開放社會及其敵人》（第 1 卷），陸衡等譯，中國社會科學出
　　　　版社，1999 年，第 295 頁。

我們對烏托邦內涵的分析中，我們可以提煉出烏托邦設計中所透射出來的精神：超越有限、追求完美的精神；對人的自我能力的確信也即樂觀精神；對現存狀態的批判精神。

　　人的一個重要的特性就是它是有限的，但同時它又不斷的超越這種有限，因此它又具有自我超越性。正如蒂利希所說：「人是有限的自由。」〔註54〕人之所以是人，而不是神，就在於人在現世的世俗社會中不能達到一種絕對完美的狀態。人隨著社會的發展會不斷地擺脫社會所加給人的種種外在限制，但人永遠不會沒有限制，不會絕對自由，這就是人的有限性。雖然人不能擺脫自己的有限性，但人卻永遠能夠不斷地超越它的這種有限性。人的發展史充分展現了人的這種超越自我、超越有限的可能性。因此，蒂利希認為「人是具有可能性的存在物，……人並不是擁有做某種確定的事情的可能性，與其他一切創造物截然不同，他具有『可能性』，它是能夠超越被給定者、無限地超越被給定者的那種存在物。原則上沒有任何被給定的事物是人不能超越的。事實上他不能這樣做，這就是有限的問題。但是他具有這樣做的可能性。」〔註55〕在蒂利希看來，這就是人的本質。烏托邦則凸現了人的本質中的一個方面，即人對有限的超越，烏托邦認為人是可以擺脫有限、達致完美的。人的這種超越有限、追求完美的精神就是烏托邦精神。現實是不完美的，人是不自由的，但同時人也不是無所作為的。烏托邦精神就在於它永不滿足現實，拒絕現實，拒絕並超越人的現存狀態，超越人的有限性並企圖達致無限，所以馬爾庫塞賦予烏托邦的原則為「偉大的拒絕」。這樣，烏托邦精神就是人類一種旨在破除僵化保守、走向未來的內在衝動。〔註56〕烏托邦體現了人類執著追求美好生活的精神，雖然現實是如此的令人沮喪。烏托邦精神體現了人不斷超越自我、永不滿足現實的特性，表達了人改進現存狀況、克服疏遠和異化的願望。烏托邦精神的存在使人類不至於因局限於現實世界而動物化，使人類不至於因過分關注現實而失卻夢想的本能，使人類不至於因囿於現存而目光短淺。因此，賀來博士指出：「我們把這種超越當下可感的

〔註54〕〔美〕保羅・蒂利希：《政治期望》，徐鈞堯譯，四川人民出版社，1989年，第163頁。

〔註55〕〔美〕保羅・蒂利希：《政治期望》，徐鈞堯譯，四川人民出版社，1989年，第164～165頁。

〔註56〕張汝倫：《意識形態和學術思想論：思考與批判》，上海三聯書店，1999年，第46～47頁。

現存狀態對真善美價值理想的不懈追求精神，稱為『烏托邦精神』。烏托邦精神是人之為人的標誌，因而是人的根本精神。」〔註57〕烏托邦超越有限、追求完美的這種精神深刻地體現了人類所具有的勇氣。面對現實，我們不能退縮，而應勇往直前，拒絕現實、克服僵化、超越有限，探索人類的可能性。現實是苦難的，是不完美的，但「我們不能在苦難面前背過身去」（格瓦拉）。雖然人超越一切有條件處境的能力是有限的，但「人具有勇氣（正如尼采正確地指出的，人是最勇敢的動物），因為人懷著期望前行，要超越被給定者而走向未來。」〔註58〕雖然人類想望達到完美的境界是不可能的，但正如韋伯懇切地說：「如果人們不是一次又一次地力求取得不可能的東西，人類就不會獲得可能的東西了」。〔註59〕烏托邦的這種精神激勵人們克服人的天然惰性和對現存狀態的消極服從，鼓舞人們積極尋求人和社會走向新境界的可能性。正如卡西爾所說：「烏托邦的偉大使命就在於，它為可能性開拓了地盤以反對對當前現實事態的消極默認。」〔註60〕因此，在某種意義上可以說，沒有烏托邦精神，我們的世界將會是沒有生命力的靜態世界。

人們之所以構建烏托邦，乃是因為人們對未來、對人類充滿了信心。它對人的本質和人的自我能力持樂觀態度，它相信，人之所以為人，就是要在人世間過一種有道德的生活，人間應該具有正義、善和愛，人們應該過一種幸福、和諧的生活，而不是如當下現實所呈現的狀態。同時它也相信人有過這種幸福生活的能力，雖然現實有種種缺點，但沒關係，一切都可以改變，我們可以重來。沒有什麼是我們不可以做到的，只要我們有決心。它相信人類有衝破現實種種束縛和限制的能力，它相信人只要努力，就能贏得一個美好的未來。烏托邦思想家大都肯定並確信人超越自我、超越現實的能力，大都認為社會的發展是人類可以控制的，人類憑藉理性是可以預測並計劃未來的，如果努力，人們就能夠過上有道德的生活。他們堅信「只要人類具有這樣做的意志，就能獲得幸福並達到更加完美的境界。」〔註61〕可見，烏托邦

〔註57〕賀來：《現實生活世界——烏托邦精神的真實根基》，吉林教育出版社，1998年，第35頁。

〔註58〕〔美〕保羅・蒂利希：《政治期望》，徐鈞堯譯，四川人民出版社，1989年，第169頁。

〔註59〕H.H.Gerth and C.Wright Mills. trans. and ed. From Max Weber：Essays in Sociology. New York：Oxford University Press，1946，p.128.

〔註60〕〔德〕卡西兒：《人論》，甘陽譯，上海譯文出版社，1985年，第78頁。

〔註61〕〔美〕喬・奧・赫茨勒：《烏托邦思想史》，張兆麟譯，商務印書館，1990年，

充滿了積極的樂觀主義精神，正如赫茨勒所說，烏托邦思想家是「面對著一片荒野卻看到了一座樂園的人」〔註62〕。烏托邦的這種樂觀主義精神使人們對公理與正義的最終勝利抱有持久的堅定不移的信念，依據這種信念，人們認爲目前所面臨的危機與苦難是可以通過倫理、社會、政治與文化的重建而得到克服的。社會是日益進步的，人性是可以無止境的趨於完善的，理想的社會就在前面。烏托邦雖然不能實現，但烏托邦的這種樂觀精神卻能使我們積極進取、奮發有爲，鼓舞每個民族尤其是面臨苦難的民族努力向前去追求光明，而不是在黑暗中沉淪和頹廢。烏托邦向人們展開了一個充滿希望的空間，在有這種烏托邦精神的地方，人類就永遠不會失望，不會喪失對未來的希望。

烏托邦精神還在於烏托邦設計中所體現出來的批判精神。烏托邦大都產生於社會的黑暗時期、艱難年代，人們之所以設計烏托邦就是要爲批判現實提供一個參照物。烏托邦的存在本身就是對現實的否定，正是由於現實的種種不合理現象才會有烏托邦的產生。因此，烏托邦昭示了現實秩序的合法性危機。在現實的強有力的秩序面前，面對不義人們沒有選擇沉默和逃遁，而是勇於批評，這就是烏托邦精神。是的，面對苦難，我們不能背身不顧，而需要挺身而出。烏托邦精神意味著它總是立於批判和否定的立場，停留於正常話語的外圍，超越各種價值和利益，通過對應然狀態的強調和普遍價值的追求來審視並批判社會的現實狀態，促使人們不斷進行反思並超越有限。可以說，烏托邦的核心精神是批判，批判經驗現實中的不合理的東西，並提出一種可供選擇的方案。正如伽達默爾所言，「烏托邦精神就是由這樣的事實確定的，即它是遠方來的一種暗示的形式，它本質上是對現實的批判」〔註63〕。烏托邦在對未來的期望中對現實進行批判，在批判中寄寓不滿和憧憬，烏托邦精神使人類對未來充滿信心，同時對當下的現實保有進行永久批判的權利。現有的社會總是傾向於自我強化，若沒有否定性、反思性話語的存在，社會便會長成一種固化的存在，便不會有所謂社會的進步與發展，有的只是固步自封的社會和不思進取的人類。可見，批判力量的存在與否對社會的健

第277頁。

〔註62〕同上，第252頁。

〔註63〕轉引自賀來：《烏托邦精神：人與哲學的根本精神》，載《學術月刊》1997年第9期，第17頁。

康發展至關重要。因此，曼海姆認爲烏托邦精神「由於反對爲現存秩序辯護的『保守』觀點，它避免了對現存秩序的絕對化」〔註64〕。也正是在這個意義上，傑姆遜堅信「失去烏托邦衝動的人類將失去未來；沒有烏托邦衝動的學者不可能產生對社會強有力的批判。」〔註65〕

可見，烏托邦精神是人之爲人的根本精神，沒有烏托邦精神的社會是沒有希望的社會。「烏托邦的消失帶來事物的靜態，在靜態中，人本身變成了不過是物。……烏托邦已被摒棄時，人便可能喪失其塑造歷史的意志，從而喪失其理解歷史的能力。」〔註66〕英國作家王爾德也指出：「一幅沒有烏托邦景色的世界地圖根本不值得一瞧，因爲它捨棄了人類永遠嚮往的境域。」〔註67〕

但是，正如任何事物都可能存在的情況一樣，烏托邦精神在實際政治生活中的滲透可能會有消極的意義，烏托邦精神的超越現實可能會在實踐中導致忽視現實條件，不顧現實的種種制約而去進行改造。烏托邦精神對人能力的強調可能會使人們盲目樂觀、相信自己的理性，從而忽視傳統在實際的政治運作中的作用。烏托邦精神對現實的批判可能會導致對現實的全盤否定，要求重建未來。

〔註64〕〔德〕卡爾‧曼海姆：《意識形態與烏托邦》，黎鳴等譯，商務印書館，2000年，第202頁。

〔註65〕蔣暉：《以烏托邦的虛化政治性的實》，載《社會科學報》2003年07月03日第007版。

〔註66〕〔德〕卡爾‧曼海姆：《意識形態與烏托邦》，黎鳴等譯，商務印書館，2000年，第268頁。

〔註67〕轉引自 Zygmunt Bauman，Socialism：The Active Utopia，London：Gorge Allen & Unwin Ltd，1976.p.11.

第二章　近代中國烏托邦典型個案分析

　　近代中國可以說是烏托邦思想大放異彩的時代，出現了很多具有烏托邦特質的思想，而且這些烏托邦都明顯帶有近代的氣息。但一些思想家對美好社會的勾畫還不太系統、不太成熟。近代最具典型特點的烏托邦有三個，它們是洪秀全的「塵世天國」、康有爲的大同社會、無政府社會。本章將在第一章概念分析的基礎上，對中國近代所出現的這三個典型烏托邦個案進行分析，指出它們誕生時所面臨的處境、所勾畫的美好社會藍圖、所依存的理論基礎、存在的困境、共同追求的目標及特徵。

一、洪秀全的「塵世天國」

　　在鴉片戰爭前夕，龔自珍曾預言要不了多久，「山中之民有大音聲氣」，那時將「天地爲之鐘鼓，神人爲之波濤」。果不其然，1851 年，在廣西金田爆發了洪秀全領導的太平天國運動，並迅速席卷長江以南的廣大地區。這場運動所依據的指導思想便是洪秀全的具有宗教形式的烏托邦思想。

　　洪秀全少年時代被送入私塾讀書，接受了四書五經之類的傳統教育，並且「讀書未幾即得其業師及家族之稱許。其才學之優俊如此」〔註1〕。可見，當時人們對洪秀全通過科舉考試進入現實政治秩序的統治階層來光耀門楣抱有很大的希望，洪秀全本人也是如此。因此，在相當長的一段時間內，洪秀全一次又一次地參加科考，但現實如此殘酷，他每次參加考試，起初都「名列前茅」，但最後都「落第而歸」。1843 年他終於對這條仕進之路徹底失望，

〔註 1〕韓山文：《太平天國起義記》，《中國近代史資料叢刊：太平天國》（六），神州國光社出版，1952 年，第 838 頁。

自問熟讀孔孟之書，卻屢試不第，長期被排斥在官場之外，這到底是爲什麼？思索的結論是，不是因爲自己學問不足，而是因爲現實政治的腐敗。此時他才仔細閱讀幾年前得到的一本叫《勸世良言》的宣傳基督教的小冊子。這些教義對飽嘗儒學的洪秀全來說是非常奇特和新穎的。其中的一些內容還深深地觸到了他的痛處：「然中國之人，大率爲儒教讀書者，亦必立此二像（文昌、魁星）奉拜之，各人亦都求其保祐中舉中進士點翰林出身做官治民矣，何故各人都係同拜此兩像，而有些少年讀書考試，乃至七十八十歲，尚不能進黌門爲秀才呢？難道他不是年年亦拜這兩個神像嗎？何故不保祐他高中呵？」〔註2〕因此，他很快就接受了其中的一些教義並將其加以改造形成自己的一套看法。他認爲中國政治之所以落後腐敗、西方之所以強大，是因爲中國尊奉孔教而西方敬拜上帝，因此西方得到了上帝的恩典而中國則相反。那麼只要中國從孔教轉向上帝教，便可以走上幸福的道路，擺脫正在遭遇的挫折，而中國的希望也全在於此。至此孔教開始受到質疑，這是儒家學說所遭到的第一次強有力的反對，與此同時儒家所構建的一套理想秩序也遭到了拒斥。正如韋伯所說：「就我們所知，太平之亂是迄今爲止在中國發生的教權制政治與倫理向儒教統轄與倫理發動的一場史無前例的大反叛。」〔註3〕儒家的理想秩序失去了意義，基督教所許諾的虛無縹緲的天堂也不能滿足洪秀全對幸福生活的理解，因此他便把「上帝天國」從天上搬到了地下，創立了獨具特色的「上帝教」。對於當時的廣大中國人民來說，基督教義「確乎聞所未聞，是與中國各種傳統觀念和思想形式，從孔孟經書到佛道迷信，大相徑庭的新鮮事物。」〔註4〕因此雖說洪秀全從基督教中借鑒最多的可能只是它的形式，但是意義重大，這表明中國思想界開始擺脫幾千年來被視爲神聖不可懷疑的「絕對眞理」（形式和內容上）的儒家思想的桎梏，開始爲自己的理論和行動尋找新的合法性來源。蕭公權先生便認爲：「蓋太平天國以基督教義相號召，爲中土第一次受外來文化激動而引起之思想革命。稽之往古，實無先例。無論其思想內容是否可觀，其歷史上之意義則未容忽視也。」〔註5〕因此就其引起的

〔註 2〕 《勸世良言》卷 1，轉引自王慶成：《太平天國的歷史和思想》，中華書局，1985
　　　　年，第 16 頁。
〔註 3〕 〔德〕馬克斯·韋伯：《儒教與道教》，江蘇人民出版社，1997 年，第 246 頁。
〔註 4〕 李澤厚：《中國近代思想史論》（中），安徽文藝出版社，1999 年，第 343 頁。
〔註 5〕 蕭公權：《中國政治思想史》（二），遼寧教育出版社，1998 年，第 612～613
　　　　頁。

思想界的震動而言，洪秀全可以說是開啓了近代中國思想解放的歷程。

（一）洪秀全完美社會建構的理論前提

洪秀全對完美社會的勾畫是以其對世界、宇宙、人類的看法爲前提的。他認爲皇上帝創造了世間的一切，是全知全能的，是世間一切權威合法性的唯一來源，在皇上帝面前，所有人（無論帝王還是庶民）不僅在靈魂上是平等的，而且在世俗生活中的實際地位也是平等的，因爲他們都是皇上帝創造的，皇上帝是天下所有人的父親，人類也正是因爲這一點成爲萬物中最珍貴、最有靈性的，因爲上帝賦予了人以靈魂，使人得以與天、地並爲三才，居於萬物之上。

在他看來，皇上帝是世界唯一的創造者和最高主宰，「大而無外謂之皇，超乎萬權謂之上，主宰天地人萬物爲之帝。」〔註6〕世間的一切都來源於皇上帝，皇上帝能通曉人間的一切，一切都在他的掌握之中。「天下凡間，人民雖眾，總爲皇上帝所化所生，生於皇上帝，長亦皇上帝，一衣一食並賴皇上帝。皇上帝天下凡間大共之父也，死生禍福由其主宰，服食器用皆其造成。」〔註7〕「天父上主皇上帝無所不知，無所不能，無所不在」〔註8〕。可見，皇上帝是神聖的，有著絕對的權威，世上任何的政權和個人都需要通過它來證明自己，都不能與其牴觸，否則便喪失了自身存在的前提。因此世上的君王也是不能僭越「上」、「帝」這些稱號的。「天父上主皇上帝而外，皆不得僭稱上，僭稱帝也」〔註9〕，「他是何人，敢靦然稱帝者乎！只見其妄自尊大、自干永遠地獄之災也。」〔註10〕可見，皇上帝的存在使譴責世上的皇帝有了合法性根據，世上的帝王不是神聖不可侵犯的，而是可能犯錯誤的，犯了錯誤就應該受到指責。既然如此，那麼人們就應該拜上帝而不是拜其它偶像，「天父上主皇上帝才是眞神，天父上主皇上帝以外皆非神也。」〔註11〕「皇上帝之外

〔註6〕　《欽定英傑歸眞》，《太平天國》（二），第572頁。

〔註7〕　《原道覺世訓》，《太平天國印書》（上），江蘇人民出版社，1979年，第18頁。

〔註8〕　《天命詔旨書》，《太平天國印書》（上），江蘇人民出版社，1979年，第122頁。

〔註9〕　《天命詔旨書》，《太平天國印書》（上），江蘇人民出版社，1979年，第122頁。

〔註10〕　《原道覺世訓》，《太平天國印書》（上），江蘇人民出版社，1979年，第22頁。

〔註11〕　《天命詔旨書》，《太平天國印書》（上），江蘇人民出版社，1979年，第122頁。

無神也,世間所立一切木石泥團紙畫各偶像皆後起也,人爲也,被魔鬼迷蒙靈心,顛顛倒倒,自惹蛇魔閻羅妖纏捉者也。」〔註 12〕敬拜皇上帝,人們便會在生前受到上帝的看顧,死後可以永遠在天堂享福,敬拜其它邪神人們便會永遠在地獄受苦。推而廣之,中國社會目前所存在的一切弊端皆是因爲不拜上帝所致,要想改變這種狀況,實現富國強兵、秩序井然、道德高尚的社會風氣便需要像西方那樣遵奉上帝。「惟願天下凡間我們兄弟姊妹,跳出邪魔之鬼門,循行上帝之眞道,時凜天威,力遵天誡,相與淑身淑世,相與正己正人,相與作中流之砥柱,相與挽已倒之狂瀾。」〔註 13〕洪秀全在肯定上帝絕對權威的前提下把自己說成是天父上帝的兒子,天兄耶穌的弟弟,是接受上帝的命令降臨人間以拯救世人的。因此,洪秀全不僅肯定了上帝至高無上的權威以否定現實社會中的君主權威,而且把上帝的意志人格化爲洪秀全本人,使自己成爲上帝意志的人間代言人,成爲地上的「天王」。

傳統中認爲只有天子才能祭天,天子也正是通過這種與上天溝通的排他性的權力和特殊能力來獲得自己統治世人的合法性,普通老百姓如此則屬越理之事。洪秀全也對此產生了質疑,他說皇上帝是天下凡間所有人的父親,眾多孩子之中君狂是其能子,善正是其肖子,庶民是其愚子,強暴是其頑子,如果說只有天子也即其能子才能夠拜皇上帝,那麼在家裏「難道單是長子方孝順得父母乎?」〔註 14〕在他看來,「開闢眞神惟上帝,無分貴賤拜宜虔。天父上帝人人共,天下一家自古傳。……天人一氣理無二,何得君王私自專!上帝當拜,人人所同,何分西北,何分南東。」〔註 15〕每個人都可以尊拜皇上帝,君王與庶民在上帝面前都是一樣的,沒有貴賤之分;對於國家而言也是一樣的,強國與弱國在上帝面前也是平等的,都有拜上帝的權利,因爲每個人都是天父皇上帝所創造的。從肉身而論,大家各有父母,似乎有此有彼之分,但如果追蹤溯源,所有的姓氏都出自一姓,一姓的又都同出於一個祖先;從靈魂而論,則都是由皇上帝「一元之氣以生以出,所謂一本散爲萬殊,

---

〔註12〕《原道覺世訓》,《太平天國印書》(上),江蘇人民出版社,1979 年,第 21 頁。

〔註13〕《原道醒世訓》,《太平天國印書》(上),江蘇人民出版社,1979 年,第 16 頁。

〔註14〕《天條書》,《太平天國印書》(上),江蘇人民出版社,1979 年,第 26 頁。

〔註15〕《原道救世歌》,《太平天國印書》(上),江蘇人民出版社,1979 年,第 10 頁。

萬殊總歸一本。」〔註16〕因此大家都是一家人，都是兄弟姐妹，都是平等的，都應和睦相處，而無需分彼此。「天下總一家，凡間皆兄弟。」〔註17〕作為皇上帝的子女，人在萬物之中是最為寶貴、最富有靈性的。上帝賦予了人以靈魂，「內懷有仁義禮智信」〔註18〕，因此使人得以與天、地並為三才，居於萬物之上。人之所以為人，就因為人是善良的，是有道德的，是正的，「正乃人生本性」〔註19〕。他們對人的能力充滿了自信，如馮雲山曾指出，革命的成功「雖曰天命，實是人謀」〔註20〕。洪秀全在一首詩中也表達了這樣的思想：「近世煙氛大不同，知天有意啓英雄，神州被陷從難陷，上帝當崇畢竟崇。明主敲詩曾詠菊，漢皇置酒尚歌風，古來事業由人做，黑霧收殘一鑒中。」〔註21〕

（二）洪秀全等關於人間完美社會的理想

人既是萬物之靈，又是善良的，因此便應該過一種幸福的有道德的完美無缺的生活。洪秀全的社會理想是建基於上帝「天國」理念之上的，以平等博愛為核心的和諧的大同生活，但這種生活不僅存在於天國，而且更重要的是它在此世就可以實現。

世上眾人都是上帝的子孫，都是一家人，因此應該彼此相愛，互相救助，和諧美滿的生活。洪秀全對基督教的這些教義結合中國思想進行引申發揮，「其言遂若與《禮云》大同，《墨子》兼愛相契合」〔註22〕。其主要表述在《太平詔書》之《原道醒世訓》中。詔書云：「遐想唐、虞三代之世，天下有無相恤，患難相救，門不閉戶，道不拾遺，男女別途，舉選尚德。堯舜病博施，何分此土彼土；禹稷憂溺饑，何分此民彼民；湯武伐暴除殘，何分此國彼國；孔孟殆車煩馬，何分此邦彼邦。蓋實見夫天下凡間，分言之，則有萬國，統言之，則實一家。皇上帝天下凡間大共之父也，近而中國是皇上帝主宰化理，

〔註16〕《原道覺世訓》，《太平天國印書》（上），江蘇人民出版社，1979年，第16～17頁。

〔註17〕《原道覺世訓》，《太平天國印書》（上），江蘇人民出版社，1979年，第16～17頁。

〔註18〕《欽定軍次實錄》，《太平天國印書》（下），江蘇人民出版社，1979年，第794頁。

〔註19〕《百正歌》，《太平天國》（一），第90頁。

〔註20〕李法章：《太平天國志·馮雲山傳》，轉引自蘇雙碧：《太平天國人物論集》，福建人民出版社，1984年，第108頁。

〔註21〕《太平天國起義記》，《太平天國》（六），第869頁。

〔註22〕蕭公權：《中國政治思想史》（二），遼寧教育出版社，1998年，第621頁。

遠而番國亦然；遠而番國是皇上帝生養保祐，近而中國亦然。天下多男人，盡是兄弟之輩，天下多女子，盡是姊妹之群，何得存此疆彼界之私，何可起爾吞我並之念。是故孔丘曰：『大道之行也，天下為公，選賢與能，講信修睦。故人不獨親其親，不獨子其子，使老有所終，壯有所用，幼有所長，鰥寡孤獨廢疾者皆有所養。男有份，女有歸。貨惡其棄於地也，不必藏於己；力惡其不出於身也，不必為己。是故姦邪謀閉而不興，盜竊亂賊而不作，故外戶而不閉，是謂大同。」〔註23〕在洪秀全看來，人們之間的關係應當是兄弟、姐妹這樣的關係，應當互相關愛，而不是互相欺凌，和和睦睦地共處於一大家庭中，「天下一家，共享太平」。這個社會是平等的，不僅在靈魂上是平等的，而且在世俗生活中也是平等的，因為每個人都是上帝的子女。人與人之間沒有貴賤之分，國家與國家之間處於完全平等的地位。洪秀全等人由於自身的經歷對社會不平等有著深切的體認，所以極為強調這一點。可以說，洪秀全借著宗教的外衣表達了男女平等、人權平等、國族平等的近代思想，正如蕭公權所指出的，「僅就其理想內容觀之，未始非社會革命之先聲也。」〔註24〕這個社會是博愛的，人們不僅愛自己的親人，而且愛一切的人類，因為大家都是一家人，都是上帝的子女。洪秀全說：「他人有難爾救他，爾若有難天救爾。見人災痛（病）同己病，見人飢寒同自饑」〔註25〕。「人有災難通體恤，莫學愚人彼此分」。〔註26〕這個社會道德高尚，「門不閉戶，道不拾遺」；這個社會選賢與能，天下為公。簡言之，這個社會是完美的，和諧的，政治權力的運用皆是為了保障公共利益，何其美好！更為重要的是，對於具有實用主義傾向的中國人來說，這個社會不僅僅存在於天國，而是可以在人間實現的，不是虛無縹緲的，而是可以看得見、摸得著的。這個社會人們「在世榮耀無比，在天享福無疆」；「今世有榮光，來生有永福；……保祐個個平安，有衣有食，無災無難，魂得昇天」〔註27〕。洪秀全明確指出，「一大（天）國是總天上地下而言，天上有天國，地下有天國。天上地下同是神父天國，勿誤認

〔註23〕《原道醒世訓》，《太平天國印書》（上），江蘇人民出版社，1979年，第15～16頁。

〔註24〕蕭公權：《中國政治思想史》（二），遼寧教育出版社，1998年，第623頁。

〔註25〕《天父詩》一百零五，《太平天國》（二），第448頁。

〔註26〕《醒世文》，《太平天國》（二），第505頁。

〔註27〕《開朝精忠軍師干王洪寶制》，《太平天國印書》（下），江蘇人民出版社，1979年，第707頁。

單指天上天國，故天兄預詔云：『天國邇來』。蓋天國來在凡間，今日天父天兄下凡，創開天國是也。」〔註28〕看來洪秀全認爲僅僅有天上的天國是不夠的，還必須開創地下天國，即現實中的中國。「基督教的上帝叫人死後進天堂，洪秀全的上帝要在地上建立天國。」〔註29〕「神國在天是上帝大天堂，天上三十三天是也；神國在地是上帝小天堂，天朝是也。天上大天堂是靈魂歸榮享福之天堂，凡間小天堂是肉身歸榮上帝榮光之天堂。」〔註30〕天上天國滿足人們的靈魂需要，地上天國則滿足人們的肉身需要，兩者都必不可少。天堂不再僅僅是人死後靈魂歸宿的世界，而應是生前就要實現的美好理想；它應不再是建立在虛無縹緲的天上，而應是誕生在不久將來的人間。洪秀全經常鼓勵人們「總要個個保齊，同見小天堂威風。」〔註31〕當定都天京之後，他又說「今天京是上帝基督下凡代朕暨幼主做主、創開天朝天堂。上帝天堂，今在人間。」〔註32〕可見，在洪秀全看來，人間天堂的理想「是應該實現而且能夠實現的。」〔註33〕這樣一種理想對於處於水深火熱之中、備受欺凌、急於擺脫現實苦難的中國人來說不能不具有極大的吸引力。在現實生活中，對於普通的百姓而言，關心自己死後的靈魂能否昇天固然重要，但溫飽和平安卻是更爲經常、更爲迫切的問題。而事實上，拜上帝者、太平天國起義者希望上帝給他們的獎賞，絕不僅僅是天堂的永樂，更不只是塵世憂患困苦的考驗，最爲重要的是塵世的吉利和如意，希望「日日有衣有食，無災無難。」〔註34〕洪秀全的家庭「自拜上帝之後，彼等家計稍裕，多買田地數畝，乃以爲上帝特別施恩所致。」〔註35〕當起義諸人被清軍抓住欲受死刑時，眾人埋

〔註28〕洪秀全：《欽定前遺照聖書批解》，見金毓黻、田餘慶等編《太平天國史料》，中華書局，1959年，第83頁。

〔註29〕李澤厚：《中國近代思想史論》（中），安徽文藝出版社，1999年，第357頁。

〔註30〕洪秀全：《欽定前遺照聖書批解》，見金毓黻、田餘慶等編《太平天國史料》，中華書局，1959年，第77頁。

〔註31〕《天命昭旨書》，《太平天國印書》（上），江蘇人民出版社，1979年，第120頁。

〔註32〕洪秀全：《欽定前遺照聖書批解》，見金毓黻、田餘慶等編《太平天國史料》，中華書局，1959年，第86頁。

〔註33〕張星久：《中國近現代政治思想述論》，湖北人民出版社，2000年，第71頁。

〔註34〕張德堅：《賊情彙纂》，《太平天國》（三），神州國光社出版，1952年，第264頁。

〔註35〕《太平天國起義記》，《太平天國》（六），神州國光社出版，1952年，第858頁。

怨「仁玕勸其加入叛事，致受此災劫，欲得大富反邀大禍，仁玕本是生氣勃勃，熱誠過人，原欲帶引其親友共享榮華富貴，至是⋯⋯心懷深憂，大爲失望」〔註36〕。這表明，在他們看來，塵世的生活好一些、富裕一些，乃是他們祈求上帝所賜恩典的應有之義。

洪秀全所描繪的「公平正直之世」實現的具體綱領體現在太平天國所頒佈的以徹底平均分配爲原則的《天朝田畝制度》中。土地私有制是造成社會不公平的根源，因此要想實現大同社會，必然需要對土地所有制進行改革，實行平均主義的土地所有制。因此《天朝田畝制度》中規定「凡天下田，天下人同耕，此處不足則遷彼處，彼處不足則遷此處。凡天下田，豐荒相通，此處荒，則移彼豐處以賑此荒處，彼處荒，則移此豐處以賑彼荒處」〔註37〕。僅僅在生產上平分土地還不能解決因個人因素所造成的在實際生活中的不平等，因此還需要對消費品進行平均分配，如此就需要否定私有財產，一切收入收歸「聖庫」，徹底消除貧富差別，實現「有田同耕，有飯同食，有衣同穿，有錢同使，無處不均勻，無人不飽暖」〔註38〕的理想社會。爲此《天朝田畝制度》中規定：「凡當收成時，兩司馬督伍長，除足其二十五家每人所食可接新穀外，餘則歸國庫。凡麥豆苧麻布錦雞犬各物及銀錢亦然。⋯⋯天下人人不受私，物物歸上主，則主有所運用」〔註39〕。鰥寡孤獨廢疾者，不能參加勞動服務的，「皆頒國庫以養。」〔註40〕國庫的收入還用於賑災和農戶的婚喪嫁娶。這些均平措施對於處於貧富懸殊社會環境中的廣大百姓來說，「誠不失爲一有力之號召」〔註41〕。在社會、政治組織方面，《天朝田畝制度》仿照太平天國的軍隊組織方式，制定了集農業生產、軍事、教育、政治功能合一、職能高度融合的組織。如此將「天下肅清，江山一統，萬古太平，共享天父天兄之眞福，豈不美哉！」〔註42〕總之，這是一個在各方面與現存社會都不相同的社會，是一個全新的社會。

〔註36〕《太平天國起義記》，《太平天國》（六），神州國光社出版，1952年，第876頁。

〔註37〕《天朝田畝制度》，《太平天國印書》（上），江蘇人民出版社，1979年，第409頁。

〔註38〕同上，第409頁。

〔註39〕同上，第410頁。

〔註40〕同上，第413頁。

〔註41〕蕭公權：《中國政治思想史》（二），遼寧教育出版社，1998年，第623頁。

〔註42〕《太平救世歌》，《太平天國》（一），第243頁。

（三）對現實社會的揭露和批判

烏托邦文本的產生即暗喻著現實社會是不完美的，是黑暗的，是非正義的，因而它存在的合理性便需要受到質疑，所以烏托邦昭示了現實政治秩序的合法性危機，它往往會對社會的罪惡現象進行揭露，並進而對現實社會的既定精神權威和政治權威發出挑戰。洪秀全的烏托邦也不例外，它借用異質文明對公平正直社會的憧憬與描繪包含著對傳統意識形態的觸犯和背離，表達了對現實政治秩序的不滿並有可能起來反抗之。

天下本是一家，人們本應過著「有無相恤、患難相救、門不閉戶、路不拾遺」的幸福生活，但是現實中人們卻因為見識短淺、氣量狹小而各愛其私，西方欺侮中國，中國之內人民彼此憎恨、相互鬥殺，社會風氣日益墮落。《原道醒世訓》云：「無如時至今日，亦難言矣。世道乖漓，人心澆薄，所愛所憎，一出於私。故以此國而憎彼國，以彼國而憎此國者有之；甚至同國以此省此府此縣而憎彼省彼府彼縣，以彼省彼府彼縣而憎此省此府此縣者有之；更甚至同省府縣，以此鄉此里此姓而憎彼鄉彼里彼姓，以彼鄉彼里彼姓而憎此鄉此里此姓者有之。世道人心至此，安得不相陵相奪相鬥相殺而淪胥以亡乎！無他，其見小，故其量小也。……天下愛憎如此，何其見未大而量之不廣也。」〔註43〕社會已經如此墮落，要想獲致幸福就必須進行改造，如何改造呢？洪秀全認為中國之所以出現諸種弊端皆是因為中國崇奉邪神而不敬拜上帝，所以沒有受到上帝的恩典。他從基督教的「邪」、「正」觀念出發，提出了「皇上帝」與「閻羅妖」、「正」與「不正」對立的觀點。除了上帝以外，其它一切人世間所崇拜的偶像都是妖魔，洪秀全於是「將二人書塾中之偶像盡行除去」〔註44〕。如此，現實社會便是一個被「閻羅」、「邪魔」——神仙、菩薩、孔孟先聖、皇帝等統治的世界，「推勘妖魔作怪之由，總追究孔丘教人之書多錯」〔註45〕。因此要想對中國社會風尚和道德進行重塑便應該拋棄傳統的精神權威孔教轉而拜上帝，信奉「獨一真神上帝」。《太平天日》中有如下一段記載：「天父上主皇上帝因責孔丘曰：『爾因何這樣教人糊塗了事，致凡人不識朕，爾聲名反大過於朕乎？』孔丘始則強辯，終則默然無辭。天兄基督亦

〔註43〕《原道醒世訓》，《太平天國印書》（上），江蘇人民出版社，1979年，第15頁。
〔註44〕《太平天國起義記》，《太平天國》（六），第847頁。
〔註45〕《太平天日》，《太平天國印書》（上），江蘇人民出版社，1979年，第38頁。

責備孔丘曰：『爾造出這樣書教人，連朕胞弟讀爾書亦被爾書教壞了！』眾天使亦盡歸咎他。主亦斥孔丘曰：『爾作出這樣書教人，爾這樣會作書乎？』孔丘見高天人人歸咎他，他便私逃下天，欲與妖魔頭偕走。天父上主皇上帝即差主同天使追孔丘，將孔丘捆綁解見天父上主皇上帝。天父上主皇上帝怒甚，命天使鞭撻他。」〔註46〕這對當時的人們來說無異於當頭棒喝，一直虔誠敬拜的偶像忽然間失去了意義和價值。孔子是中國兩千多年來封建社會意識形態的支柱，處於至高無上、神聖不可侵犯的地位，現實的統治者總是從孔子的教義中來為自己的行為尋找合法性。對他的挑戰則意味著對中國長期以來的傳統思想和政治權威的挑戰，拋棄了他便意味著對兩千多年來形成的整個歷史傳統的否定，其激烈程度不可謂不大，對人們思想的影響不可謂不深。正如范文瀾所說：「封建社會的『至聖』孔子竟被看作邪神，這在中國思想史上是破天荒的大事。」〔註47〕這「意味著與正教發生了決裂」〔註48〕，是中國「兩千年中未有之劇變」〔註49〕。洪秀全有勇氣和膽量拿西方的上帝來否定孔子的權威，反映了時代的變化，體現了近代中國知識分子自主性的覺醒。

當洪秀全決定拋棄孔教的時候，他的行為就必然不僅僅在宗教上產生影響，而是會帶來明顯的政治後果。反對傳統偶像必然會遭到習慣勢力的反對而招致武力干涉，進而進一步激發其對現實政治權威的批判：「皇上帝乃是帝也，雖世間之主稱王足矣，豈容一毫僭越於期間哉！救世主耶穌，皇上帝太子也，亦只稱主已耳，天上地下人間有誰大過耶穌者乎？耶穌尚不得稱帝，他是何人，敢覷然稱帝者乎！只見其妄自尊大、自干永遠地獄之災也。」〔註50〕可見，洪秀全從基督教中借來的上帝不僅要否定精神的權威，還要否定世俗生活領域的政治權威。在《奉天討胡檄布四方》中楊秀清歷數了清朝統治者的種種罪惡：「奈何足反加首，妖人反盜神州，驅我中國悉變妖魔，罄南山之竹簡，寫不盡滿地淫污，決東海之波濤，洗不盡彌天罪孽。……凡有水旱，略不憐恤，坐視其餓莩流離，暴露如莽，是欲我中國之人稀少也。滿洲又縱貪官污吏，布滿天下，使剝民脂膏，士女皆哭泣道路，是欲我中國之人貧窮

〔註46〕《太平天日》，《太平天國》（二），第636頁。

〔註47〕范文瀾：《中國近代史》，上編第一分冊，人民出版社，1953年，第97頁。

〔註48〕〔德〕馬克斯·韋伯：《儒教與道教》，江蘇人民出版社，1997年，第251頁。

〔註49〕蕭公權：《中國政治思想史》（二），遼寧教育出版社，1998年，第872頁。

〔註50〕《原道覺世訓》，《太平天國印書》（上），江蘇人民出版社，1979年，第22頁。

也。官以賄得，邢以錢免，富兒當權，豪傑絕望，是使我中國之英俊抑鬱而死也。凡有起義興復中國者，動誣以謀反大逆，夷其九族，是欲絕我中國英雄之謀也。滿洲之所以愚弄中國，欺侮中國者，無所不用其極，巧矣哉！」〔註51〕當下黑暗的政治現實與洪秀全所勾畫的理想社會形成鮮明對照，遂使人們認為需要「開創新朝」〔註52〕。

　　綜上所述，洪秀全所描繪的烏托邦是一個人人平等、互助互愛、天下一家、共享太平的理想社會，其理論前提是認為所有的人都是上帝的孩子，所以是平等的，是寶貴而富於靈性的，善良的，因此是應該並能夠過美好的生活的，現實中之所以存在著眾多的醜惡，乃是因為人們拜邪神而不敬上帝所致，所以人們需要對傳統的精神權威乃至現實的政治權威進行批判。它給人們揭示了一個遠遠不同於人們所處現實狀況的美好社會，使人們發現生活是可以別樣的，而不僅僅是目前的存在，遂促使人們努力對現狀進行改進。它昭示了現實政治秩序的合法性危機，存在了兩千多年的政權合法性基礎——儒教也開始喪失其曾經永不衰落的魅力，人們自此開始思考探索儒教之外的理想秩序，不斷追問到底什麼樣的秩序才是真正完美無缺的，可以一勞永逸的解決所有人面臨的所有問題。

　　從上面的分析中可以看出，雖然洪秀全的思想是受基督教的影響而形成的，但是卻與基督教有著明顯的不同，表現在以下幾個方面。

　　首先，在基督教中，人的存在因為上帝的存在而黯然失色，人因為「原罪」所以虧欠了上帝的榮耀，世世代代背負在身，因此人便需要窮極一生來贖回自己的罪孽。人的理性和自我完善能力是有限的，人不能通過自己的努力獲得拯救，必須耐心等待上帝的救贖。但洪秀全卻認為正因為人是上帝的子女，所以才既貴又靈，是一切物種中之最優秀者，人因為上帝的存在而顯現自己。人能夠通過自己的努力獲得個人的自我完善，雖說人還需要上帝的幫助，但它能夠得到上帝的幫助這一點本身就證明了人有借助上帝實現自我的能力，在某種意義上它是對人的自我完善能力和價值的確信和樂觀，體現了近代人文色彩的主題。

　　其次，洪秀全將基督教中僅僅在上帝面前的平等擴展到現實社會生活的

〔註51〕 《奉天討胡，檄布四方》,《太平天國印書》（上）,江蘇人民出版社,1979年,
　　　　 第109頁。
〔註52〕 《太平天國起義記》,《太平天國》（六）,第872頁。

「人人平等」。在基督教的語境裏，平等觀念包含兩層含義，一方面是指無論塵世中的人們分爲什麼樣的等級，但都是上帝創造的「作品」，人人都應該敬畏上帝，因而是平等的；另一方面是指在具有「原罪」這一點上，人人都是一樣的，人人都要爲始祖的原罪承担責任，在上帝面前都是「迷途的羔羊」，世界末日來臨時，人人都要接受審判，這即是「原罪」意義上的平等。可見，基督教的平等不指涉現實生活，人們在上帝面前的平等並不意味著人們在實際的政治社會中也處於平等的地位，它不否認政治現實的不合理，相反，它承認這種現狀並認爲這是世俗的人們應該受到的懲罰。

再次，洪秀全的「天國」是地上的「天國」、此世的「天國」。這一點與基督教義也是大相徑庭的。基督教認爲人間是不完善的、有缺陷的，人們要想獲得眞正的幸福必須捨棄世俗生活的樂趣，在此世忍受苦難等到來世獲得靈魂的解脫。而洪秀全所勾畫的烏托邦則是一個能夠滿足人們各種現實世俗要求的社會，而不是僅僅滿足人們靈魂的需要。洪秀全把本是基督教的來世「天國」轉變爲可以在現世實現的人間「天國」，使作爲「純宗教」的基督教教義轉變成爲現實世俗生活的「烏托邦」理念，這一轉變意義重大，它鼓勵人們積極追求此世的幸福，而不僅僅是消極等待上帝的拯救。不僅如此，洪秀全對天上天國也作了世俗化的理解。《天父詩》中：「天上無病地獄病，天上無苦地獄苦，天上無餓地獄餓，天上無醜地獄醜。」〔註53〕從這首詩中可以看出，在洪秀全的心目中，脫離了肉體的靈魂仍是要吃飯、會生病的；靈魂的需要與肉體相同，靈魂所享受的幸福，實際上就是肉體所祈求滿足的東西。基督教神學家心目中的天堂、天國是屬靈的，而洪秀全卻對屬靈的天堂作了形而下的物質性理解，致使清吏漲德堅誹謗之「皆首逆數人竊彼教之緒餘任意捏造者，無情無理，狂吠梟啼。」〔註54〕

最後，洪秀全的上帝教鼓勵人們積極鬥爭去實現理想的社會。這裏也顯現了上帝教與基督教的不同，基督教是「愛的宗教」，宣揚「要愛你的仇敵」，宣揚如果有人打你的左臉，那就連右臉也讓他打，它希望的是世人的逆來順受而不是反抗。因此洪秀全認爲基督教「過於忍耐或謙卑，殊不適用於今時，蓋將無以管鎭邪惡之世也。」〔註55〕他號召人們起來斬盡一切「妖魔」。而且

〔註53〕《天父詩》二百七十七，《太平天國》（二），第471頁。
〔註54〕張德堅：《賊情彙纂》，《太平天國》（三），第252頁。
〔註55〕《太平天國起義記》，《太平天國》（六），第864頁。

他不滿足於僅僅作上帝的一般信徒，認爲自己是接受上帝的命令來拯救人民、剷除世上之陋俗的救世主，「朕是天差來眞命天子，斬邪留正」〔註56〕。

二、康有爲的大同世界

康有爲生於鴉片戰爭結束前夕，原名祖詒，字廣廈，號長素，廣東南海人，出身於世代官僚家庭，自稱「吾家凡爲士人十三世」，兩位家人曾參加過鎮壓太平天國的活動，家族「世以理學傳家」。康自小就受到嚴格的私塾教育，致力於聖賢之學，聰敏好學，記憶力極強，有成爲當代聖人之志，因此很早就有「聖人爲」的綽號。19 歲師從朱次琦，深受朱的「主濟人經世」思想的影響，捨棄不能經世致用、解決實際問題的考據之學，而「獨好陸王」，以爲陸王新學「直接明誠，活潑有用」。康自述當時他「捧手受教，乃如旅人之得宿，盲者之睹明，乃洗心絕欲，一意歸依，以聖賢爲必可期，以群書爲三十歲前必可盡讀，以一身爲必能有立，以天下爲必可爲。從此謝絕科舉之文，士芥富貴之事，超然立於群倫之表，與古賢豪君子爲群」〔註57〕。一段時間康的思想陷入極度的苦悶和彷徨中，因爲面對國家貧弱，人民困苦，民族危機日益嚴重，自認知識豐富的他卻找不到挽救的途徑，所以「自以爲聖人則欣然而笑，忽思蒼生困苦則悶然而哭」〔註58〕。就是在這個時期，他萌發了要拯救人民於水火之中的願望並將此作爲他終生奮鬥的目標，「既念民生艱難，天與我聰明才力拯救之，乃哀物悼世，以經營天下爲志」〔註59〕。1879年康有爲從張鼎華那裏瞭解到當時的新思潮，以及西學新書，討論過西方富強的原因。後來又去香港遊歷，「覽西人宮室之瑰麗，道路之整潔，巡捕之嚴密，乃始知西人治國有法度，不得以古舊之夷狄視之」〔註60〕。他認識到需要對西方的文明進行認眞研究，於是開始搜集有關西學之書進行研讀。1882年康有爲進京應試，路過上海，目睹了上海的無比繁榮，遂深信「西方治術有本」，決心向西方學習，於是「大購西書以歸講求」〔註61〕。這些西學都是

〔註56〕《太平天日》,《太平天國》（二），第 640～641 頁。
〔註57〕《康南海自編年譜》,《戊戌變法》（四），神州國光社出版，1953 年，第 110 頁。
〔註58〕同上，第 114 頁。
〔註59〕同上，第 115 頁。
〔註60〕同上，第 115 頁。
〔註61〕《康南海自編年譜》:《戊戌變法》（四），神州國光社出版，1953 年，第 116 頁。

聞所未聞的新知識，令康有為耳目一新，感歎「西學甚多新理」，使他的學識
「日新大進」，對他的思想產生了強烈的影響。1884 年在中法戰爭的刺激下，
康有為開始形成自己的思想體系並展開對大同未來完美社會的勾畫，1887 年
間，撰寫了《內外篇》和《人類公理》，這些著作致力於探求最符合人道的實
理公法，許多思想成為大同社會的基本原則，為大同烏托邦思想的最終形成
奠定了理論基礎。1889 年末、1990 年初，康有為會見了公羊學家廖平，讀到
廖的一些著作，對今文經學的「三世」、「三統」、「改制」等學說非常感興趣，
從而對其關於世界、關於社會發展的看法產生了深刻的影響。此後康有為又
先後寫下了《新學偽經考》、《孔子改制考》、《春秋董氏學》、《禮運注》等著
作，給光緒皇帝上書六次，草擬了許多奏摺，提出了一些維新變法的具體主
張和建議，形成了一整套的變法理論，並以此為依據在 1898 年發動了著名的
戊戌變法，這是中國近代史上第一次以皇帝的權威為合法性基礎、獲得現存
政權有限支持的自上而下的大規模推進秩序更新的變革運動，但這次維新運
動很快就失敗了。此後康有為流亡海外，對現實的失望遂使他專心於對理想
社會的理論探索，1902 年 1 月 20 日，定居印度大吉嶺，潛心著述，撰成《大
同書》。康有為在《大同書》中批判了現實生活中的種種苦難並細緻描繪了一
個完美的大同社會。他認為人類社會是不斷向前發展的，只要人類擴充本性
中的「仁愛」之質就能夠通過在現實中（雖說是在未來的現實中）建立理想
的社會制度來擺脫目前所遭受的一切不幸，達到「極樂」狀態，獲致永恒的
幸福，他呼籲把阻撓這種美好社會到來的一切障礙除掉。對此蕭公權評論道：
「其說頗新奇可喜，雖難免美言不信之嫌，然體系之完整，內容之淵博，洵
前此所未有。」〔註62〕

（一）大同社會的理論前提：三世進化論和人性自然仁愛說

康有為大同社會的建構是以其三世進化論和他對人性的看法為基礎的。
錢定安說康有為「原春秋三世之說，演禮運天下為公之理」〔註63〕。三世進
化論是康有為通過重新詮釋《春秋公羊傳》，藉孔子權威並結合西方進化論的
知識而「發明」的一種社會歷史觀。與具有強烈循環論色彩並以古代為歷史
取向的儒家「三世」說不同，這是一種以未來為取向的社會歷史進化學說。
康有為對大同社會的信念是以這種認為未來不斷進步的社會歷史學說為基石

〔註62〕蕭公權：《中國政治思想史》（三），遼寧教育出版社，1998 年，第 874 頁。
〔註63〕《大同書》序，中華書局，1935 年版，第 1 頁。

的，梁啓超指出：「先生於是推進化之運，以爲必有極樂世界在於他日，而思想所極，遂衍爲大同學說。」〔註 64〕康有爲認爲人類社會乃至宇宙是不斷變化的，沒有靜止不變的事物，一切都處於變化之中，「變」是「天道」，是宇宙中的普遍規律。因此，任何事物包括社會和國家的根本大法需要不斷更易維新才能證明自己存在的合理性。這種變化總是導致新事物的產生，新出現的事物總是比老的舊的事物更有生命力，「夫物新則壯，舊則老；新則鮮，舊則腐；新則活，舊則板；新則通，舊則滯；物之理也。」〔註 65〕社會也是一個不斷進行新陳代謝、除舊布新的過程，也是不斷進步發展的，「愈改而愈進」，而不是循環的或倒退的。社會的發展是由野蠻走向文明、由低級走向高級、各種文明都不斷提高的過程，「始於粗糲而後致精華」。人類也處於不斷進化之中，因此有理由相信人類社會的現在比過去好，未來也一定比現在好，最美好的社會一定位於人類的將來、歷史的終端，這是一種對未來充滿期待的富含積極樂觀精神的社會歷史觀。康有爲這種歷史進化論的提出，有著重要的理論價值和社會意義。在此之前人們總是認爲人類理想的黃金時代是「三代盛世」，認爲人類的歷史是不斷墮落的歷史，對人類的未來充滿悲觀，總是希望能夠回到過去，這種觀點不能激發人們創造未來的信心和勇氣，無助於人們打破現實的種種束縛和限制，在新的歷史條件下構築新的理想秩序，所能做的只能是在既有的框架中對傳統進行摹仿和重複。梁啓超就曾說康有爲的哲學是「進化派哲學」，「中國數千年學術之大體，大抵皆取保守主義，以爲文明世界在於古時，日趨而日下。先生獨發明《春秋》三世之義，以爲文明世界在於他日，日進而日盛。蓋中國自創意言進化學者，以此爲嚆矢焉。」〔註 66〕再者，康有爲指出人類最完美的社會是達於至治境界的「大同」世界，它存在於我們未知的未來而不是過去，那麼在此之前的所有社會形態都不具有永恒存在的合理性，都只是暫時的，它們都只是我們達致最終狀態的一些不可缺少的環節。這意味著對社會現實的強烈批判和質疑，這些暫時的社會制度都是不合理的，不正義的，不可欲的，最終是需要加以拋棄的。因此，中國目前所存在的封建專制制度也不具有長久存在的合法性，它必將被新的

〔註 64〕梁啓超：《康有爲傳》，《戊戌變法》（四），第 21 頁。

〔註 65〕《上清帝第六書》，《戊戌變法》（二），神州國光社出版，1953 年，第 198 頁。

〔註 66〕《南海康先生傳》，轉引自馮契主編：《中國近代哲學史》（上），上海人民出版社，1989 年，第 207 頁。

制度形態——君主立憲制所代替。這對於人們思想的解放起到了促進作用，為人們從根本上質疑傳統秩序提供了一個理論依據。

社會發展的路徑是由「據亂世」到「昇平世」，再到「太平世」也即大同社會，「神明聖王孔子早慮之，憂之，故立三統三世之法，據亂之後，易以昇平、太平，小康之後，進以大同。」〔註67〕「亂世者，文教未明也；昇平者，漸有文教，小康也；太平者，大同之世，遠近大小如一，文教全備也。」〔註68〕康有為還認為這種歷史進化是朝著「仁」的目標日益前進的，他說：「每變一世，則愈進於仁。仁必去其抑壓之力，令人人自立平等，故曰昇平。至太平則人人平等，人人自立，遠近大小若一，仁之至也。」〔註69〕可見，大同社會是人類社會發展的極樂世界，為人類社會發展的最後歸宿。與這三個歷史階段相對應的政治制度為君主專制、立憲君主制和民主共和制。這三個發展階段是人類社會發展的普遍規律，「驗之萬國，莫不同風。」〔註70〕因此這種進化只能是循序漸進的，不能突變飛躍，「人道進化，皆有定位。……蓋自據亂進為昇平，昇平進為太平，進化有漸，因革有由。」〔註71〕因此其中的每個階段都是不可逾越的，必須按照這個進化的順序漸進而行，新的時代到來的條件尚未具備時就不能貿然進行改革或革命，「未至其時，不可強為」，否則「亂次以濟，無翼以飛，其害更甚」〔註72〕。任何超越具體時勢的變革都「猶小兒未能行，而學逾牆飛瓦也。」〔註73〕就現實中的中國而言，現在所需要和應該做的是將君主專制制度通過自上而下的和平改革轉變成為君主立憲制，而不能立即實行共和制。在馬克思主義看來，這是一種反對突變反對革命的庸俗進化論。

康有為對大同社會的描繪還以他對人性的看法為前提。大同社會正是依據合乎人性、符合人道的原則來建構的。康有為認為人「乃天產無數量不可

〔註67〕《大同書》，古籍出版社，1956年版，第8頁。

〔註68〕《春秋董氏學》，《康有為全集》（二），上海古籍出版社，1990年，第671頁。

〔註69〕蔣貴麟主編：《康南海先生遺著彙刊（七）：春秋筆削大義微言考》卷一，臺北宏業書局有限公司，1987年，第52頁。

〔註70〕蔣貴麟主編：《康南海先生遺著彙刊（六）：論語注》卷二，臺北宏業書局有限公司，1987年，第53頁。

〔註71〕蔣貴麟主編：《康南海先生遺著彙刊（六）：論語注》卷二，臺北宏業書局有限公司，1987年，第52～53頁。

〔註72〕《禮運注》序，《康有為政論集》（上），中華書局，1981年，第193頁。

〔註73〕《國會歎》，《康有為政論集》（下），中華書局，1981年，第882頁。

思議之精英」〔註74〕，因此在整個萬物之中處於最爲寶貴的地位，「生天之物，人爲最貴」〔註75〕，所以「聖人不以天爲主，而以人爲主也，是『天理』二字非全美者」〔註76〕。康有爲認爲人性是指人自然生成的「質」，比如能食味、別聲、被色等，「人性之自然，食色也，是無待於學也；人情之自然，喜怒哀樂無節也，是不待學也」〔註77〕，又說：「人生而有欲，天之性哉！」〔註78〕這種把人的各種自然生理本能看作人性的觀點是一種自然人性論。既然人是最寶貴的，人性是自然的，那麼人天生的各種需求和欲望便應該受到尊重而不是受到壓制，只能對其「因而行之」，不能「禁而去之」。在康看來，人欲的滿足是良好生活的當然因素，因此理想社會也應該是順乎人情、合乎人道的。「人道者依人以爲道，依人之道，苦樂而已，爲人謀者，去苦求樂而已。無他道矣。」〔註79〕人們「有以發揮舒暢其質則樂；窒塞閉抑其欲則鬱。」〔註80〕可見，人生的本質和樂趣在於去除苦難和追求幸福，使自己的本性得到盡情發揮，各種欲望都得到最大程度的滿足。在康看來，樂即是善，人所欲者即爲可欲者，樂而無苦是人類生存於世的至高與唯一的目標。人類的一切文明創造，目的都應該是爲人類增樂減苦。這一點應該成爲評判一切社會制度和道德誡令的標準。「立法創教，令人有樂而無苦，善之善者也。能令人樂多苦少，善而未盡善者也。令人苦多樂少，不善者也。」〔註81〕因此，墨子所提倡的節儉、印度教所追求的棄身煉魂、基督教的天國之福都不適宜人類，都不應當成爲人類所企求的理想。人類這種求樂免苦的欲望是促使社會進化的重要動力，正是人們對人生樂趣的追求才使社會不斷進步發展，從低級階段走向高級階段，最後實現「大同」。大同社會是一個「至樂」的理想世界，「大同之世，人人極樂，願求皆獲」〔註82〕。康有爲預言，「大同世」的庶民之樂將使古代帝王之樂相形見絀。可見，大同社會之所以是可欲的，就是因爲它破除了種種障礙與束縛，徹底根除了人類痛苦的根源，順應了人的本性，

〔註74〕《大同書》，古籍出版社，1956年，第133頁。
〔註75〕《孟子微》，中華書局，1987年，第7頁。
〔註76〕《萬木草堂口說》，中華書局，1988年，第191頁。
〔註77〕《性學篇》，《康有爲政論集》，（上），中華書局，1981年，第12頁。
〔註78〕《大同書》，古籍出版社，1956年，第41頁。
〔註79〕同上，第5頁。
〔註80〕同上，第27頁。
〔註81〕《大同書》，古籍出版社，1956年，第7頁。
〔註82〕同上，第43頁。

滿足了人的各種欲求，使人生充滿了樂趣，最有益於人道，人類在其中獲得了永恒的幸福。

康有為還認為人人都有不忍之心——仁，即人的天性中都有「不忍之愛質」。正是因為如此，人們才會對人類的苦難有深刻的體認和同情，才會對社會中的許多不合理現象進行批判和揭露，才會想要去探求合理正義的理想秩序。大同社會之所以是可能的，其根本依據也在於此。「人道所以合群，所以能太平者，以其本有愛質而擴充之，因以裁成天道，輔相天宜，而止於至善，極於大同，乃能大眾得其樂利。」〔註83〕可見，在康有為看來，只要人們理解了「仁」的真諦，發揮博愛精神，世界就會進入大同。因為只要人們把天性中的這種仁愛精神逐步擴充起來，社會就會日益進化，從野蠻日趨文明，最後到達「太平大同」。假如人們「滅絕」了這種愛質，社會將會「斷其文明而還於野蠻」〔註84〕。因此，大同社會的希望在於人類喚醒（光大發揮）自身的這種「不忍之愛質」。

可見，在康有為看來，「人生只求樂，天心唯有仁」〔註85〕，即人對快樂的追求使大同社會的理想成為必需，人的仁愛之心使大同社會的存在成為可能。「大同之世」將不僅是一個借助技術進步而達於富足幸福的「極樂」世界，而且也是一個通過道德進步而臻於至善和諧的「至仁」世界。

康有為還對人的理性能力充滿了自信。他說：「地球既生，理即具焉，蓋既有氣質，即有紋理。人有靈魂，知識生焉，於是能將理之所在而發明之，其發明者日增一日，人立之制度亦因而日美一日。」〔註86〕可見，在他看來，人類社會制度的變遷是有規律的，只要人們運用自己的理性去思考去學習，掌握這方面的知識，是能夠發現這些規律的，據此便可以完善社會制度，增進人類的幸福。而康有為認為自己已經認識到了這一規律，所以他才有信心去構想完美幸福的未來前景。

康有為認為人生來就具有平等獨立之權，因為「人皆天所生也，同為天之子，同此圓首方足之形，同在一種族之中，至平等也」〔註87〕，他還說：「人人皆天生，故不曰國民而曰天民，人人既是天生，則直隸於天，人人皆

〔註83〕《大同書》，古籍出版社，1956年，第285頁。
〔註84〕《大同書》，古籍出版社，1956年，第3頁。
〔註85〕《大同書成題詞》，《康有為政論集》（上），第548頁。
〔註86〕《康有為全集》（一），上海古籍出版社，1987年，第286頁。
〔註87〕《大同書》，古籍出版社，1956年，第44頁。

獨立而平等，人人皆同胞而相親如兄弟。」〔註88〕人們天生是平等的，沒有尊卑之分，沒有高貴之別，「人類平等是幾何公理」〔註89〕，只要願意每個人都可「與堯舜同，人人皆可為太平大同之道」〔註90〕。再者人人既然都是兄弟同胞，所以就應該相互親愛，互相關心和幫助。「生於大地，則大地萬國之人類皆吾同胞之異體也，既與有知，則與相親。」〔註91〕這種「天」所賦予的權利，任何人包括父母都不能侵犯，因為人雖然託父母之體而為人，但卻是天的孩子，是一獨立的生命個體，所以「一人身有一人身之自立，無私屬焉。」〔註92〕每個人都是獨立的、有個性的，所以「有自主之權」。從人性的角度來說，人們也是平等的，人在自然本質上都是平等而相近的，都有同樣的氣質、欲求和權利。「孔子曰『性相近也』。夫相近，則平等之謂，故有性無學，人人平等，同是食味，別聲被色，無所謂小人，無所謂大人也。」〔註93〕人人也是自由的，人生來便應享受充分的自由，自由主宰自己的命運。「人人有天授之體，即人人有天授自由之權。……此人人公有之權利也。禁人者，謂之奪人權，背天理矣。」〔註94〕平等、獨立、自由、博愛這些精神都是最有益於人道的「公法」，因此都應當成為大同社會建立的基本原則。

　　總之，康有為認為社會歷史是沿著「據亂世」、「昇平世」、「大同世」的軌道漸次演進的線性發展過程，而這種趨向未來的歷史進化過程，同時也是不斷實現人性而達致最符合人道的完美社會的過程。「大同」既是社會歷史進化的終點，也是人類本性發展的極致。

（二）康有為大同社會的理想圖景

　　康有為天生具有悲天憫人的性情，常以救世主自視，以拯救人類世界為己任。因此面對現實中的眾多苦難，他構想了一個完美的大同世界模式來求得所有問題的徹底解決。「吾既生亂世，目擊苦道，而思有以救之，昧昧我思，其惟行大同太平之道哉！遍觀世法，捨大同之道而欲救生人之苦，求其大樂，

〔註88〕　《孟子微》，中華書局，1987年，第13頁。
〔註89〕　《康有為全集》（一），上海古籍出版社，1987年，第279頁。
〔註90〕　《孟子微》，中華書局，1987年，第3頁。
〔註91〕　《大同書》，古籍出版社，1956年，第3頁。
〔註92〕　同上，第44頁。
〔註93〕　《長興學說》，中華書局，1988年，第3頁。
〔註94〕　《大同書》，古籍出版社，1956年，第136頁。

殆無由也。大同之道，至平也，至公也，至仁也，治之至也，雖有善道，無以加此矣。」〔註95〕

康有為「並不關注維護中國價值或移植西方思想，而是要為全人類界定一種生活方式，使人人心理上感到滿足，在道德上感到正確。」〔註96〕所以他所設想的是一個全球性的理想秩序，他不僅為中國人而且為全世界人勾畫未來。「這一凝聚康氏宏偉理想和富有天才想像力的烏托邦預言，為我們描繪了一幅盡善盡美的人類未來理想社會的圖景。」〔註97〕大同社會的政治組織是真正按照民主的原則運轉的世界政府。大同社會的經濟基礎是建立在人人勞動和財產公有基礎上的高度發達的物質文明。大同社會的社會結構是一個消滅階級、廢除家庭、沒有任何天然或人為束縛的絕對獨立自主的個人的自願結合。大同社會最重要的基石是自由、平等、獨立、博愛。大同社會人們的天性得到盡情發揮而不會有罪惡，因為「無瑕的社會才有完人，而完人才能建立無瑕的社會」〔註98〕。

1、大同社會的政治組織

康有為認為國家是戰爭的根源，因此大同社會必然沒有國家，只有一高度民主化的公政府來管理整個世界。「公政府只有議員，無行政官，無議長，無統領，更無帝王，大事從多數決之」〔註99〕。公政府有 20 個部、4 個院組成。各部都有明確分工，是具體的行政職能機構，分管不同行業。4 院為上議院，下議院，會議院，公報院。上議院由全球各度各舉一人組成，「議全地法律職規大政，並掌大裁判、政教、文藝、評論之事」〔註100〕。下議院只設書記，不選議員，需要時召開電話會議，全球之人公議一切法律、規則、財政。會議院是一種議政機構，「凡有官聯之事及公共大政，二十部公議之，從其多數，隨時隨事舉議長，不為定位」〔註101〕。公報院由全球各度公舉數人，向

〔註95〕《大同書》，古籍出版社，1956 年，第 8 頁。
〔註96〕蕭公權：《近代中國與新世界：康有為變法與大同思想研究》，江蘇人民出版社，1997 年，第 388 頁。
〔註97〕高力克：《歷史與價值的張力——中國現代化思想史論》，貴州人民出版社，1992 年，第 40 頁。
〔註98〕蕭公權：《近代中國與新世界：康有為變法與大同思想研究》，江蘇人民出版社，1997 年，第 418 頁。
〔註99〕《大同書》，古籍出版社，1956 年，第 91 頁。
〔註100〕同上，第 259 頁。
〔註101〕同上，第 259 頁。

社會報告各地所發生之事。除了公政府之外，還有各度政府、地方自治局。
康有爲建議將全地球按經緯度各分 100 度，共一萬度。由於海洋和南北極無
人居住，所以全球度政府大概只有 3000 左右。每一度設立與中央政府相似的
組織。地方自治局是大同社會最基層的行政組織。它不是以地域或度爲單位
進行劃分，而是以某一行業爲單位，比如農場設一農局，工廠設一工局。每
一地方自治單位自成一自足社區，全以民主方式運作，「有事則開議，人人皆
有發言之權，從其多數而行之。」〔註102〕這三級政府在各自管理的範圍上有
所不同，有上下級的關係，各級相互協調，但這只是在職務的範圍之內，職
務之外人人平等。各公務員都是由人民推選出來的有聲望的智人、仁人，是
眞正爲人民服務的。另外，由於大同社會已經沒有罪惡，消滅了戰爭和犯罪
等現象，所以就不再需要法院、刑罰、監獄和軍隊，公政府的主要職能便是
組織管理生產、分配、文教和公共福利事業。在這種政府的管理之下，所有
人都成爲世界公民，一切法律和重大事情都由民主討論決定，任何人不得獨
斷專行，所有職位都由選舉產生，人人都享有高度的平等和自由，「平等原則
徹底實現，權威原則滅至最低」〔註103〕，「故大同之世，無有民也。舉世界之
人，公營全世界之事，如以一家之父子兄弟。無有官也。其職雖有上下，但
於職事中行之，若在職事之外。則全世界人皆平等，無爵位之殊，無輿服之
異，無儀從之別。」〔註104〕

2、大同社會的經濟基礎

康有爲認爲私有制是一切罪惡的根源，因此大同社會是以公有制爲基礎
的。「今欲致大同，必去人之私產而後可，凡農、工、商之業，必歸之公」〔註
105〕。在經濟生活的各個領域都採取國有或共有，無論生產還是分配都由公政
府統一掌管操作。大同社會土地公有，「舉天下之田地皆爲公有，人無得私有而
私買賣之」〔註106〕，其管理歸各級政府，這樣就可以有計劃的組織生產，不過
政府控制較多，沒有私人選擇的可能性。產品除了留足生產單位需用之外，其
餘產品逐級報給農部，農部報給商部，由商部按就近原則進行調配，並留盈餘

〔註102〕《大同書》，古籍出版社，1956年，第267頁。
〔註103〕蕭公權：《近代中國與新世界：康有爲變法與大同思想研究》，江蘇人民出版
　　　　社，1997年，第410頁。
〔註104〕《大同書》，古籍出版社，1956年，第261頁。
〔註105〕《大同書》，古籍出版社，1956年，第240頁。
〔註106〕同上，第240頁。

以防水旱、天災、地變等災難。大同社會實行「公工」，「使天下之工必盡歸於公，凡百工大小之製造廠、鐵道、輪船皆歸焉，不許有獨人之私業矣」〔註107〕，工廠也採取計劃模式，供應和需求由公政府精確控制，因此沒有生產不足或過量現象，也不會出現勞動力過剩而導致失業。大同社會非常重視工業：「太平之世無所尚，所最尚者工而已；太平之世無所尊高，所尊高者工之創新器而已；太平之世無所苦，所爲工者樂而已矣。」〔註108〕大同社會的商業「不得有私產之商，舉全地之商業皆歸公政府商部統之。」〔註109〕商部將農工之產品分配到商店，商店極大，商品極端豐富，花色品種齊全，供人任意選擇，商品將以快速便捷的自動化方式送到顧客手中，價格由政府統一制定。大同社會雖然達到按需分配的水平，但採取的是按勞分配的原則，目的是爲了激發人們工作的積極性，防止社會的退化。不管從事何種職業，人們都是平等的，雖然他們憑藉勞動所領到的工資可能是不一樣的，因爲「各視其才之高下，閱歷之淺深，以爲工價之厚薄，略分十級」〔註110〕，但最低一級也能過上極好的生活。實行獎懲制度：「勤者獎之，精者賞之，加其工價；其惰不作工者逐之」〔註111〕。住房平等，衣食、日用和旅遊等由工資開支，生活用品歸個人所有。

　　大同社會物質文明高度發達，實現了高度機械化、電氣化和自動化。「凡百舉動皆有機器，無沾手塗足之勤。」〔註112〕勞動者素質極高，勞動生產率大大提高：「勞動苦役，假之機器，用及馴獸，而人惟司其機關焉，故一人之用可代古昔百人之勞，其工皆學人，有文學知識者也。太平之世，人既日多，機器日新，足以代人之勞，並人之力者日進而愈上」〔註113〕。因此，人們的工作十分輕鬆，時間也大大縮短，每天僅三四小時或一二小時，其餘時間則隨其所好，盡情享樂。物質產品極大豐富，衣、食、住、行不僅高度舒適，而且十分具有美感，一切生活用品都屬於高貴品質，十分精緻。總之，康有爲所描述的大同世界是天堂，追求極樂，每人都能充分獲得所需、所欲，沒有痛苦或不安，生活就是幸福。

〔註107〕同上，第 246 頁。
〔註108〕《大同書》，古籍出版社，1956 年，第 247 頁。
〔註109〕《大同書》，古籍出版社，1956 年，第 249 頁。
〔註110〕同上，第 244 頁。
〔註111〕同上，第 248 頁。
〔註112〕同上，第 245 頁。
〔註113〕同上，第 248 頁。

3、大同社會的社會結構

康有爲認爲人們之所以犯罪，是因爲受到了挫折，社會制度壓抑了他們的欲望，使他們的天性不能得到盡情發揮，所以不合理的社會制度在大同社會裡將被廢除。個人將不再是社會達成自己目標的工具，相反，個人的快樂與幸福將永遠是一切社會制度所追求的目標。大同社會消滅了「級界」，人人獨立平等，沒有高低貴賤之分，廢除了奴隸制度，因爲「人爲天所生，民爲國所有，非一家一民所能私有。」〔註114〕舊式婚姻消失了，「男女婚姻，皆由本人自擇，情志相合，乃立合約，名曰交好之約，不得有夫婦舊名」〔註115〕，這樣婚姻就建立在完全自願的基礎上，是兩個完全獨立的人所做出的自主決定，因此實質上是純粹的基於愛情的結合，其他諸多外在因素將不必加以考慮。男女都將獲得更多的自由，雙方都處於完全平等的地位。合約的好處是可以避免勉強結合所帶來的痛苦，可以使不再相愛的人不必勉強繼續住在一起。這種合約不能是終身之約，有一定期限，最長不能超過一年，最短不能少於一月，一般以三個月爲期。男女之間沒有永久性的婚約，父親和孩子之間的關係便無法確定，所以大同之世父母和子女之間的關係也要取消，原來由家庭所承擔的功能便由公家機構來履行，這些機構將解決人們從生到死的各種需求，「人非人能爲，人皆天所生也，故人人皆直隸於天。而公立政府者，人人所公設也，公立政府當公養人而公教之、公恤之。」〔註116〕公養機構照顧妊婦、嬰兒和小孩，公教是對公民從6歲至20歲實行全民義務教育，公恤機構是對貧窮、病殘和年老者進行撫恤和照顧，人死後送入公立考終院火化。這樣「父母之與子女，無鞠養顧復之劬，無教養糜費之事。且子女之與父母隔絕不多見……不相認，是不待出家而自然無家。」〔註117〕

大同社會建立的核心理念是「仁」，即自由、平等、獨立、博愛。大同社會廢除了等級制度、種族制度以及男尊女卑的社會制度，人人獨立平等，都是天之子，沒有高低貴賤之分，可以自由自主地做出自己的決定，心性得到盡情發揮。大同社會取消了私有財產、家庭以及國家，所以人人無物可私、無人可私，一切「天下爲公」，愛別人就像愛自己一樣，愛眾生就像愛人類一

〔註114〕《大同書》，古籍出版社，1956年，第112頁。
〔註115〕《大同書》，古籍出版社，1956年，第164頁。
〔註116〕同上，第192頁。
〔註117〕同上，第193頁。

樣。物質文明高度發達，人類生活極度舒適，達到「極樂」。人類社會生活和
經濟生活的徹底轉變必然帶來人們精神面貌的改變。人們的天性既然無需也
無所遮掩，在此之前的所有罪惡將不復存在，人類將循著自己的本性成爲善
良的人、高尚的人，成爲「完人」，日趨「至善」。因此，「當太平之世，人性
既善，才明過人，唯相與鼓舞踴躍於仁智之事；新法日出，公施日多，仁心
日厚，知識日瑩，全世界人共至於仁壽極樂善慧無邊之境而已」〔註118〕。可
見，大同社會是公平的、和諧的，社會及人的發展都充分體現了「仁」的原
則。社會通過三階段的歷史進化過程而達致「大同」終點的過程也是個人和
社會不斷趨於「至善」的過程，爲此，張灝認爲「至善」的道德精神主題是
康有爲大同思想中的一個重要層面，它是其尋求人生和世界意義和重建意義
結構的嘗試〔註119〕。

　　總之，康有爲描繪了一個盡善盡美的社會。蕭公權對此評論道：「他不顧
眼前敗壞的制度和社會，而展望在完美制度和理想之下的想像中的社會，終
於描寫出他的大同見解。他足可成爲中國第一個烏托邦作者，他的大膽設想
足令他與其它國家的偉大烏托邦思想家並駕齊驅」〔註120〕，「他的烏托邦構想
極具想像力與挑戰性，他足列世界上偉大烏托邦思想家之林。……無人可以
忽視它整個社會思想的歷史意義」〔註121〕。梁啓超比喻康有爲《大同書》所
帶來的震撼：「其火山大噴火也，其大地震也」〔註122〕。康有爲自己也知道此
書如果公開發行定會產生深遠的影響，所以堅不出版，以免未合時宜而「陷
天下於洪水猛獸」〔註123〕。

（三）對現有社會制度的否定和批判

　　大同社會的原則是平等、自由、博愛等合乎人性的精神，以此爲依據，
康有爲對現有人類社會中的一切社會制度進行重新審視，對不符合這些原則
的社會現象進行深刻批判和否定。如「人不盡有自主之權」、「不盡能行愛去

〔註118〕《大同書》，古籍出版社，1956年，第277～278頁。
〔註119〕參閱張灝：《危機中的中國知識分子：尋求秩序與意義》，山西人民出版社，
　　　　1988年，第二章。
〔註120〕蕭公權：《近代中國與新世界：康有爲變法與大同思想研究》，江蘇人民出版
　　　　社，1997年，第387～388頁。
〔註121〕同上，第426頁。
〔註122〕梁啓超：《清代學術概論》，上海古籍出版社，1998年，第79頁。
〔註123〕梁啓超：《清代學術概論》，上海古籍出版社，1998年，第82頁。

惡」、「制度不定於一」、「以差等之意，用人立之法」〔註124〕等社會制度，都不合公理公法，都是需要加以否定的。

康有爲認爲由於現有制度的不合理，現實的人世間充滿了種種苦難，有「人生之苦」，「天災之苦」，「人道之苦」，「人治之苦」，「人情之苦」，「人所尊尚之苦」等等，總之「人道之苦無量數不可思議，因時因地苦惱變矣」〔註125〕。任何人不管是尊貴之人還是貧賤之人，都有各自的煩惱，康有爲自稱他「上覽古昔，下考當今，近觀中國，遠攬全地，尊極帝王，賤及隸庶」，感到「全地之上，人人之中，物物之庶，無非憂患苦惱者矣」〔註126〕。最後他悲憤的得出結論：「全世界皆憂患之世而已，普天下人皆憂患之人而已，普天下眾生皆戕殺之眾生而已；蒼蒼者天，摶摶者地，不過一大殺場大牢獄而已。」〔註127〕因此，這些社會制度都應遭到批判。

對國家的否定　康有爲回顧了人類自從有了國家之後的戰爭史，指出戰爭給人類帶來的災難是沉痛的、巨大的。通過對歷史的總結，他得出結論：「國愈少則戰禍愈少，國愈多則戰禍愈多」〔註128〕。國家是從戰爭中產生的：「自有人民而成家族，積家族吞併而成部落，積部落吞併而成邦國，積邦國吞併而成一統大國。凡此吞小爲大，皆有無量戰爭而來，塗炭無量人民而至，然後成今日大地之國勢，此皆數千年來萬國已然之事。」〔註129〕國家是由於戰爭而產生的，所以產生之後仍然吞併不斷，因爲國界既立，人人都各私其國，即使仁人義士也會因爲國界的存在而使自己的眼界局限於本國之內，以爭地殺人爲有功並可留名清史而自炫，所以只要國界仍然存在，那麼這種爲奪取更大領地的吞併戰爭就永遠不會停息，「國既立，國義逐生，人人自私其國而攻奪人之國，不止盡奪人之國而不止也。或以大國合小，或以強國消弱，或連諸大國而已。然因相持之故累千百年，其戰爭之禍以毒生民者，合大地數千年計之，遂不可數，不可議。」〔註130〕人類文明的發展也不能阻止戰爭，反而使戰爭更兇猛，更具破壞性：「有國競爭，勢必至此。故夫有國者，人道

〔註124〕《康有爲全集》（一），上海古籍出版社，1987年，第280頁。
〔註125〕《大同書》，古籍出版社，1956年，第8頁。
〔註126〕同上，第5頁。
〔註127〕《大同書》，古籍出版社，1956年，第2頁。
〔註128〕同上，第60頁。
〔註129〕同上，第54頁。
〔註130〕同上，第55頁。

團體之始，必不得已，而於生人之害，未有宏巨碩大若斯之甚者也。愈文明則戰禍愈烈。蓋古之爭殺以刃，一人僅殺一人；今之爭殺以火以毒，故師丹數十萬人可一夕而全焚。嗚呼噫嘻，痛哉，慘哉！國界之立也。」〔註131〕所以要想消除戰爭帶來的危害，就必須去除國界，「欲除國害，必自弭兵破國界始」〔註132〕，「故欲安民者非弭兵不可，欲弭兵者非去國不可。……今將欲救生民之慘禍，至太平之樂利，求大同之公益，其必先自破國界、去國義始矣。此仁人君子所當日夜焦心敝舌以圖之者。除破國界外，更無救民之義矣。」〔註133〕再者，國界的存在使人們養成爭心，養成私心而不利於人性的自我完善，不利於達致太平之世。「是則有國乎，而欲人性止於至善，人道至於太平，其道相反，猶欲南轅而北轍也。」〔註134〕

對家庭的否定　康有為認為家庭是一種罪惡的社會制度，雖然在據亂世、昇平世還有一定的用處，但到大同太平世就必須取消。中國向來注重家庭倫理，儒家所規定的許多宗法倫理規範雖然非常優美高尚，但都流於道德說教和形式，現實中的家族經常因為嫉妒、厭惡或利益衝突而發生摩擦，導致吵架、打架或謀殺。在他眼中，中國的家庭生活非常淒慘：「視其門外，太和蒸蒸，叩其門內，怨氣盈溢，蓋凡有家焉無能免者。雖以萬石之家規，柳氏之世範，其孝友之名愈著，則其閨闥之怨愈甚。蓋國有太平之時而家無太平之日，……凡此皆源於薄務而釀為深怨者，蓋無家無之。……家人之事，慘狀遍地，怨氣衝天。雖以數口之家，竈下之婢述其曲折，皆成國史，寫其細微，可盈四庫，史遷之筆不能達其怨憤，道子之畫不能繪其形相，……其富貴愈甚者，其不友孝愈甚；其禮法愈嚴者，其困苦愈甚」〔註135〕。雖然如此，中國人因為束縛於傳統禮俗之中，所以仍然要維持表面的和諧與安寧以博得好名聲，何其虛偽痛苦！因此，康認為，家庭使大家永遠住在一起而不能自由分離，帶給大家的只能是無盡的痛苦，所以要想獲致幸福就必須拋棄家庭。再者，家界的存在有妨博愛精神。因為有家「必私其妻子而不能天下為公」，「養累既多，心術必私，見識必狹，奸詐、盜偽、貪污之事必生」，如

〔註131〕同上，第68頁。
〔註132〕同上，第68頁。
〔註133〕《大同書》，古籍出版社，1956年，第69頁。
〔註134〕《大同書》，古籍出版社，1956年，第68頁。
〔註135〕《大同書》，古籍出版社，1956年，第183～184頁。

此「人種必惡而性無由善」〔註 136〕。家族建立在私愛的基礎之上，有家則人人各私其家，只愛自家而不愛人類，爲了家庭的利益而不惜損害公共利益，各種損人利己的罪惡行爲便由此產生，許多公益事業也難以開展，因此，家庭是自私的溫床，是罪惡的源泉。家庭的繼續存在將會阻礙社會的發展和人類的進步，所以必須去除。最後，家庭的存在可以保育教養個人，但家庭的能力及涉及的範圍與整個社會相比都很有限，所以在其養育教化之下成長的個人體質不健，氣質偏狹，身心不能得到充分的發展，容易養成依賴性以及永久的不平等，「人格不齊，人格不具」〔註 137〕，所以「欲人性皆善，人格皆齊，人體得養，人格皆具，人體皆健，人質皆和平廣大，風俗道化皆美，……捨去家無由」，「欲至太平獨立性善之美，惟有去國而已，去家而已。」〔註 138〕康有爲這一見解可以說是振聾發聵，事實上他摧毀了傳統中國秩序所賴以生存的基石，給儒家倫理體系以極大衝擊，通過否定社會結構中的基本元素而否定了現實中所有社會形態存在的可欲性與合理性，故梁啓超謂《大同書》要義在於「毀滅家庭」。

　　對男尊女卑觀念的否定　康有爲指出，不管是中國傳統社會，還是西方文明社會都存在壓抑女性的普遍現象，女性在政治生活中和社會生活中受到種種不平等的待遇，處於悲慘的境地。社會對女性「抑之，制之，愚之，閉之，囚之，繫之，使不得自立，不得任公事，不得爲仕官，不得爲國民，不得預議會，甚且不得事學問，不得發言論，不得達名字，不得通交接，……不得出室門，甚且斫束其腰，蒙蓋其面，刖削其足，雕刻其身，遍屈無辜，遍刑無罪」〔註 139〕，人類中的所謂仁義之士對這種現象熟視無睹，以爲理所當然，這眞是天下「最奇駭、不公、不平之事，不可解之理矣！」〔註 140〕尤其中國的封建制度將這種有悖公理有損人權的行爲合法化、固定化成爲一種道德規範：「創其義曰『夫爲妻綱』，女子乃至以一身從之，名其義曰『出嫁從夫』，以爲至德，失自立之人權，悖平等之公理甚矣！」〔註 141〕更有甚者「立『夫死從子』之義，……何罪何辜，以形體之微異而終身屈抑，服從於人，

〔註 136〕同上，第 190 頁。
〔註 137〕同上，第 190 頁。
〔註 138〕同上，第 191 頁。
〔註 139〕《大同書》，古籍出版社，1956 年，第 126 頁。
〔註 140〕同上，第 126 頁。
〔註 141〕同上，第 134 頁。

乃至垂老無自由之一日，是尤何義耶！其奪人自立之權，未有過此。」〔註142〕
這一切都不合理性和正義，都是必須加以唾棄的。康有為從兩個方面論證了
男女平等的合理性：從公理而言，女子和男子都是天之民，都享有天賦之權，
所以應一切同之：「以公共平等論，則君與民且當平，況男子與女子乎」〔註
143〕，「男與女雖異形，其為天民而共受天權一也」〔註144〕，「凡人皆天生，
不論男女，人人皆有天與之體，即有自立之權，上隸於天，人盡平等，無形
體之異也」〔註145〕。從實效上看，女子和男子一樣能夠勝任各種職務。他舉
了大量事實來證明女性在許多方面不比男性差，甚至若沒有受到壓抑，還會
勝過男子，社會壓抑女性實質上是將人類一半的資源置於無用之地。所以女
子的權利應該受到尊重，不僅男性不能侵犯這種權利，而且女子自己應當主
動爭取和維護自己的各種權利，而不能拱手讓人而失天職，「人者天所生也，
有是身體即有其權利，侵權者謂之侵天權，讓權者謂之失天職」〔註146〕。康
有為所表達出來的這些觀點在那個時代無疑是驚世駭俗的。

對私有制度的批判 康有為認為私有財產是阻礙人類幸福快樂的錯誤制
度。人類社會一切不公正和不平等的根源在於私有制，它造成社會的貧富不
均和人類的種種不幸，因而導致社會衝突，引起社會動亂。「蓋許人民買賣私
產，既各有私產，則貧富不齊，終無由均。」〔註147〕近世以來，競爭日益劇
烈，機器的發明使很多小工失業，需仰仗大資本家所開辦的工廠過活，因此
資本家「操縱輕重小工之口食而控制之或抑勒之，於是富者愈富，貧者愈貧
矣」〔註148〕。他說：「試觀東倫敦之貧里，如遊地獄，巴黎、紐約、芝加哥貧
里亦然。苿色襤褸，處於地窖，只為丐盜。小兒養贍不足，多夭者。」〔註149〕
這種現象如果繼續下去，整個人類將遭遇到無法估計的災禍：「夫人事之爭，
不平則鳴，乃勢之自然也；故近年工人聯黨之爭，挾制業主，騰躍於歐美，
今不過萌蘗耳。又工黨之結聯，後此必愈甚，恐或釀鐵血之禍，其爭不在強
弱之國而在貧富之群矣，從此百年，全地矚目者必在於此。故近者人群之說

〔註142〕同上，第 136 頁。
〔註143〕同上，第 130 頁。
〔註144〕同上，第 130 頁。
〔註145〕同上，第 134 頁。
〔註146〕《大同書》，古籍出版社，1956 年，第 130 頁。
〔註147〕《大同書》，古籍出版社，1956 年，第 235 頁。
〔註148〕同上，第 235 頁。
〔註149〕同上，第 32 頁。

益昌，均產之說益盛，乃爲後此第一大論題也。然有家之私未去，私產之義猶行，欲平此非常之大爭而救之，殆無由也。」〔註150〕再者，私有制度導致社會風俗和道德觀念的敗壞。財產私有使人們的私心和貪欲不斷膨脹，爲了謀取私人利益不顧廉恥而欺詐、盜竊、賄賂甚至殺人，由此「種種相傳，世世交纏，雜沓變化，不可思議，……愈布愈大，愈結愈深，人性愈惡，人道愈壞，相熏相習，無有窮已」〔註151〕。最後，私有制度帶來社會生產的無政府狀態和社會財富的巨大浪費，此「貽禍於人群，豈可計哉！」〔註152〕總之，「農不行大同則不能均產而有饑民」，「工不行大同則工黨相爭，將成敵國」，「商不行大同則人種生詐性而多餘貨以殄物」，所以「欲致大同，必去人之私產而後可」〔註153〕。

　　對君主專制制度的批判　這一點康有爲主要是針對中國實行了兩千多年的政治制度而言的。君主專制制度只是人類社會到達大同之世之前的一個暫時的政治制度形態，屬於三階段中的「據亂之世」。與太平世的「人人極樂」形成鮮明對比，其「生民之終日皇皇，懷而莫得，願欲不遂，憂心惻惻，……若夫半菽不飽，襤褸無衣，行乞路斃，臥病乏醫，其爲願欲尤淺而亂世皆是也。『朱門酒肉臭，路有凍死骨。』嗚呼，人生亂世，聖哲無術」〔註154〕，君主專制國的人民生活極端困苦悲慘，人民在政治上無平等參與之權，經濟上遭受苛捐雜稅的盤剝，精神上受盡愚化之苦，簡直是人間地獄：「君之專制其國，魚肉其臣民，視若蟲沙，恣其殘暴。……大抵壓制之國，政權不許參預，賦稅日以繁苛，摧抑民生，淩鋤士氣。務令其身體拘屈，廉恥凋喪，志氣掃蕩，神明幽鬱，若巫來由之民，愚蠢若豕，卑屈若奴而後已焉。入專制國而見其民枯槁屈束、絕無生氣者是也。」〔註155〕專制君主還採用各種殘酷的刑罰以及監獄等暴力機關來實施維護自己的統治。國家被視爲君王一家之私產，帝王之位由其子孫世代相傳，人民備受壓制而無法使自己的天性發揮舒暢，無法享有作爲人應該具有的各項權利，無平等、獨立、自由，所以是不合於人道的，是應該拋棄的。所以，康有爲說：「據亂之世，舉世間人皆煩惱

〔註150〕同上，第236頁。
〔註151〕同上，第187頁。
〔註152〕同上，第236頁。
〔註153〕同上，第240頁。
〔註154〕《大同書》，古籍出版社，1956年，第43頁。
〔註155〕《大同書》，古籍出版社，1956年，第43～44頁。

也，皆可悲可憫人也，不改弦易轍，掃除更張，無以度之乎！」〔註156〕他預言「百年之中，諸君主專制體必盡掃除」〔註157〕。

對等級制度的批判　康有爲認爲既然所有的人都一律平等，那麼快樂和自由的機會都應該向所有的人同等程度的開放，但是社會等級卻損害人們的這種平等之權，有違平等精神，不合公理。「人類之苦不平等者，莫若無端立級哉！」〔註158〕人們都是天之子，生來都是平等的，沒有貴賤之分，僅僅根據出身來確定身份的高低是不公平的。「夫人類之生，皆本於天，同爲兄弟，實爲平等，豈可妄分流品，而有所輕重，有所擯斥哉？」〔註159〕等級最初起源於武力征服，「太古之世，人以自私而立，則甲部落虜乙部落而奴役之，於是人類之階級有平民奴隸之分焉。」〔註160〕此後愈演愈甚，人們自投胎之日就被確定了身份、地位之高下，出身寒門雖有博學奇才也終身難有出頭之日：「不幸生一賤族，不許仕宦，不許學業，不許通婚，不列宴遊。甚至不通語言，長跪服事，或且卑身執役，呵斥生殺惟貴族命，雖聖賢豪英不能免焉。而貴族乳臭之子，據尊勢，行無道，以役使誅戮，一切被其蹂抑，無所控訴。階級壓制之苦，其可言哉！」〔註161〕這種不平等的制度以各種不同的形式蔓延於世界上各時代各地區，給人類帶來了極大痛苦，不利於人自身本性的發展，也阻礙了國家的繁榮昌盛，「人道所以極苦，人治所以難成，皆階級之爲之也」〔註162〕，「凡多階級而人類不平等者，人必愚而苦，國必弱而亡，凡掃盡階級而人類平等者，人必智而樂，國必盛而之」〔註163〕。因此，階級是實現大同社會的阻礙，必須加以消除。「階級之制，與平世之義至相礙者也。萬義之戾，無有階級危害之甚者，階級之制不盡滌蕩而泛除之，是下級人之苦惱無窮而人道終無由至極樂也。」〔註164〕

綜上所述，康有爲批判了他所認識到的不合理的各種社會制度，他不僅批判中國傳統，同時也批判西方文明。在他看來，必須排除掉中國及西方文

〔註156〕同上，第 50 頁。
〔註157〕同上，第 74 頁。
〔註158〕同上，第 108 頁。
〔註159〕同上，第 110 頁。
〔註160〕同上，第 44 頁。
〔註161〕《大同書》，古籍出版社，1956 年，第 46 頁。
〔註162〕同上，第 45 頁。
〔註163〕《大同書》，古籍出版社，1956 年，第 110 頁。
〔註164〕《大同書》，古籍出版社，1956 年，第 46 頁。

明中所存在的所有不良因素才有完美社會建立的可能。也即「他要求滅華滅洋以徹底改造人類的制度。唯有如此才能建造大同社會——世界化的最終結果。」〔註165〕

康有爲認爲只要破除了「九界」，人類就「超然飛度，摩天戾淵，浩然自在，悠然至樂，太平大同，長生永覺」〔註166〕。破除「九界」之所以可能，是因爲康有爲堅信社會歷史是不斷進化發展的，隨著歷史的進化人類不斷擴充本性中的不忍之「愛質」，以致大同。康有爲樂觀的估計在二三百年之間就可以實現大同，甚至他在一小注中提到：「近者飛船日出，國界日破，大同之運，不過百年」〔註167〕。

三、無政府社會：一種關於絕對自由的烏托邦

無政府主義又叫「安那其主義」，是 19 世紀後半期流行於歐美各國的一種社會思潮，其代表人物有法國的蒲魯東——「無政府主義之父」，俄國的巴枯寧和克魯泡特金等。中國的無政府主義是在對西方無政府主義理論的直接吸收甚至是全盤輸入的基礎上發展起來的。無政府主義在中國的傳播大致經歷了三個時期。第一個時期是辛亥革命前夕的初期傳播時期。二十世紀初期，無政府主義被當時旅歐、留日的一些知識分子和同盟會會員當作一種社會主義學說介紹到中國來。1903 年張繼編譯了小冊子《無政府主義》，1904 年金一（即金天羽）在上海出版了《自由血》。1907 年 6 月在法國的巴黎和日本的東京開始出現宣傳無政府主義的刊物和研究無政府主義的團體。在巴黎，李石曾、吳稚輝等創辦的中文無政府主義七日報《新世紀》被無政府主義者視爲「吾黨第一之言論機關報」，出版 3 年。在東京，劉師培創辦《天義報》，次年 4 月停刊後改出《衡報》。張繼、劉師培發起組織了「社會主義講習會」，不久，劉師培回國，張繼去了巴黎。第二個時期是民國初年，辛亥革命前人們的期望主要寄託於革命的成功，希冀革命能夠帶來一個完善的政治社會，因此無政府主義在中國並沒有產生很大的影響，但革命後所建立的民國並沒有帶來預期的美好社會與幸福生活，帶來的只是強權的統治，國家的政治狀

〔註165〕蕭公權：《近代中國與新世界：康有爲變法與大同思想研究》，江蘇人民出版社，1997 年，第 404 頁。

〔註166〕《大同書》，古籍出版社，1956 年，第 52 頁。

〔註167〕同上，第 75～76 頁。

況一天比一天黑暗。爲改變這種現狀便需要尋找新的意識形態，基於對「強權政治」的極度厭倦和反感，一些知識分子開始傾心於「欲救其弊，必從根本上實行社會革命，破除一切強權，而改造正當眞理之新社會以代之」〔註168〕的無政府主義，其遂在中國逐漸產生比較廣泛的影響。這一時期形成了中國無政府主義的典型形態——師復主義。1912 年 5 月，劉師復在廣州建立了中國內地第一個無政府主義團體——「晦鳴學社」，同年 7 月他和鄭彼岸、林勉直、莫紀彭等聯名發起組織「心社」，作爲聯結無政府主義者的活動形式。1913 年 8 月他又創辦了《晦鳴錄》，「護法」鬥爭失敗後，「晦鳴學社」被封禁，《晦鳴錄》改爲《民聲》，移到澳門繼續出版，《民聲》只出了兩期，就被迫從澳門遷往上海。在此期間，劉師復大量翻印在法國出版的無政府主義的小冊子並發起組織推廣世界語的活動以宣傳無政府主義。1914 年 7 月，他在上海發起成立「無政府共產主義同志社」，一方面傳播主義，一方面聯絡世界同志。第三個時期是五四前後，這是中國無政府主義的鼎盛時期，絕大多數的中國早期馬克思主義者都不同程度地接受過這種思想。據不完全統計，從五四新文化運動到 1921 年 7 月，全國各地出現的無政府主義小團體不少於 50 個，它們出版的刊物和小冊子不少於 80 種〔註169〕。其中影響最大的是以黃凌霜、區聲白爲代表的繼承了劉師復基本思想和理論的正統派。1922 年底經過與馬克思主義的論戰失敗後，無政府主義逐步趨向沒落。

　　中國無政府主義經過各個發展階段出現了多種不同的派別，這些派別各有特色，如天義派對「平等」特別關注，認爲「爲人類全體謀幸福，當以平等之權爲猶重」〔註170〕；新世紀派則更爲強調「公」，認爲無政府主義乃「全世界之知道明理者公認爲至公之主義」〔註171〕；虛無主義者不僅反對各種強權，甚至主張「虛無革命」或「宇宙革命」，吶喊「宇宙是錯的，人生是惡的，要復我眞情的本體，就非宇宙革命不可。幾時革到『天翻地覆人類滅亡』的

〔註168〕《晦鳴錄・編輯序言》，《無政府主義思想資料選》（上），北京大學出版社，1984 年，第 269 頁。

〔註169〕參見蔣俊、李興芝：《中國近代的無政府主義思潮》，山東人民出版社，1991 年，第 204 頁。

〔註170〕申叔：《無政府主義之平等觀》，《無政府主義在中國》，湖南人民出版社，1984 年，第 110 頁。

〔註171〕民：《無政府說》，《無政府主義在中國》，湖南人民出版社，1984 年，第 173 頁。

時候……這才算歸宿」〔註172〕。各種派別之間雖然存在著種種差別，但基本的理論觀點大體一致，認爲人性是善的，是互助的，社會進化的動力正是源於人們之間的這種互助性，因此必須使人的個性得到自由發展，否則便會導致社會停滯甚至退步。對個人絕對自由的追求，必然要求破除束縛人類的一切強權，實現完美的無政府社會。無政府主義烏托邦的根本精神就在於對人類自身本性和能力的自信，認爲人類無需各種外在的強制形式就能夠過一種自足的生活，對人類的任何形式的束縛都是一種異化，自由自在才是人類生活的應然狀態，徹底否定了各種強權尤其是政府存在的必要性和合理性，猛烈批判了人類所存在的各種政治制度乃至一些社會制度。正如一些學者所言，「無政府主義是對自由的尋求，是對結束那種壓制一切個人生活和社會生活的暴政的一種探求」〔註173〕，「無政府主義者反對以組織另一個政府爲其基本目標的任何形式的政治集團。廢除國家和它的一切機構是無政府主義的基本的和最早的宗旨之一」〔註174〕，「無政府是一種社會制度，這種制度不是以政治權威爲基礎，而是基於自由的契約，且僅僅是契約而已。」〔註175〕無政府主義者大都「抱至高無上之宗旨，具無堅不摧之願力，誓昌明天地間之眞自由而糟粕種種人爲之機關，直欲挈此污穢混濁之世界一反而爲華藏莊嚴金光琉璃之樂土」〔註176〕。

（一）無政府社會的理論前提

　　中國的無政府主義者在對西方無政府主義的吸收過程中，受克魯泡特金的影響最大，他們稱：「克魯泡特金，吾黨中泰斗」〔註177〕，「克氏學說，實不魁吾黨之經典」〔註178〕，他們大都接受了克魯泡特金的「互助論」，以此作

〔註172〕朱謙之：《宇宙革命預言》，《革命哲學》，上海泰東圖書局，1921 年，第 221 頁。

〔註173〕〔美〕特里·M.珀林編：《當代無政府主義》，吳繼淦等譯，商務印書館，1984 年，第 21 頁。

〔註174〕見〔美〕特里·M.珀林編：《當代無政府主義》，吳繼淦等譯，商務印書館，1984 年，第 230 頁。

〔註175〕〔德〕奧特弗利德·赫費：《政治的正義性》，龐學銓等譯，上海譯文出版社，1998 年，第 172 頁。

〔註176〕馬敍倫：《二十世紀之新主義》，《無政府主義思想資料選》（上），北京大學出版社，1984 年，第 8 頁。

〔註177〕《駁江亢虎》，《師復文存》，革新書局，1927 年，第 237 頁。

〔註178〕《克魯泡特金之爲人及其言論》，《民聲》第 8 號，1914 年 5 月 2 日。

為其構建無政府完美社會的理論基礎。在 19 世紀，達爾文的進化論被應用於人類社會之後，人們開始用這種理論對現實中的各種強權現象進行解釋和辯護，「在文明社會裏，或是在白人對待所謂劣等民族的關係中，或是在強者對待弱者的關係中，沒有一件罪惡不是拿這個公式來做藉口的」〔註179〕。在這種情況下，克魯泡特金提出「互助論」作為對這一潮流的逆反。在克魯泡特金看來，生物界乃至人類社會都是不斷進化的，但進化的動力是互助而不是競爭。競爭存在於群與群之間，一群之內，則只有互助而沒有競爭。互助性強的生物就能夠繼續生存，互助性弱的生物則被淘汰，人類就是互助性最強的生物。因此，人類據此本能，無需借助於強制力就可以建立起和諧完美的社會。一個沒有強權、沒有權威的完美社會是可能的，也是必須的，因為人類的進步需要人類的天性——互助性的自由發揮，而強權尤其是政府則妨礙人類的絕對自由，是對人類天性的壓抑。

中國的無政府主義者也將其無政府社會的美好秩序構築在人類發揮互助天性的基礎之上。他們認為人類天生是善良的，有互助心，互助天性的發揮不需要外在的規範和束縛，「觀之動物植物界，雖蟲蟻之微，均有互相扶助之感情，……物類互相扶助，出於天性，不因強迫而生，則人類互相扶助，奚待法律之強迫哉！」〔註180〕人們只要能夠自由自在的發揮這種天性，就會進入理想的無政府社會。「我們確信世界是『愛』組成的，……即世界是互助的，不是競爭的。『愛』是人類的天性，是世界進化的要素，……用各個人真實的『愛力』去實現我們將來的『愛的世界』。」〔註181〕但在現實社會中，由於受著種種強權的束縛，人類的這種天性得不到發揮，使得「競爭無已，互助不得」〔註182〕，種種罪惡和不義現象便由此產生，「利爭之社會昏天墨地」〔註183〕，「世界之所以終不能免為殘殺世界者，以競爭時多，而互助時少也」〔註184〕。可見，社會的黑暗不是由於人自身的原因，不是因

〔註179〕克魯泡特金：《互助論》，商務印書館，李平漚譯，1963 年，第 495 頁。
〔註180〕《無政府主義在中國》，湖南人民出版社，1984 年，第 20 頁。
〔註181〕《均社宣言》，《無政府主義思想資料選》（下），北京大學出版社，1984 年，第 535 頁。
〔註182〕民：《無政府說》，《無政府主義在中國》，湖南人民出版社，1984 年，第 190 頁。
〔註183〕同上，第 184 頁。
〔註184〕民：《無政府說》，《無政府主義在中國》，湖南人民出版社，1984 年，第 182 頁。

爲「人性本惡」，而是由於各種社會制度毀壞了人類的互助本能，「人類之罪惡，實生於社會制度之不良」〔註185〕，「今日世界之僞道德惡制度，乃社會進化之蟊賊、人類發達之障礙物也。」〔註186〕

社會是不斷進步的，「由不善而至於較爲善，漸進漸善，而至於較爲盡善」〔註187〕，「進化乃天演之原則，向上爲人類之公性」〔註188〕，進化的動力在於人類的互助性，「夫生存未必賴競爭、競爭未必有進步。所以賴以生存，生存而有進步者，在互助而不在競爭也。」〔註189〕互助則優劣俱勝；競爭則優勝劣敗。因此，人類互助性的發揮會促進社會發展，反之則會導致社會停滯不前。社會的進化最終會導致無政府理想社會的實現，「『無政府』乃社會進化必至之境，近世紀科學之發明，與夫進化之趨勢，皆宛與無政府之哲理相吻合」〔註190〕。因此，無政府主義者堅信無政府社會是能夠實現的，因爲它不僅符合人們的天性，是「人類天然生活之本則」，而且符合社會進化的規律，爲「二十世紀不可避之趨勢」。

勞動也是人的本能。「人類有勞動的天性」〔註191〕，「人之有手，即表示其天賦工作之良能」〔註192〕，「人之有力而不能不用，猶人之有口而不欲不言也」〔註193〕。因此每個人都應當並且願意從事於勞動，正是因爲勞動本能的存在才使得「各盡所能，各取所需」的無政府社會能夠持續存在下去。可見，「無政府之道德，不外『勞動』『互助』而已。二者皆人類之本能，非由外爍。但使社會改善，生活之狀態日趨於適，此種天然之美德，必能自由發展。」〔註194〕

〔註185〕師復：《無政府共產主義同志社宣言書》，《無政府主義在中國》，湖南人民出版社，1984年，第35頁。

〔註186〕《無政府主義在中國》，湖南人民出版社，1984年，第43頁。

〔註187〕民：《普及革命》，《無政府主義思想資料選》（上），北京大學出版社，1984年，第179頁。

〔註188〕師復：《無政府淺說》，《無政府主義在中國》，湖南人民出版社，1984年，第247頁。

〔註189〕民：《無政府說》，《無政府主義在中國》，湖南人民出版社，1984年，第182頁。

〔註190〕師復：《無政府共產主義同志社宣言書》，《無政府主義在中國》，湖南人民出版社，1984年，第35頁。

〔註191〕《無政府主義思想資料選》（下），北京大學出版社，1984年，第562頁。

〔註192〕《無政府淺說》，《無政府主義在中國》，湖南人民出版社，1984年，第245頁。

〔註193〕《毀家譚》，《無政府主義在中國》，湖南人民出版社，1984年，第215頁。

〔註194〕師復：《無政府共產黨之目的與手段》，《無政府主義在中國》，湖南人民出版

　　既然社會的進步發展依賴於人類本性的發揮，而人類本性的發揮又需要自由的空間，因此中國無政府主義者認為只有在充分滿足「個人意志」的情況下才會有社會的繁榮昌盛，個人若受到限制，社會將會陷入停滯的狀態。再者，人類的善良本性決定著他可以自由，決定著「人人都能自治，不要人家管束」，「人類所以只該自管自，就是因為他性善」〔註195〕。最後，人類有能力自給自足，人類完全不需要政府自己就能夠過一種完善的生活。「政府果為何等之物乎？果於吾人類有何等之利益乎？吾人饑則食，寒則衣，能耕織以自贍，能築室以自安，能發明科學以增進社會之幸樂，無取乎政府之指揮也，亦無須乎政客之教訓也」〔註196〕，「吾人有自由生活之權利，有個人自治之本能，無需要乎強權之統治者也」〔註197〕。所以他們堅持個人應享有絕對的自由，「人之所以為人者，以有自由也。無自由而束縛於人者，牛馬不若也」〔註198〕，認為任何對個人的約束都是強權，完美的社會必將是擺脫一切強權、人類個性充分自由展現的社會，因此「無政府共產主義，實人人良心上所同具之公理」〔註199〕。無政府主義者既然主張個人絕對自由，便否定一切規則和限制。因為「一有『規則』就沒有自由，不必說⋯⋯他人定下要我實行的，是沒有自由；就是我自己定下自己實行的，有時也覺得束縛不堪」〔註200〕。黃凌霜宣稱「無政府主義以個人為萬能，因而為極端自由主義，所以，無政府主義乃個人主義的好朋友。」〔註201〕區聲白也說：「如果在一個團體之內，有兩派的意見，贊成的就可執行，反對的就可退出，贊成的既不能強迫反對的一定做去，反對的也不能阻礙贊成的執行」

社，1984年，第276頁。

〔註195〕《無治主義學理上的根據》，《新中國》第1卷第3號，1919年7月15日。

〔註196〕師復：《無政府淺說》，《無政府主義在中國》，湖南人民出版社，1984年，第241頁。

〔註197〕師復：《無政府共產主義同志社宣言書》，《無政府主義在中國》，湖南人民出版社，1984年，第34頁。

〔註198〕民：《普及革命》，《無政府主義思想資料選》（上），北京大學出版社，1984年，第183頁。

〔註199〕師復：《無政府共產黨之目的與手段》，《無政府主義在中國》，湖南人民出版社，1984年，第276頁。

〔註200〕《我不滿意「法律」》，《國民》第2卷第3號。

〔註201〕《評〈新潮〉雜誌所謂今日世界之新潮》，《無政府主義思想資料選》（上），北京大學出版社，1984年，第386頁。

〔註 202〕，這就是他們對自由的看法。可見，無政府主義者不僅反對少數壓制多數，也反對少數服從多數的原則，因爲少數服從多數意味著少數人的自由受到限制，這裏他們意識到民主是會和自由發生衝突的。

　　無政府主義認爲人類天生是平等的，「夫天下之生人，眾生平等」〔註203〕，「吾人生來是彼此均等的，……不能不有相等的待遇，那一切權利義務的享受服勞應當均等」〔註 204〕。人類是獨立的，「不役他人不倚他人」〔註205〕。人類應有仁義博愛之心，不僅愛自己，而且愛人類，甚至愛萬物，「人有仁心，故能推其愛，足以及禽獸；豈惟禽獸，實萬物也」〔註206〕，「博愛心之所至，能盡去親屬利害之觀念，不獨父其父，不獨子其子，不獨家其家，不獨鄉其鄉，不獨國其國，不獨種其種。」〔註207〕

　　總之，無政府主義認爲人類的本性使得無政府的完美社會是可能的，只要去除強加在人類身上的種種束縛，使人類的本性自由發揮便會達到理想的無政府狀態。無政府主義者對未來充滿了信心，因爲他們對自己的理論充滿了信心：「無政府主義，於學理最爲圓滿」〔註 208〕，「無政府共產主義，乃光明美善之主義，出汝等於地獄，使入正當愉快之社會者也。」〔註 209〕

（二）無政府社會的理想藍圖

　　無政府主義追求「經濟上及政治上之絕對自由」〔註210〕的無政府社會，即「本自由平等博愛之眞精神，以達於吾人所理想之無地主，無資本家，無

〔註 202〕《區聲白致陳獨秀》，《無政府主義在中國》，湖南人民出版社，1984 年，第402 頁。

〔註 203〕申叔：《人類均力說》，《無政府主義思想資料選》（上），北京大學出版社，1984年，第 69 頁。

〔註 204〕《均社宣言》，《無政府主義思想資料選》（下），北京大學出版社，1984 年，第 534 頁。

〔註 205〕《無政府主義之平等觀》，《無政府主義在中國》，湖南人民出版社，1984 年，第 100 頁。

〔註 206〕民：《普及革命》，《無政府主義思想資料選》（上），北京大學出版社，1984年，第 195 頁。

〔註 207〕《無政府主義思想資料選》（上），北京大學出版社，1984 年，第 267 頁。

〔註 208〕《無政府主義在中國》，湖南人民出版社，1984 年，第 19 頁。

〔註 209〕師復：《無政府共產主義同志社宣言書》，《無政府主義在中國》，湖南人民出版社，1984 年，第 35 頁。

〔註 210〕《無政府共產主義同志社宣言書》，《無政府主義在中國》，湖南人民出版社，1984 年，第 34 頁。

首領，無官吏，無代表，無家長，無軍隊，無監獄，無警察，無裁判所，無法律，無宗教，無婚姻制度之社會。斯時也，社會上惟有自由，惟有互助之大義，惟有工作之幸樂。」〔註211〕無政府主義認為人類只有在無政府社會才能獲得永恒的幸福，無政府社會是「適於人性」，「合於人道」，「合於世界進化之公理」並「泯世界之爭端」的「大道為公之世」〔註212〕。

1、無政府社會的政治狀況

無政府社會廢除了一切統治機關，「無一切政府，（無論中央政府或地方政府）」，「無軍隊警察與監獄」，「無一切法律規條」，消滅了各種形式的政治統治權，個人及團體在社會中，根據「聯合」與「自治」的原則，自由組織種種合會。一地方之內，可因職業的不同，而設種種團體，各團體更以自由契約而組織無國界的世界大聯合。傳統國家和政府所承擔的各種功能由各種自治團體所替代。無政府社會「自由組織種種公會，以改良各種工作，及整理各種生產，以供給於眾人。（例如長於農事者可聯合同志組織農會，長於礦業者可組織礦會）。公會之組織，由單純以至複雜。惟組織某種公會者，即為某種工作之勞動者，而非首領非職員。任此者亦視為勞動之一種，而無管理他人之權。會中亦無章程規則以限制人之自由。」〔註213〕總之，將來之社會因沒有政府等各種強權機關，個人將獲得完全的政治自由。

2、無政府社會的經濟結構

無政府社會廢除一切資本制度（個人的及國家的），一切生產機關和生產品都屬於生產的勞動者共同所有，共同工作，共同消費，共同生活，各盡所能，各取所需。在這個「協愛」的社會裏，「一切生產要件，──如田地，礦山，工廠，耕具，機器等等，──悉數取還，歸之社會公有，廢絕財產私有權，同時廢去錢幣」，生產要件「惟生產家得自由取用之」，「人人皆當從事於勞動，惟各視其性之所近，與力之所能，自由工作，而無強迫與限制」〔註214〕。由於擺脫了種種不合理的外在束縛，人類「勞動」的天性得以充

〔註211〕《無政府共產主義同志社宣言書》，《無政府主義在中國》，湖南人民出版社，1984年，第35頁。

〔註212〕申叔：《人類均力說》，《無政府主義思想資料選》（上），北京大學出版社，1984年，第68頁。

〔註213〕《無政府共產黨之目的與手段》，《無政府主義在中國》，湖南人民出版社，1984年，第273頁。

〔註214〕《無政府共產黨之目的與手段》，《無政府主義在中國》，湖南人民出版社，1984

分發揮，並且「彼時之勞動，乃最愉快之事，非如今日之苦惱者也」〔註215〕，因此人人都努力勞動，社會物質財富必然大量增長，勞動效率大大提高，那時「物產之膨脹，必不可思議」〔註216〕。生產力的增長使人們不必花太多時間在勞動上，「每人每日勞動時間，大約由二小時最多至四小時。其餘時日，自由研究科學，以助社會之進化，及遊息於美術技藝，以助個人體力腦力之發達。」〔註217〕在分配上採取「按需分配」的原則，「勞動所得之結果，——如食物，衣服，房屋，以及一切用品。——亦均為社會公物。人人皆得自由取用之。一切幸福人人皆得共同享受之」〔註218〕。他們批評蘇維埃當時所實行的「按勞分配」原則只能使「強有力的，將享最高的幸福，能力微弱的，將至不能生活；能力微弱的緣故，或關乎生理，非其人懶惰的罪，而結果如此，還說什麼幸福呢？」〔註219〕無政府主義者反對實行有領導的社會主義大生產，主張在未來的社會裡實行經濟上的自由聯合，「將一切生產機關委託自由人的自由聯合管理」〔註220〕。在他們的想像中，管理生產分配之事，「最完美的就是如管理公共圖書館、美術館、公園一樣，有絕好的秩序，最大的自由，無絲毫的強制」〔註221〕。總之，在未來完美的無政府社會中，實行共產主義，人們「各盡所能，各取所需，協同為之，協同享之，⋯⋯人我胥忘，世界即個人，個人即世界。⋯⋯共產平等之福，非貧者之福，人類共同之福也。」〔註222〕

3、無政府社會的社會生活

無政府社會廢除了家庭和婚姻制度，男女自由結合，「產育者由公共產育院調理之。所生子女，受公共養育院之保養」，兒童滿六歲皆入學受教育，

年，第 273 頁。

〔註215〕同上，第 276 頁。

〔註216〕師復：《無政府淺說》，《無政府主義在中國》，湖南人民出版社，1984 年，第 246 頁。

〔註217〕《無政府共產黨之目的與手段》，《無政府主義在中國》，湖南人民出版社，1984 年，第 274 頁。

〔註218〕《無政府共產黨之目的與手段》，《無政府主義在中國》，湖南人民出版社，1984 年，第 273 頁。

〔註219〕黃淩霜：《馬克思學說的批評》，《無政府主義在中國》，湖南人民出版社，1984 年，第 299 頁。

〔註220〕江春（李達）：《社會革命的商榷》，《共產黨》月刊第 2 號。

〔註221〕《告非難無政府主義者》，《民聲》第 30 號。

〔註222〕《無政府主義思想資料選》（上），北京大學出版社，1984 年，第 251 頁。

以至二十或二十五歲。學校畢業後至四十五或五十歲，從事於勞動。此後「休養於公共養老院。凡人有廢疾及患病者，由公共病院調治之。」〔註223〕家族的界限破除之後，個人為社會之單純分子，社會為個人之直接團體，人人不再各私其家，實行人類博愛，「種族同胞之觀念自滅，世界於是焉大同。」〔註224〕無政府社會由於廢除了私有財產，階級制度便隨之消失，「無食人與食於人之分」，沒有貧富差別，人人平等，「同作同樂，同息同遊」，享受共同，國界種界遂無從界定，人類各無利害之私心，只有人類之博愛。無政府社會廢除了各種舊道德，而代之以「自治」、「勞動」、「互助」等人類天然之道德，「廢除了一切宗教及一切信條。道德上人人自由，無所謂義務與制裁，使『互助』之天然道德，得自由發達至於圓滿」〔註225〕。那時人們將道德高尚，不存私心，不爭私利，因為「人類道德之不良，由於社會之惡劣；社會之惡劣，由於有政府。若萬惡之政府既去，人類道德，必立時歸於純美，不必俟久遠高深之教育者也。」〔註226〕無政府社會廢除各國的方言，代之以較善的語言──世界語。「學校教育，採用適宜之萬國公語，以漸廢去各國不同之語言文字，而遠近東西全無界限」〔註227〕。總之，無政府社會人人生活幸福，達致生活的完滿狀態。「無政府革命後，則社會惟人耳。配合自由，婚姻無矣。享受共同，財產無矣。老吾老，天下皆無老也，幼吾幼，天下皆無幼也，無父子、夫婦、昆弟、姊妹之別，家族無矣。土地公有，特權消滅，國界無矣。人類平等，種色莫辨，種界無矣。於是無尊卑之辨，無貴賤之殊，無貧富之分，無強弱之別，無智愚之論，無親疏，無愛憎，無恩仇，無利害，營營而作，熙熙而息，團團以居，款款以遊，是非大同世界乎！吾想念之，神馳之。」〔註228〕

〔註223〕《無政府共產黨之目的與手段》，《無政府主義在中國》，湖南人民出版社，1984年，第274頁。

〔註224〕《無政府主義思想資料選》（上），北京大學出版社，1984年，第252～253頁。

〔註225〕《無政府共產黨之目的與手段》，《無政府主義在中國》，湖南人民出版社，1984年，第274頁。

〔註226〕師復：《無政府淺說》，《無政府主義在中國》，湖南人民出版社，1984年，第243頁。

〔註227〕《無政府共產黨之目的與手段》，《無政府主義在中國》，湖南人民出版社，1984年，第274頁。

〔註228〕民：《無政府說》，《無政府主義在中國》，湖南人民出版社，1984年，第190頁。

綜上所述，無政府主義以追求人類幸福爲目標，不以國界爲限。認爲人天生是善良的，是互助的，具有勞動的本能，只要把束縛人類的各種限制去除，人類的這些本性就能自由發揮，社會就會不斷進步發展，體現絕對自由原則的無政府社會就能實現，那時「人人自由，人人自治，以獨立之精神，行互助之大道」。總之，無政府主義烏托邦「以復天然自由、去人爲束縛爲獨一不二之宗旨，其興味已直與佛氏涅磐、孔氏太平、耶氏天國無以異。」〔註 229〕

（三）無政府主義對現有人類制度的否定和批判

無政府主義基於絕對自由的立場，認爲現實社會中之所以存在著種種不幸都是因爲強權的存在，「今天下平民生活之幸福，已悉數被奪於強權，而自陷於痛苦穢辱不可名狀之境」〔註 230〕。強權是個人絕對自由的障礙，「強權這東西，任隨何時何地，都有人利用它來侵佔人們的生存和剝奪人們的自由」〔註 231〕，因此只有打倒強權，人類才能「自由」，人類「互助」的「本能」才能實現，人類才會獲得眞正的幸福。無政府主義者把剷除強權作爲自己的奮鬥目標，「無政府即所以改革此惡劣之社會，而鏟滅今日所謂罪惡所謂不道德之根苗者也」〔註 232〕，「無政府者無強權也」〔註 233〕，「無政府主義主張無限制之自由，……凡無政府黨無不以反對強權爲職志」〔註 234〕，「『無政府』以反對強權爲要義，故現社會凡含有強權性質之惡制度，吾黨一切排斥之，掃除之」〔註 235〕。

對國家和國家政權的批判 無政府主義對國家和政府這兩個概念是不加區分地使用的。無政府主義反對強權，強權有多種，其中「政府實爲強權

〔註 229〕馬敍倫：《二十世紀之新主義》，《無政府主義思想資料選》（上），北京大學出版社，1984 年，第 9 頁。

〔註 230〕《晦鳴錄編輯序言》，《無政府主義思想資料選》（上），北京大學出版社，1984年，第 269 頁。

〔註 231〕菊化：《我們爲什麼要革命》，《國風日報》副刊《學彙》，1922 年 11 月。

〔註 232〕師復：《無政府淺說》，《無政府主義在中國》，湖南人民出版社，1984 年，第 244 頁。

〔註 233〕《無政府共產主義釋名》，《無政府主義在中國》，湖南人民出版社，1984 年，第 262 頁。

〔註 234〕《無政府主義思想資料選》（上），北京大學出版社，1984 年，第 307 頁。

〔註 235〕《無政府主義共產主義同志社宣言書》，《無政府主義在中國》，湖南人民出版社，1984 年，第 35 頁。

之巨擘，亦爲強權之源藪。凡百強權靡不由政府發生之保護之」〔註236〕，「政府者，萬惡之源、強權之母也。欲無強權，必自無政府始。」〔註237〕因此「排斥一切政府，實爲無政府主義之根本思想。」〔註238〕無政府主義者列舉了國家所帶來的一系列罪惡，第一，國家限制個人自由。「自有政府，乃設爲種種法令以繩吾民：一舉手，一投足，皆不能出此綱羅陷阱之中，而自由全失」〔註239〕，「政府者，名爲治民，實即侵奪吾民之自由，吾平民之蟊賊也」〔註240〕，「凡有政府之世，人民必無眞自由。」〔註241〕第二，國家保護階級制度，製造不平等。「人類本極平等，國家要他們分成爲若者爲奴，若者爲貴，若者爲賤」〔註242〕，「有政府便有治者被治者之分，有此階級便無平等可言。」〔註243〕第三，國家圈定範圍，妨礙人類共同生活。人類的共同生活本是沒有國家的，有了國家之後，因爲組織、情感的不同，人們不能共同生活，紛爭也隨之而起。「同生地球，同是人類，初無畛域之可尋，有何界限之足憑？徒以遠近之故，語言或異，風俗略殊，妄立名字，乃滋紛擾。」〔註244〕第四，國家破壞和平。世界上的人們，本來都是兄弟，本應該互相親愛，但自從劃分了界限之後，人人各私其國，「政府乃倡爲愛國之論，教練行兇殺人之軍隊，以侵凌人國爲義務，於是宇宙之同胞，互爲仇敵，而和平全失。」〔註245〕因此他們反對愛國主義，因爲今日愛國的只知有國家，不知有人類；只知自己國家的利益，不顧或者侵奪他國的利益，所謂的愛國私心使得人類本有的博愛之心無從彰顯。他們說「世界上的慘禍，都是

〔註236〕師復：《無政府共產主義釋名》，《無政府主義在中國》，湖南人民出版社，1984年，第262頁。

〔註237〕《無政府主義在中國》，湖南人民出版社，1984年，第38頁。

〔註238〕師復：《江亢虎之無政府主義》，《無政府主義思想資料選》（上），北京大學出版社，1984年，第311頁。

〔註239〕師復：《無政府淺說》，《無政府主義在中國》，湖南人民出版社，1984年，第241頁。

〔註240〕師復：《無政府共產主義同志社宣言書》，《無政府主義在中國》，湖南人民出版社，1984年，第34頁。

〔註241〕師復：《政治之戰鬥》，《無政府主義思想資料選》（上），北京大學出版社，1984年，第277頁。

〔註242〕《破壞論》，《奮鬥》第5號。

〔註243〕《無政府主義思想資料選》（下），北京大學出版社，1984年，第751頁。

〔註244〕《無政府主義思想資料選》（上），北京大學出版社，1984年，第252頁。

〔註245〕師復：《無政府淺說》，《無政府主義在中國》，湖南人民出版社，1984年，第241頁。

從愛國心生出來的，實在講起來，『愛國心』就是『魔鬼心』，叫人『愛國』就是他的『私心』，是他的『功名利欲心』，就是人道的蟊賊！」〔註 246〕總之，「政府之罪，上通於天」〔註247〕，國家無論在過去還是在將來都只是摧殘個人、破壞幸福的不正義的歸宿所。因此無政府主義者不承認國家有存在的必要，為著人類的幸福著想，「必得用種種革命方法去破壞它」〔註248〕，政府去除之後就會使「互助之天然道德自由發達至於圓滿」，社會將會因此而變得最自由、最和平、最美好：「政府一去，百事皆了」〔註 249〕，「無政府，則無國界，無國界，則世界大同矣。」〔註250〕

政府是借助於附屬於其的各種機關來犯下種種罪惡的，因此反對政府必然反對支持政府的各種強權機構。首先是法律。政府往往通過頒佈各種法令來使自己的統治「合法化」，以法律為護符來懲罰敢於反對的人，「政府者，威權之所屬，號令之所出；一旦柄操其手，未有不濫用威權而妄施號令者。」〔註251〕去除法律將使政府的暴行無所掩飾。法律必定會侵奪人們的自由，「法律者，束縛人也，侵犯人之自由也。惟其束縛人，不合公理也，故反對之」〔註252〕，「法律愈密，干涉愈嚴，人民無形之自由，奚為政府所奪」〔註253〕。法律經常成為少數有權（強權）有勢（錢勢）者的「強權」工具，它以實力強迫人們來服從，貴族資本家在法律保護之中而人民在保護之外。即使是多數人所制定的法律也違背了自由的精神，不合公理：「蓋有法律，無論如何公平，出之於多數人，終不能完全個人自由，且終不能合公理。利於少數人或多數人，而不利於全社會，如利於全社會則不必有法律合公理於昨日，而不合於近日，合公理於今日，而又不合於明日。……故反對法律者，實為求個人自由之完全無缺也。」〔註254〕

〔註246〕袁鴻：《反對愛國主義》，《國風日報》副刊《學彙》第 102、103 期。

〔註247〕《無政府主義在中國》，湖南人民出版社，1984 年，第 20 頁。

〔註248〕區聲白：《答陳獨秀君的疑問》，《國風日報》副刊《學彙》第 104～109 期。

〔註249〕師復：《論社會黨》，《無政府主義思想資料選》（上），北京大學出版社，1984年，第 298 頁。

〔註250〕《無政府主義思想資料選》（上），北京大學出版社，1984 年，第 184 頁。

〔註251〕聲白：《平民革命》，《無政府主義思想資料選》（上），北京大學出版社，1984年，第 356 頁。

〔註252〕民：《普及革命》，《無政府主義思想資料選》（上），北京大學出版社，1984年，第 183 頁。

〔註253〕申叔：《新政為病民之本》，《無政府主義思想資料選》（上），北京大學出版社，1984年，第 111 頁。

〔註254〕民：《普及革命》，《無政府主義思想資料選》（上），北京大學出版社，1984

其次須反對軍備。政府依恃軍隊保持其強權，平民手無寸鐵，只能任其所為，因此要想傾覆政府，必去兵。「兵則保護強權者也，兵則摧殘人道者也，兵則擾亂治安者也，兵則欺侮平民者也。是故欲除種國界限者，不可不去兵，欲求人類平等者，不可不去兵，欲進世界大同者，不可不去兵，欲謀社會幸福者，不可不去兵。」再者反對賦稅。政府用人們的血汗之錢來鞏固自己的力量，愈益壓迫人民，違背公理，阻礙社會進化。「今不反對賦稅，政府之保障愈堅，護符愈固，而平民愈困苦與薄弱矣。故反對賦稅，即間接反對軍備與法律也。」〔註255〕政府沒有了賦稅，就不能保持軍備，沒有了軍備，政府就無法執行各種法律，沒有法律政府就無法收稅，因此欲擺脫政府的束縛必須反對這三者。最後反對宗教。無政府主義認為宗教束縛人的思想，桎梏人的性情，阻礙人類進步。宗教「使人信仰，使人服從者也。信仰則迷信生，服從則奴性根。」〔註256〕宗教是政府實施強權的助手，「助政府之暴虐，教人民以柔順」〔註257〕，為「保護強權之利器，導人安貧守分，服從強權」〔註258〕，因此排除宗教可以使人思想自由，抵抗強權。其他諸如監獄、警察等機構都隨政府的去除而消失。

反對私產製度　無政府主義者認為私有財產也是一種強權，而且是危害最大的強權，「無政府主義既以排斥強權為根本，強權之危害於社會最顯而最大者即為資本制度。」〔註259〕社會的一切罪惡都起源於財產的私有，私產最有背於公道，私產有害無利，「資本制度者，平民第一之仇敵，而社會罪惡之源泉也。」〔註260〕首先，私產是掠奪的結果並產生階級。財產原本是人類公有的，一些人憑藉強力把公共的財產據為己有，使一些較弱的人無所依歸，只有出賣勞力替他們生產，所生產的物品勞動者完全不能享受，完全歸私有者所有，勞動者疾苦窮愁，不聊其生，私有者卻坐享快樂，「於是

　　　年，第 182～183 頁。
〔註255〕同上，第 184 頁。
〔註256〕民：《普及革命》，《無政府主義思想資料選》（上），北京大學出版社，1984年，第 185 頁。
〔註257〕《無政府主義思想資料選》（上），北京大學出版社，1984 年，第 258 頁。
〔註258〕師復：《論社會黨》，《無政府主義思想資料選》（上），北京大學出版社，1984年，第 297 頁。
〔註259〕《無政府共產主義釋名》，《無政府主義在中國》，湖南人民出版社，1984 年，第 262～263 頁。
〔註260〕師復：《無政府共產主義同志社宣言書》，《無政府主義在中國》，湖南人民出版社，1984 年，第 34 頁。

富者愈富愈強，貧者愈貧愈弱，富者終日安享榮樂，任性所爲，貧者生活都不能得」〔註261〕，「有私產則有富人與平民之階級。」〔註262〕這豈不是最不平等的事情嗎？其次，財產私有會長人私心、促人爭鬥。有了私產人們便有私心，遂起爭奪的念頭，「既有私產製度，各都爭權竊利，以利買權，倚權掠利」〔註263〕，爲了爭奪利益人們不擇手段，如此，欺騙盜竊的事情就常常出現，民眾的道德就日益墮落。

反對家庭　無政府主義認爲家庭給人類帶來極大危害，「家庭遺毒至深，人類蒙害甚切」〔註264〕，爲「萬惡之首」。第一，家庭產生私心，有妨博愛，是社會進化的障礙。社會的進步依賴於人人自立，人人博愛。但自從有了家庭之後，「人各自私」〔註265〕，各有親疏之分，人人都「愛吾家而不愛他家，私利之心全注於此。」〔註266〕個人只知對家庭有責任，而不知對社會有應負之責任，「明知公益之事，因有家而不肯爲；明知害人之事，因有家而不得不爲。」〔註267〕人人如此則「社會之進化遂爲之停滯」〔註268〕。廢除家庭則「私心滅，人人均可專心一志，以盡力於社會也。」〔註269〕第二，家庭是強權的根源。夫權、父權、君權等強權追根溯源都起於有家。「自有家而後各私其妻，於是有夫權。自有家而後各私其子，於是有父權。私而不已則必爭，爭而不已則必亂，欲平爭止亂，於是有君權。」〔註270〕第三，家庭使人失去自由。家庭之中，必有權威，成員必受其束縛，不能自由。再者人類生於天地之間，獨來獨往，無畏無懼，本來非常自由，但是有家之後，終日爲衣食奔波，苦累不堪，又有什麼自由呢？第四，家庭導致不平等。人類本極平等，無所富貴貧賤，自有家之後，通過職位及遺產的傳襲使人產生貴賤、貧富、智愚之

〔註261〕《均社宣言》，《無政府主義思想資料選》（下），北京大學出版社，1984年，第536頁。
〔註262〕《無政府主義在中國》，湖南人民出版社，1984年，第226頁。
〔註263〕《均社宣言》，《無政府主義思想資料選》（下），北京大學出版社，1984年，第536頁。
〔註264〕《無政府主義在中國》，湖南人民出版社，1984年，第94頁。
〔註265〕《毀家論》，《無政府主義在中國》，湖南人民出版社，1984年，第108頁。
〔註266〕《無政府主義在中國》，湖南人民出版社，1984年，第186頁。
〔註267〕《毀家譚》，《無政府主義在中國》，湖南人民出版社，1984年，第213頁。
〔註268〕師復：《廢家族主義》，《無政府主義在中國》，湖南人民出版社，1984年，第235頁。
〔註269〕《無政府主義思想資料選》（上），北京大學出版社，1984年，第357頁。
〔註270〕《毀家譚》，《無政府主義在中國》，湖南人民出版社，1984年，第213頁。

分，種種不平之事由此而生。中國人的家庭尤其黑暗，實為一監獄。「此監獄由婚姻為牆基，族姓為磚石，而綱常名教則為之泥土，黏合而成一森嚴牢固之大獄。」〔註271〕他們指斥綱常名教乃中國之虛偽道德，阻礙進化，有甚於洪水猛獸，是不平等不公道的護法，造成人的奴隸服從性。「三綱者三網也，後世專制帝王之所以網民也。三綱者三罔也，後世未讀孔孟書者之所以罔民也。」〔註272〕他們還駁斥所謂君權神授的封建說教，指出「君主既非天神，則君主亦人類之一，君主既為人類之一，則君主不可居民上」〔註273〕。

中國無政府主義者甚至抵制民主理念，因為他們看到民主理念與自由理念不諧，民主制度將會壓制少數人的自由：「譬如一國之中，有人千萬，及投票選舉之期，其被選之人，共得九百萬票，不可謂之非多數矣，然失意者仍有百萬人。……故議院之制，民主之政，彼以一言，即眾者暴寡之也。以眾暴寡，安得謂之平。」〔註274〕

無政府主義對絕對自由的追求以及他們對強權的理解使得他們必然反對資產階級革命和無產階級專政。無政府主義主張終極革命，認為中外古往今來的一切革命（包括法國革命和俄國革命）都是「以政府倒政府」，「以暴易暴」，只能「此勝於彼」，不能達致「純正自由」。他們認為真正的革命是「毀滅了那盤踞公眾組織上的強權，並且不預備另造新強權來替代它。他們宣佈個人和人民兩者的尊嚴，他們要使公眾的組織不受那強權家的統治。」〔註275〕因此對資產階級所進行的單純的政治革命不以為然，並不支持孫中山所領導的「二次革命」，認為這只是一種「少數人的革命」，無非用一種強權替代另一種強權，用他們的話來說，就是「以政府倒政府，終無善果」〔註276〕。宣稱「不言鋤強權則已，苟言鋤強權，則當易討袁之幟為討政府，凡有政府吾皆討之。袁世凱雖去，繼袁世凱者吾亦討之」〔註277〕。

無政府主義者在俄國十月革命勝利以及馬克思主義在中國廣泛傳播以

〔註271〕《廢家族主義》，《無政府主義在中國》，湖南人民出版社，1984 年，第 235 頁。

〔註272〕《無政府主義思想資料選》（上），北京大學出版社，1984 年，第 233 頁。

〔註273〕申叔：《無政府主義之平等觀》，《無政府主義在中國》，湖南人民出版社，1984 年，第 114 頁。

〔註274〕《無政府主義在中國》，湖南人民出版社，1984 年，第 119 頁。

〔註275〕同上，第 474 頁。

〔註276〕文定：《師復先生傳》，《師覆文存》，革新書局，1927 年，第 5 頁。

〔註277〕師復：《答英白》，《師覆文存》，革新書局，1927 年，第 166 頁。

後，把反對國家的矛頭集中指向無產階級專政。他們宣稱「我們不承認資本家的強權，我們不承認政治家的強權，我們一樣不承認勞動者的強權。」〔註278〕要是布爾什維克仍用強權，列寧也會變成「俄羅斯共和國的大皇帝」〔註279〕。無政府主義者認為社會主義「支配之權，仍操於上，則人人失其平等之權，一切之資財，悉受國家之支配，則人人又失其自由權」〔註280〕，社會民主黨的政府所設立的工兵農兵是「壓制個人的表徵」〔註281〕。在這樣的國家制度下，「誰保國家的專制，不較現在還要利害，我們的首領，誰保他們不變了拿破侖袁世凱呢？」〔註282〕因此他們表示不但反對資產階級專政的「現在的國家」，更反對無產階級專政的「未來的國家」。無政府主義認為無產階級專政以國家的權力來干涉個人，取得一致，抹煞個人，只能使人類退步，不能進步，因為「我們人類的進步全憑自由意志，在布爾雪維克之下決不能發生自由思想。」〔註283〕又說「我們人類的性情個個不同，刻刻變幻，所以我們的事最好由我自己處制。……布爾雪維克不顧此處，卻把人類當作一律，事事都有他處管，這時候的人民差不多就是機械，連他自身的事都不能由他自家決定。……所以是獨裁，是專制。」〔註284〕

總之，人類生活之所以存在著種種痛苦和罪惡，「『惡組織』、『壞制度』，實在是一個『總因』」〔註285〕，不管是君主專制、民主共和、蘇維埃委員制，還是獨裁政治、寡頭政治、多頭政治、階級專政等等花樣如何翻新，「都是極惡的組織，極壞的制度，一切罪惡之府。」〔註286〕無政府主義的天職就是劃

〔註278〕《我們反對「布爾什維克」》，《無政府主義在中國》，湖南人民出版社，1984年，第358頁。

〔註279〕《我們反對「布爾什維克」》，《無政府主義在中國》，湖南人民出版社，1984年，第359頁。

〔註280〕《無政府主義之平等觀》，《無政府主義在中國》，湖南人民出版社，1984年，第124頁。

〔註281〕凌霜：《馬克思學說的批評》，《無政府主義在中國》，湖南人民出版社，1984年，第299頁。

〔註282〕凌霜：《馬克思學說的批評》，《無政府主義在中國》，湖南人民出版社，1984年，第299頁。

〔註283〕《為甚麼反對布爾雪維克》，《無政府主義在中國》，湖南人民出版社，1984年，第392頁。

〔註284〕《為甚麼反對布爾雪維克》，《無政府主義在中國》，湖南人民出版社，1984年，第392頁。

〔註285〕《無政府主義在中國》，湖南人民出版社，1984年，第70頁。

〔註286〕同上，第70頁。

除這些「乖乎理性的罪惡」，就是「爲正義而戰，爲眞理而戰，爲現在及將來的全人類的幸福而戰。」〔註287〕

四、近代中國烏托邦思想的主題、價值及面臨的困境

近代中國社會在西方炮艦政策的衝擊下，遭遇著千古之變，傳統的「天不變，道亦不變」的封建綱常秩序觀念受到了強有力的挑戰，傳統秩序不僅需要變化，而且需要大變才能解決中國所面臨的迫在眉睫的問題。但是什麼樣的秩序才是最理想的、最完美的，能夠使中國一勞永逸的擺脫困境呢？這成爲近代烏托邦思想家苦苦思索的主題。也正如任何烏托邦一樣，近代思想家所構想的理想社會激勵著人們追尋可能的美好生活，但它本身卻存在著難以解決的問題。

（一）主題：理想社會秩序的重構

鴉片戰爭以來，中國的傳統社會受到極大衝擊，不僅先前的朝貢體系被打破，而且連國土也不能確保完整，一種新的關係取代了舊的關係，中國一直以來的優越心態受到了挑戰，自此以後，中國再也不能沉迷於「天朝物產豐盈，無所不有」的盲目自大之中，不能再「以天朝盡善盡美的幻想來欺騙自己」〔註288〕。面對西方的強勢文明，中國思想界不得不進行深刻反思，中國落後的原因何在？痛定思痛之後，幾乎所有的烏托邦思想家都把矛頭指向了傳統秩序，認爲中國落後的根源在於傳統秩序的亙古不變，傳統秩序已經不能適應新的時空條件，「自今世紀以來，歐人驟進，而我如舊，兩千年所積進化之資格，每下愈況」〔註289〕。他們得出結論，千百年來儒家所確立的理想秩序已經不合時宜，中國需要重新構劃理想秩序，雖然他們對理想秩序的理解各不相同。因此有人說：「中國的知識階層不過是要維護中國在現代世界中的地位，爲適應此一地位，擬對整個思想、政治、經濟以及社會結構作全面的調整。」〔註290〕

〔註287〕《無政府主義在中國》，湖南人民出版社，1984 年，第 70 頁。

〔註288〕馬克思：《鴉片貿易史》，《馬克思恩格斯選集》第 1 卷，人民出版社，1995 年，第 716 頁。

〔註289〕梁啓超：《政治學新論》，廣智書局，1931 年，第 25 頁。

〔註290〕Michael Gasster，Chinese Intellectuals and the Revolution of 1911，p.248. 轉引自蕭公權：《近代中國與新世界：康有爲變法與大同思想研究》，江蘇人民出版社，1997 年，第 530 頁。

　　洪秀全所描繪的烏托邦是一個人人平等、互助互愛、天下一家、共享太平的理想社會，這個理想社會是受到上帝眷顧的地上天國。這是儒教歷史上所遭遇到的第一次強有力的挑戰，在異質文明的優勢輻射下，現實政治秩序的合法性危機昭然若揭，作爲這種秩序建構的合法性基礎的儒教自然也開始喪失其曾經永不衰落的魅力，人們自此開始思考探索儒教之外的理想秩序，不斷追問到底什麼樣的秩序才是真正完美無缺的，才能徹底解決中國面臨的所有問題。但是太平天國運動的實踐證明了這種秩序在現實社會中是無法建立起來的，是不能實現的，任何對它的實踐都只能是一種歪曲和背離。

　　康有爲所憧憬的大同社會是建立在財產公有、物質文明高度發達的基礎上的沒有國家、消滅階級、廢除家庭的去除了任何天然或人爲束縛的由絕對獨立、自由、平等的個體組成的美好社會，人人都生活在充分的和諧與快樂之中，大同社會中人們的天性得到自由發揮而不會有罪惡，因爲人們都是完人。大同烏托邦因康有爲的「秘不示人」在近代歷史上並沒有產生多大的影響，康有爲推動社會朝著大同進化的努力——戊戌變法運動在現實中也遭到了慘敗。

　　戊戌改良思想的破產使許多人認爲必須進行革命才能挽救危亡，於是轟轟烈烈的辛亥革命發動了，人們對這次革命抱著極高的期望，期望它能夠給中國帶來理想的秩序和幸福的生活。但現實再一次令人們感到失望，民主的共和國沒有出現，出現的是袁世凱專政的假共和軍閥混戰的動亂局面，這一現實「去吾人理想之社會蓋遠」〔註291〕。《人道》周刊第12期《政府乎？盜藪乎？》一文中寫道：「中華革命以來，喁喁望治之齊民，曉曉聒耳之報紙，日莫不有一良政府縈回於心目中，不惜艱辛痛苦，投捐納稅以哺乳之，有如驕子。歲月如流，形情畢露，生民無補，罪惡有加，痛矣！」大呼：「政府無益於吾民」，「良政府徒勞夢想」。中國知識分子想要改變社會現實的一次次努力都失敗了，這愈益使他們認識到現有社會的不可救藥，他們更爲迫切也更爲激進的想要改變這種狀況。於是他們認爲社會需要進一步徹底的革命，革去政府這一罪惡的源泉，無政府烏托邦由此產生。無政府社會是人人互助、人人勞動，去除了束縛人類的一切強權尤其是政府、達致人類絕對自由的完美社會。但是無政府主義者爲實現這種理想而做出的各種努力依然沒有逃脫失敗的命運。

〔註291〕《無政府主義在中國》，湖南人民出版社，1984年版，第41頁。

　　總之，上帝天國也好，大同社會也好，無政府社會也好，都是在傳統秩序失去整合社會能力的情況下爲近代社會建構新秩序的不同努力和嘗試。可以說，近代中國烏托邦思想家都是圍繞著這一主題進行不斷探索的。烏托邦的不可實現性使得這一問題一直沒能得到眞正解決，而問題的依然存在又使得新的烏托邦的產生具有必要性。烏托邦主義者無力承擔的這一爲中國人尋求幸福的重任最後落在了馬克思主義者身上。

（二）近代中國烏托邦思想的價值及面臨的困境

　　正如任何烏托邦思想家一樣，近代中國的烏托邦建構者基於對社會現實黑暗狀況的深切體認，懷抱著拯救人民於水深火熱之中的強烈情懷，站在未來的土地上，向人們展示了擺在他們面前的各種可能的美好生活。他們迫切的希望把人們從種種束縛中解脫出來，對自己精心建構的理想秩序深信不疑，對推動世界的改進抱有強烈的願望和高度的熱情。他們描繪了一個又一個的美好社會，表達了苦難深重的中華民族追求幸福生活的願望和對生命的熱愛以及對未來的信心，這種無論身處何境都執著追求美好的烏托邦精神是一種引導人們不斷向前的精神，它的存在昭示了人類存在的價值和意義。它的完美無缺使我們發現現實生活的種種黑暗之處，使我們意識到現實存在的不合理，昭示了現實秩序的合法性危機。它們往往對現實社會中的一切不合理社會制度進行否定和批判，阻止了社會的停滯狀態。

　　烏托邦是想像的而非現實的思維的產物，因此往往存在著難以解決的問題，對於近代中國的烏托邦來說也同樣如此。它們是在近代中國社會日益腐化墮落、政治社會制度遭遇嚴重危機的情況下產生的，面對現實的種種醜惡和人民所經受的種種痛苦，近代烏托邦思想家試圖通過構建一個至善、至美的理想社會來一攬子解決這所有的問題，使人民擺脫苦難、獲得幸福。因此，它們往往對人類社會生活的模式作了統一設計，無論是在洪秀全的「塵世天國」中，康有爲的大同社會中，還是在無政府社會中，人們都過著相同的生活，遵循著同樣的生活準則。這種對既定美好社會的強制性追求，從理論上否定了每一個個體自由自主選擇理想生活方式的可能性，從而也就否定了人類多樣發展的可能性，沒有爲人類個性的充分展現留下足夠的空間，而這樣的生活很難說是幸福的，因爲人的本質就是能夠選擇如何生活，就每個單獨的個體而言，人們都有過私人生活的願望，都想過一種與眾不同的生活，他們對幸福的理解以及所希冀的理想社會都是不同的。再者烏托邦思想家已經

預先規劃好了一個美好的社會，普通的人們就不需要再去思考什麼是真正優良的生活，而這實質上就否定了人存在的價值和意義，因為人之所以區別於其他物種，就在於人是一種會思考的存在，不僅思考自己目前所面臨的各種實際問題，更需要思考人生的根本問題。

因此，近代烏托邦思想家所追求的理想社會雖然令人無比嚮往，但也只能是「嚮往」而已，它只能存在於人們的想像之中，成為空中樓閣，任何想將它付諸實踐的努力都只可能是徒勞。

五、近代中國烏托邦思想的特徵及存在的差異

近代中國的烏托邦思想都是在西方近代文明的影響下形成的，又有著共同的時代背景，所以他們帶有明顯的近代特色，同時它們又深受傳統思想資源和思維方式的影響，與西方經典意義上的烏托邦思想相比，有著兩個明顯的特徵：實踐性和世界化。近代烏托邦思想由於思想家個人經歷的不同和吸收西方文明資源的不同，又有著明顯的差異。

（一）特徵：近代性、實踐性和世界化

與傳統理想主義不同，近代中國的烏托邦思想是在西方近代文明的影響下形成的，都帶有明顯的近代人文主義的氣息。它們都表達了對人本身的關注，都追求近代的文明理念。首先，它們都肯定了人的價值和能力，認為人的各種自然欲求都應當得到滿足。如洪秀全就認為人因為是皇上帝的子女，上帝賦予了人以靈魂，「內懷有仁義禮智信」〔註292〕，人也因此得以與天、地並為三才，居於萬物之上，所以是最為寶貴、最富有靈性的。他還認為人之所以為人，就因為人是善良的，是有道德的，是正的，「正乃人生本性」〔註293〕。康有為認為人「乃天產無數量不可思議之精英」〔註294〕，因此在整個萬物之中處於最為寶貴的地位，「生天之物，人為最貴」〔註295〕，人天生的各種需求和欲望都應該受到尊重而不是受到壓制，只能對其「因而行之」，不能「禁而去之」。在他看來，人欲的滿足是良好生活的當然要素，因此理想社會也應該是順乎人情、合乎人道的。無政府主義認為人類是善良的，人類有能

〔註292〕《欽定軍次實錄》，《太平天國印書》（下），江蘇人民出版社，1979 年，第 794頁。

〔註293〕《百正歌》，《太平天國》（一），第 90 頁。

〔註294〕《大同書》，古籍出版社，1956 年，第 133 頁。

〔註295〕《孟子微》，中華書局，1987 年，第 7 頁。

力自給自足，「人人都能自治，不要人家管束」〔註296〕，因此人類完全不需要政府自己就能夠過一種完善的生活，「吾人有自由生活之權利，有個人自治之本能，無需要乎強權之統治者也」〔註297〕。其次，它們都追求平等、自由、博愛等近代理念。洪秀全認為人們都是上帝的子女，所以無論帝王還是庶民都是完全平等的，「上帝當拜，人人所同，何分西北，何分南東。」〔註298〕大家都是一家人，都是兄弟姐妹，「天下總一家，凡間皆兄弟」〔註299〕，所以都應和睦相處，不分彼此，愛他人就像愛自己一樣，「他人有難爾救他，爾若有難天救爾。見人災痛（病）同己病，見人飢寒同自饑」〔註300〕。康有為認為人們天生是平等的，沒有尊卑之分，沒有高貴之別，「人類平等是幾何公理」〔註301〕，「人皆天所生也，同為天之子，同此圓首方足之形，同在一種族之中，至平等也」〔註302〕。人也是自由的，人生來便應享受充分的自由，自由主宰自己的命運，「人人有天授之體，即人人有天授自由之權。……此人人公有之權利也」〔註303〕。人人既然都是兄弟同胞，所以就應該相互親愛，互相關心和幫助，「生於大地，則大地萬國之人類皆吾同胞之異體也，既與有知，則與相親。」〔註304〕無政府主義認為人類天生是平等的，「夫天下之生人，眾生平等」〔註305〕，「吾人生來是彼此均等的，……不能不有相等的待遇，那一切權利義務的享受服勞應當均等」〔註306〕。人類是獨立的，「不役他人不倚他人」〔註307〕。人類是自由的，「人之所以為人者，以有自由也。無自由而束縛於人

〔註296〕《無治主義學理上的根據》，《新中國》第 1 卷第 3 號，1919 年 7 月 15 日。

〔註297〕師復：《無政府共產主義同志社宣言書》，《無政府主義在中國》，湖南人民出版社，1984 年，第 34 頁。

〔註298〕《原道救世歌》，《太平天國印書》（上），江蘇人民出版社，1979 年，第 10 頁。

〔註299〕《原道覺世訓》，《太平天國印書》（上），江蘇人民出版社，1979 年，第 16〜17 頁。

〔註300〕《天父詩》一百零五，《太平天國》（二），第 448 頁。

〔註301〕《康有為全集》（一），上海古籍出版社，1987 年，第 279 頁。

〔註302〕《大同書》，古籍出版社，1956 年，第 44 頁。

〔註303〕《大同書》，古籍出版社，1956 年，第 136 頁。

〔註304〕《大同書》，古籍出版社，1956 年，第 3 頁。

〔註305〕申叔：《人類均力說》，《無政府主義思想資料選》（上），北京大學出版社，1984 年，第 69 頁。

〔註306〕《均社宣言》，《無政府主義思想資料選》（下），北京大學出版社，1984 年，第 534 頁。

〔註307〕《無政府主義之平等觀》，《無政府主義在中國》，湖南人民出版社，1984 年，

者，牛馬不若也」〔註308〕。人類應有仁義博愛之心，不僅愛自己，而且愛人類，甚至愛萬物，「人有仁心，故能推其愛，足以及禽獸；豈惟禽獸，實萬物也」〔註309〕，「博愛心之所至，能盡去親屬利害之觀念，不獨父其父，不獨子其子，不獨家其家，不獨鄉其鄉，不獨國其國，不獨種其種。」〔註310〕

近代中國的烏托邦思想雖然是在西方近代文明的影響下形成的，但與西方經典意義上的烏托邦思想相比，它們由於特殊的歷史處境及文化傳統又有著自己獨特的地方：實踐性和世界化。

正如蕭公權先生所言，「中國學術，本於致用」，中國政治思想的最顯著特點是注重實際，長於實踐，多關注於此時此地之問題，重在尋求解決現實問題的方法和途徑〔註311〕。中國的思想家大都極為在意思想的可實現性與否，他們在闡述某一觀點的同時就認為它是能夠實現的，否則對它的關注和研究將是毫無價值和意義的事情。這一特點對於近代中國的烏托邦思想也極為適用。他們都認為自己的理想是應該並且能夠實現的，不管是在當下還是在歷史發展的末端，他們從來沒有對此產生過懷疑（雖然令人感到驚異）。歷史上儒家描繪理想社會的《禮記・禮運》篇即包含著強烈的實踐意味，「禮運」即「禮之運行」。洪秀全把基督教的來世「天國」轉變為可以在此世實現的人間「天國」，在他看來，天堂不僅僅是人們死後靈魂歸宿的世界，而應是生前就要實現的美好理想；它應不再是建立在虛無縹緲的天上，而應是誕生在不久將來的人間。總之，他認為人間天堂的理想「是應該實現而且能夠實現的」〔註312〕。不僅如此，他還努力實踐這一理想，發動了轟轟烈烈的太平天國運動。康有為雖然將其《大同書》「秘不示人」，認為在當時的現實世界是不可將其付諸實踐的，但康有為從來不認為大同社會是不能實現的，只是時間未到而已。他認為隨著社會的不斷進化，人性「仁愛」之質的不斷擴展，去除「九界」的大同社會自然就能實現。無政府主義者也是如此：「我們提倡一種

第 100 頁。

〔註308〕民：《普及革命》，《無政府主義思想資料選》（上），北京大學出版社，1984年，第 183 頁。

〔註309〕民：《普及革命》，《無政府主義思想資料選》（上），北京大學出版社，1984年，第 195 頁。

〔註310〕《無政府主義思想資料選》（上），北京大學出版社，1984 年，第 267 頁。

〔註311〕參見蕭公權：《中國政治思想史》（三），遼寧教育出版社，1998 年，第 824頁。

〔註312〕張星久：《中國近現代政治思想述論》，湖北人民出版社，2000 年，第 71 頁。

主義，……務要求其能實現，務要求其能眞正的改造社會，使全體人民都享同等的幸福才是。」〔註313〕他們採取各種各樣的溫和的或激烈的手段來努力推動其理想的實現。墨子刻也曾深刻地揭示了中國烏托邦主義的這種實踐性特徵：「中國的烏托邦主義與托馬斯·莫爾的《烏托邦》所表達的經典的西方烏托邦主義是大相逕庭的，《烏托邦》受到了柏拉圖極大的影響，在這種西方的觀點中，思想家對理想的現實性產生了懷疑。在中國的思想中卻缺少了這種懷疑，……中國人缺乏經典的西方意義上的烏托邦主義，不是因爲他們缺少對完美社會的理想與道德衰敗的現狀之間的差別的重視。而是因爲他們重視得過了頭，他們相信自身關於理想社會的觀念是完全現實的目標，只要領導者變成虔誠道德的信徒，只要士人們確信道德轉型的原則，這一理想就能很快變成現實」〔註314〕。

　　近代中國由於特殊的歷史情境，長期處於被壓迫被奴役的地位，與列強根本無法平等相處，近代中國的烏托邦思想家們深刻強烈地感受到這種不平等所帶來的屈辱和痛苦，他們急於擺脫這種狀況，通過各種前提出發論證了這種不平等的不合理性，認爲不僅一國之內人與人是平等的，而且國與國之間也應該是平等的，全世界的人類有著共同的祖先，都是同胞，都是兄弟姐妹，應當彼此親愛。他們對平等的尤其關注和對博愛的提倡使得他們所勾畫的烏托邦明顯的具有世界化傾向，不僅僅關注國內狹小的地域，而是關注整個世界，他們要爲整個人類界定一種全新的生活方式，使人人心理上感到滿足，在道德上感到正確。洪秀全認爲世界上所有的人都是上帝的孩子，國界的劃分猶如父親分家產於兒輩，因此大家彼此平等並應互相親愛。他曾說：「如果上帝助吾恢復祖國，我當教各國各自保管其自有之產業，而不侵害別人所有；我們將要彼此有交誼，互通眞理及知識，而各以禮相接；我們將共拜同一之天父，而共崇敬同一天兄世界救主之眞道；這是自從我的靈魂被接上天後之心中大願也。」〔註315〕正是在這個意義上，馬克斯·韋伯認爲在太平天國運動中，「一個擺脫民族限制的、具有人格的、慈愛的、普遍的世

〔註313〕《無政府主義與中國》，《無政府主義思想資料選》（上），北京大學出版社，1984 年，第 499 頁。

〔註314〕參見 Thomas A Metzger，Chinese Utopianism on the Defensive？（墨子刻《中國烏托邦主義處於守勢？》，該文的英文稿刊於最近的一部文集，《慶祝王遠華教授八十歲論文集》，第 348 頁。華東師範大學出版社，2001 年。

〔註315〕《太平天國起義記》，《太平天國》（六），第 853～854 頁。

界神，被人們接受了，而往常中國所有的宗教意識對這個世界神祇是非常陌生的。」〔註316〕康有爲更是一世界主義者，他認爲所有人類都是親愛同胞，苦樂與共：「生於大地，則大地萬國之人類皆吾同胞之異體也，既與有知，則與有親。……其進化耶，則相與共進；退化則相與共退。其樂耶，相與共其樂，其苦耶，相與共其苦。」〔註317〕他有鑒於人類現有制度所存在的種種不完善之處，於是想建立一種未來的完美的世界新秩序，使人人都能夠生活在充分的和諧與快樂之中，可見，他不僅界定中國在現代世界中的地位，更重要的是界定一種理想的新世界。因此，蕭公權評論道：「康氏在此並不關心保存或維新中國傳統，而是要建立超越地域或國界的社會思想。他並不是要把西方價值注入中國傳統，而是要拋棄一些中國價值於普及價值之外。他真正相信有效的原則是放諸四海而皆準的。在他看來，『世界化』並不是一種方法上的設計，而是一種思想上的信念——此一信念成爲著名的《大同書》的中心論旨，以及他的社會思想的指針。」〔註318〕20世紀初的中國無政府主義者也大力推介世界主義，他們主張廢除國家和政府，人人發揮互助的天性，不僅愛自己，而且愛整個人類，如此則可以打破國界的限制，熄滅戰爭，實現世界大同。在他們看來，無政府主義「在於視世界萬國爲一體，無所謂國界，亦無所謂種界」〔註319〕，是「世界主義」，是「世界人民共圖之事業」〔註320〕，「合世界眾人之力，推倒一切強權，人人立於平等之地，同作同食，無主無奴，無愁無怨。是時也，戰爭息，國界無，此之謂大同世界」〔註321〕，「合全世界之民爲一大群，以謀人類完全之幸福。」〔註322〕因此，他們所勾畫的無政府烏托邦不是僅適用於某個國家，而是適用於整個世界。「無政府黨之提倡無政府，以爲世界無論何國，皆當無政府，非專爲一國說法者也。」〔註323〕可見，誠如金耀基先生說：「世界主義是中國文化的特質之一，由世界主義的觀點出發，便有『天下爲一家，中國爲一人』的

〔註316〕〔德〕馬克斯·韋伯：《儒教與道教》，江蘇人民出版社，1997年，第251頁。
〔註317〕《大同書》，古籍出版社，1956年，第3〜4頁。
〔註318〕蕭公權：《近代中國與新世界：康有爲變法與大同思想研究》，江蘇人民出版社，1997年，第383頁。
〔註319〕《無政府主義在中國》，湖南人民出版社，1984年，第29頁。
〔註320〕同上，第282頁。
〔註321〕《無政府主義思想資料選》（上），北京大學出版社，1984年，第170頁。
〔註322〕同上，第85頁。
〔註323〕《無政府主義在中國》，湖南人民出版社，1984年，第259頁。

意識形態。」〔註324〕

（二）近代中國烏托邦思想之間的差異

近代中國烏托邦思想除了有這些相同的特徵之外，還因思想家所面臨的具體情況的不同以及個人經歷的不同等，它們之間還存在著顯著的差異。具體說來，有以下幾個方面：

首先，西方思想淵源的不同。洪秀全的烏托邦思想主要來源於西方的基督教。洪秀全接受了《勸世良言》這本基督教宣傳品的主要思想，從中借來一個無所不能無所不在的比皇帝的權威還要大的上帝來否定和批判世間的政治權威和精神權威。天國理想中的很多原則如平等、博愛等都來自於基督教教義。太平天國運動的實踐中也充滿了基督教的色彩，如尊奉皇上帝、設立聖庫、拜教誦經等。洪秀全也一直以「天父代言人」自居，「天國」之稱也來自於基督教的《聖經》。康有為因為遊歷甚多，接觸了很多西方近代思想，尤其是西方近代啟蒙思想對他產生了極大的吸引力和強烈的震撼作用。他將自己的大同世界建立在資產階級啟蒙主義哲學理論的基礎上，他的以未來為歷史趨向的「三世進化論」吸收了西方近代的社會進化論觀念，他的人性自然說、「去苦求樂」是人的本能的觀點明顯來自於西方近代的啟蒙觀念。大同社會的基本理念——自由、平等、博愛來自於西方資產階級民主理論，大同社會的最終形成也受到了西方空想社會主義學說的影響，如康有為自己曾提到傅立葉的思想，並說貝拉米的《百年一覺》一書是「大同」影子。無政府主義則幾乎全部來自於西方的無政府主義理論，尤其是俄國克魯泡特金的「互助論」和他的無政府共產主義。

其次，未來社會藍圖的差異。洪秀全關於「天國」的具體設計不是很系統，主要體現在《天朝田畝制度》中，絕對平均主義和嚴格的禁欲主義是它的一個鮮明特徵，這體現了小農的願望和基督教的精神。它重點關注土地的分配和宗教生活的安排，土地和禮拜被繪入理想藍圖的顯著位置。因為如果沒有解決土地問題，太平天國就會失去群眾基礎，如果沒有禮拜講聖書誦天父的形式，太平天國就會失去它的精神支柱和感召力量。在這三者之中，康有為的大同世界設想的最為全面細緻、最為具體，對社會生活的方方面面都作了詳細規定，是精雕細琢的美麗圖畫。康有為的大同社會是真正按照民主

〔註324〕金耀基：《從傳統到現代》，中國人民大學出版社，1999年，第207頁。

的原則運轉起來的，自由、平等、博愛的原則得到了最大程度的體現，社會極為發達，在分配上康有為反對平均主義，主張按勞分配。另外康有為強調享樂主義，反對禁欲主義，大同社會中人的天性都得到了充分自由的發揮。無政府主義則追求一個體現「自由、平等、博愛」原則的絕對自由的社會，是一個沒有地主、資本家、首領、官吏、代表、家長、軍隊、監獄、警察、裁判所、法律、宗教、婚姻制度的社會，所有社會強加於人的各種束縛都被去除，因為他們相信人類的天性使得他們無需強制就能夠過一種自足的生活，自由自在才是社會生活的應然狀態。

再次，實現理想社會的途徑不同。洪秀全認為必須採取激烈的革命手段，推翻現實社會的統治秩序，斬盡天下「妖魔鬼怪」才能夠建立起一個「地上天國」。在這種觀念的指導下，他的天國理想一創造出來就被用於指導實踐，在它的號召下發生了轟轟烈烈的太平天國運動。康有為則認為社會是循序漸進的，進化中各個階段是不能逾越的，因此只能採取改良的手段推動社會的發展。具體到中國來說，現在處於「據亂世」，只能朝「昇平世」進化，而不能驟行「大同」。他認為大同理論是將來的縮影，而實際運動則必須符合目前的境遇，因此他雖然寫出了《大同書》，卻不願將其理論付諸實施，而在現實生活中發動了一場以皇帝的權威為合法性基礎的改良運動。無政府主義也主張必須推翻現有的社會才有實現無政府社會的可能。他們既採取暗殺暴動等激烈手段也採取溫和的宣傳教育活動來推動理想的實現，他們還想在獨立於社會之外的小天地裡實踐無政府的美好社會（如新村運動和工讀互助運動）。

第三章　烏托邦運動與近代中國新秩序的建構

　　本章在第二章對三個烏托邦典型個案分析的基礎上，進一步對烏托邦運動在實際社會政治生活中所產生的影響進行分析，指出烏托邦精神可以激勵人們追尋美好的生活秩序，推動社會和政治狀況的不斷改進，但是它們旨在努力追求的烏托邦社會卻永遠也無法實現，它們也不能在現實中為人們建構起來一種新的社會秩序。

一、洪秀全的太平天國運動

　　洪秀全的烏托邦思想是太平天國運動的指導思想，太平天國運動追求的目標是在現實生活中建立一個天下一家、共享太平的「人間天堂」。這種美好的理想鼓舞著太平軍民衝破現實秩序的束縛，激發他們改造世界、批判和超越現實、追求美好的勇氣，使他們對未來充滿了樂觀。但理想的新的政治社會秩序卻無法在實際生活中建立起來，轟轟烈烈建立的仍然是「舊制度」。

（一）烏托邦理想在現實革命中的感召力

　　洪秀全基於自身的深刻體認以及中國遭遇侵略的現實，勾畫了一個與當下的政治現實截然不同的社會，這是一個人人平等、和睦相處、親如一家的社會。在他們看來，這個社會才是完美無缺的，合乎正義的，因為它使每個人都得到了自我實現。一些西方資產階級也讚歎太平天國的理想為「洵世界得未曾有之奇觀，即人類的幻想亦未能形狀其偉大」〔註1〕。由於基督教的介

〔註 1〕《華北先驅周報》一八五三年一七四號，轉引自羅爾綱：《太平天國史事考》，三聯書店，1979 年，第 337 頁。

入，這個烏托邦社會充滿了宗教色彩，但無論如何這個美好社會是關於世俗生活的，而不僅僅是等到天國才可以實現的。人們只要付出自己的努力是能夠在現世就過一種完美無缺的生活的，雖說他們認爲還需借助上帝的力量。正是因爲洪秀全等人把在西方是單純的宗教信仰的基督教轉變成爲一種具有烏托邦理念的「上帝教」，才會有這麼轟轟烈烈地改變社會的革命運動。面對人欲橫流、爭奪名利的污濁世界，鄙棄世俗幸福快樂的宗教，雖說包含有抗議或抵制的因素，但無論如何，它不是一種積極改變現實的思想，它不能激發人們的能動性去打破現實的束縛，它不會給世俗的人們帶來實際的切身利益。只有將這種宗教意識轉換成爲一種旨在挑戰現實、改變現實利益格局的烏托邦理念，它才能夠成爲革命的先導，才會有廣泛的號召力。正如曼海姆所言：「直到那時爲止，那些不是與明確的目標無關係就是集中在來世目標上的渴望，突然呈現出世俗的色彩。這些渴望現在被認爲是此時此地可以實現的，並爲社會行動注入了奇特的熱情。」〔註2〕如果這種美好社會注定在此世不能實現，人們只要默默忍受現實的苦難和被動接受上帝的考驗就行了，不需要積極主動地創造未來，也就不會對現實的秩序構成實際威脅。如果僅僅是一種對宗教的信仰而不謀求世俗生活的幸福，那可能就不會激發人們創造未來的激情和信心。普通的老百姓可能也會關注死後的靈魂問題，但他們更爲迫切的希望現實的問題得到解決，他們渴望在今世就能過「日日有衣有食，無災無難」〔註3〕的世俗生活。因此對於參加太平軍的許多人來說，動機可能並不是出於對宗教的信仰，而是對於洪秀全所許諾給他們的烏托邦的期望。李秀成在自述中說：「西王在我家近村居住，傳令凡拜上帝之人不必爲逃，同家食飯，何必逃乎？我家寒苦，有食不逃。」〔註4〕太平天國起義之初就規定，兵將不得私有財物，所實行的聖庫制度規定凡舉家加入拜上帝會的「將田產屋宇變賣，易爲現金，而將一切所有繳納於公庫，全體衣食俱由公款開支，一律平均。因有此均產製度，人數愈爲加增，而人人亦準備隨時可棄家集合。」〔註5〕可見，均平原則在「乾嘉以來豪強兼併，貧富懸殊之社會環境中」「誠

〔註2〕〔德〕卡爾・曼海姆：《意識形態與烏托邦》，商務印書館，2000年，第216頁。

〔註3〕張德堅：《賊情彙纂》，《太平天國》（三），神州國光社出版，1952年，第264頁。

〔註4〕《李秀成自述》，《太平天國》（三），第789頁。

〔註5〕韓山文：《太平天國起義記》，《太平天國》（六），第870頁。

不失為一有力之號召」〔註6〕，也使得上帝教「傳聞甚遠，信從愈眾」〔註7〕。但同時由於「上帝教」是在無所不知、無所不能的「皇上帝」的名義下給人們以無比美好生活的承諾的，這對於處於社會最底層、生活極其艱難困苦、缺乏科學知識的勞苦大眾來說不能不有極大的吸引力和說服力，他們對這種美好社會更是深信不疑，他們對「皇上帝」的信仰也使他們煥發出前所未有的改造社會的激情，因此使得這場農民革命運動具有巨大的號召力和動員力，釋放出前所未有的能量和衝擊力。「即我天朝初以天父真道，蓄萬心如一心，故眾弟只知有天父兄，不怕有妖魔鬼」〔註8〕，當時來到天京的美國海軍助理軍醫法斯也承認：「他們認為他們的天王是神的血統，因此應該受到所有人的尊敬。正因為這種對太平王的狂熱的忠誠激勵著他們並使他們得以奪取他們現在所佔據的許多城池。」〔註9〕所以在短短的幾年內太平軍從區區幾千人迅速發展為百萬之師，「自金田起義以來，由湖南、湖北、安徽諸省直抵金陵，戰勝攻克，馬到成功。且閭閻安堵，若忘鋒鏑之驚；士女歸心，共效壺漿之獻。」〔註10〕

太平軍民對烏托邦社會的實現充滿信心，社會雖然黑暗，但是黑暗過後必然伴隨著黎明，只要人類通過努力並虔誠信奉上帝是可以實現「公平正直」之世的！《太平救世歌》中說：「佇見妖魔速滅，天下肅清，江山一統，萬古太平。」〔註11〕《原道醒世訓》中說：「而今尚可望哉！然而亂極則治，暗極則光，天之道也。於今夜退而日升矣。……行見天下一家，共享太平。幾何乖漓澆薄之世，其不一旦變而為公平正直之世也！幾何陵奪鬥殺之世，其不一旦變而為強不犯弱，眾不暴寡，智不詐愚，勇不苦怯之世也！」〔註12〕可見，他們對未來充滿了樂觀主義精神，正是在這種精神的激勵下，他們「爭先恐後各稱雄，直破銅關百萬重。露宿風餐真耐苦，綱常頂起立奇功。」

〔註6〕　蕭公權：《中國政治思想史》（二），遼寧教育出版社，1998 年，第 623 頁。

〔註7〕　洪秀全：《太平天日》，《太平天國》（二），第 650 頁。

〔註8〕　《資政新篇》，《太平天國》（二），第 540 頁。

〔註9〕　茅家琦譯《一八五四年六月一日法斯就漫遊天京大報恩寺琉璃塔給麥蓮的報告》，轉引自沈嘉榮：《太平天國政權性質問題探索》，重慶出版社，1985 年，第 76 頁。

〔註10〕　《行軍總要》，《太平天國》（二），第 415 頁。

〔註11〕　《太平救世歌》，《太平天國》（一），神州國光社出版，1952 年，第 243 頁。

〔註12〕　《原道醒世訓》，《太平天國印書》（上），江蘇人民出版社，1979 年，第 16 頁。

〔註13〕因此，可以說，正是「天下一家、共享太平」的烏托邦理想鼓舞著太平軍在戰場上克服種種困難奮勇殺敵、積極向前，在戰場上太平軍往往是「不意猝然全出，如山移海湧，莫之能禦矣」〔註14〕，使得清朝的統治秩序受到沉痛打擊。因此，清吏張德堅也不得不承認：「夫首逆數人起自草莽結盟，寢室必俱，情同骨肉。且有事聚商於一室，得計便行。機警迅速，故能成燎原之勢。」〔註15〕

　　既然美好的社會是可以實現的，那麼現存的不合理的社會就沒有存在的必要，就需要對其進行批判和否定。面對現實的種種不義行為，太平天國的起義者們對此進行了深刻批判，他們批判社會風氣的墮落：「無如時至今日，亦難言矣。世道乖漓，人心澆薄，所愛所憎，一出於私。……世道人心至此，安得不相陵相奪相鬥相殺而淪胥以亡乎！」〔註16〕他們批判精神權威孔丘，認為妖魔作怪是因為「孔丘教人之書多錯」〔註17〕，因此孔子被看作邪神並受到天使的鞭撻。他們勸說世人拋棄一切偶像、只拜上帝，洪秀全自己則「將二人書塾中之偶像盡行除去」〔註18〕。他們向政治權威發出了挑釁：「他是何人，敢覥然稱帝者乎！只見其妄自尊大、自干永遠地獄之災也。」〔註19〕他們痛斥了清朝統治者：「奈何足反加首，妖人反盜神州，驅我中國悉變妖魔，罄南山之竹簡，寫不盡滿地淫污，決東海之波濤，洗不盡彌天罪孽。」〔註20〕總之，在他們看來，現實的一切都是需要徹底加以批判和否定的，現實的黑暗與烏托邦的美好是格格不入的，為了獲致幸福就必須拋棄現存的東西，就必須「開創新朝」〔註21〕。這種批判精神有助於打破現存秩序的束縛，打破已經死氣沉沉、沒有活力的政治局面，使人民覺醒，意識到他們需要一個新的政府，需要一場革命，因為舊的政府已經日益腐朽墮落，無法自我更新，日益成為人們謀求幸福的障

〔註13〕《果然堅耐》，《太平天國印書》（下），江蘇人民出版社，1979 年，第 537 頁。

〔註14〕張德堅：《賊情彙纂》，《太平天國》（三），第 290 頁。

〔註15〕張德堅：《賊情彙纂》，《太平天國》（三），第 172 頁。

〔註16〕《原道醒世訓》，《太平天國印書》（上），江蘇人民出版社，1979 年，第 15 頁。

〔註17〕《太平天日》，《太平天國印書》（上），江蘇人民出版社，1979 年，第 38 頁。

〔註18〕《太平天國起義記》，《太平天國》（六），第 847 頁。

〔註19〕《原道覺世訓》，《太平天國印書》（上），江蘇人民出版社，1979 年，第 22 頁。

〔註20〕《奉天討胡，檄布四方》，《太平天國印書》（上），江蘇人民出版社，1979 年，第 109 頁。

〔註21〕《太平天國起義記》，《太平天國》（六），第 872 頁。

礙，「今清廷主治中國之腐敗無以復加。在這全國大病之中，非投以猛烈藥劑不能收救治之功——如針灸放血是已。」〔註22〕因此，太平軍充滿了積極的鬥爭精神，他們極度憎恨舊的秩序，痛恨現存制度所帶來的重擔，急於從舊的秩序中獲得解放，急於「手持三尺定山河」〔註23〕、「手握乾坤殺伐權，斬邪留正解民懸」〔註24〕，面對其維護者則「男將女將盡持刀」、「同心放膽同殺妖」〔註25〕。洪秀全在《資政新篇》的眉批寫道：「爺今聖旨斬邪留正，殺妖殺有罪不能免也」〔註26〕，「爺誠勿殺是誠人不好謀害妄殺，非謂天法之殺人也」〔註27〕。可見，洪秀全的「皇上帝」是一個充滿戰鬥精神與革命精神的「上帝」。正是這樣一個上帝給了太平軍民以無限的勇氣、力量和信心去衝破現實秩序的種種束縛和障礙。從一八五一年金田起以開始，太平軍氣勢磅礴，一路斬關克城，所向披靡，在短短兩年多的時間裡，勢如破竹地從廣西打到南京，清朝督撫大員們率領的八旗綠營，望風潰敗，各地人民群眾紛起響應，凡太平軍所到之處，清朝地方政權土崩瓦解，形成聲勢浩大的革命高潮。太平天國革命「是一個反對現存秩序的社會革命，過去還從來不曾有過一次社會革命像太平天國那樣作過這種更加猛烈的和更加完全的嘗試」〔註28〕。雖然由於種種原因，太平天國運動最終歸於失敗，清朝的統治秩序依然延續下去，但它對社會政治秩序的最終解體起到了巨大的作用。太平天國革命所引起的這一變化，資產階級革命派是十分明瞭的：「自咸豐以來，中央集權之勢，日益衰落，而地方行政官之權日重，此實與道光以前，為一變局，而為之原因者，則在於太平天國一役。」〔註29〕因此，蕭公權先生作如下評論：「洪楊以失意之平民，起事一隅，不逾三年而建都稱王，蔓延及於十省。苟非曾國藩等之力征及外人之協助，滿洲政權顛覆，殆屬可能之事。清廷經此嚴重打擊，元氣因以大傷。本已就衰之

〔註22〕《天京遊記》，《太平天國》（六），第958頁。

〔註23〕《太平天國》（六），第850頁。

〔註24〕《太平天國》（六），第843頁。

〔註25〕洪秀全：《永安破圍歌》，見羅爾綱編：《太平天國文選》，上海人民出版社，1956年，第232頁。

〔註26〕《資政新篇》眉批，《太平天國》（二），第538頁。

〔註27〕《資政新篇》眉批，《太平天國》（二），第538頁。

〔註28〕邁克爾：《太平天國革命史》第一卷序言，轉引自牟安世：《論太平天國運動能否稱為革命和農民革命》，載《太平天國史論文集》，廣東、廣西人民出版社出版，1983年，第177頁。

〔註29〕《滿洲立憲與國民革命》，《民報》八，第41頁。

國勢，此後更趨於微弱。辛亥革命之成功，未始間接非受太平天國之賜。故曰其實際上之影響頗爲重大也。」〔註30〕

總之，這場在烏托邦理想感召下發生的農民革命運動使清朝統治秩序受到沉重打擊，朝廷的權威日益衰落，大一統的統治秩序遭到了嚴重的危機。不僅如此，更爲重要的是，這種極其明快、激烈徹底否定現實政治權威和精神權威的吸收了西方異質文明的烏托邦思想伴隨著這場席捲大半個中國的革命運動而得到廣泛傳播，造成了傳統意識形態的危機。容閎就認爲太平天國革命是「天假此役，以破中國頑固之積習，使全國人民皆由夢中警覺，而有新國家之思想。觀於此後一八九四，一八九五，一八九八，一九零零，一九零一，一九零四，一九零五等年種種事實之發生，足以證予言之不謬矣。」〔註31〕正是在這個意義上可以說太平天國運動「不僅是中國近現代歷史上的重要事件，而且也是中國近現代政治思想史上的『大事件』。甚至可以說，也是整個人類政治思維領域的『大事件』。」〔註32〕

（二）太平天國運動實踐對烏托邦思想的背離

洪秀全所勾畫的烏托邦是一個以平等、博愛爲核心的和諧的大同生活，在這個社會裡，人人平等、互助友愛、尚賢爲公、天下一家、共享太平。正是這個完美社會的理想鼓舞著太平軍民去奮勇殺敵，給清朝統治秩序帶來沉痛的打擊，未幾便從廣西打到南京，並在南京著手實現「天朝」的理想，但太平天國運動的實踐卻未能在實際生活中建構起烏托邦追求的目標——理想秩序，本欲建立一套完美的「全新」的制度，但實際生活中所建立的依然是一套「舊」制度，太平天國的烏托邦理論「一接觸現實，就發現這是做不通的。結果只能是以新王朝代替舊王朝。沒有新制度，只能是重打鑼鼓另開張的舊制度。」〔註33〕

烏托邦之所以成爲烏托邦，成爲在現實中「不在場」的事物，就是由於自己內在理論基礎的虛幻，因此它是不能實現的，任何一種將其付諸實踐的

〔註30〕 蕭公權：《中國政治思想史》（二），遼寧教育出版社，1998 年，第 612～613 頁。

〔註31〕 容閎：《西學東漸記》，徐鳳石、惲鐵憔譯，湖南人民出版社，1981 年，第 62 頁。

〔註32〕 張星久：《中國近現代政治思想述論》，武漢人民出版社，2000 年，第 67 頁。

〔註33〕 孫叔平：《太平天國政權性質問題探索》一書序言，重慶出版社，1985 年，第 4 頁。

運動都只能是對它的背離。烏托邦的吸引力在於它對完美境界的描繪，在於它對人類一切美好願望、一切眞善美價值的無所不能的許諾。但完美的社會是不可能眞正存在的，所以它只能存在於人們的想像中，存在於關於天堂或來世的宗教信仰中。宗教信仰是屬於超驗世界的，是無法檢驗的或者說是無法證僞的，因而能夠保持其長久的魅力。但烏托邦恰恰由於它對世俗美好生活的描繪使人們很難擺脫將其轉化爲實踐的衝動。因此一旦越出信仰的範圍，要將這種理想付諸實施，那麼就必然會受到檢驗，必然會面臨烏托邦自身的悖論和困境。洪秀全把本是基督教的來世「天國」轉變爲可以在現世實現的人間「天國」，把一種本來只是一種信仰的基督教轉化成爲具有行動意義的烏托邦，這就必然無法逃脫理想與實踐之間的巨大反差。

洪秀全的烏托邦認爲人人都是上帝創造的，所以人人都應是平等的，不僅在宗教信仰上，而且在實際的現實生活中。這是它的理想，但實際的情況是，太平天國實行的是等級森嚴、尊卑分明、少數人享有特權的封建世襲制統治。可見，洪秀全砸爛的「畢竟只是孔子的牌位而已。」〔註34〕在太平天國的統治秩序中，洪秀全因爲是上帝的次子、耶穌的弟弟所以享有最高的政治權力，是最高的統治者，「他一出言是旨是天命」〔註35〕，「天王口爲天口，言爲天言」〔註36〕。他對臣民擁有生殺予奪的權力，「生殺由天子、諸官莫得違」〔註37〕。他「獨操權柄」〔註38〕，聲稱「天下錢糧歸我食，天下百姓歸我管」〔註39〕，「天下萬國朕無二」〔註40〕。洪秀全與其他領導者之間以君臣相處，上級和下級之間是嚴格的命令與服從的關係，「君使臣以禮，臣事君以忠」〔註41〕。總之，天王以及諸王的權威是至高無上的，是不能稍有冒犯和牴觸的，「天王旨到響金鑼，立即跪接呼聲和，一個不接是逆天，又貶又斥不是苛」〔註42〕，「無心逆旨還有救，有心逆旨要砍頭」〔註43〕。在天王府前，

〔註34〕李澤厚：《中國近代思想史論》（中），安徽文藝出版社，1999年，第352頁。
〔註35〕《天父詩》，《太平天國》（二），第449頁。
〔註36〕《詔書蓋璽頒行論》，《太平天國》（一），第303頁。
〔註37〕《幼學詩》，《太平天國》（一），第232頁。
〔註38〕《幼學詩》，《太平天國》（一），第232頁。
〔註39〕《洪仁玕自述》，《太平天國》（二），第848頁。
〔註40〕《天王詔旨》，《太平天國》（一），第283頁。
〔註41〕《天父下凡詔書》，《太平天國》（一）第34頁。
〔註42〕《天父詩》，《太平天國》（二），第464頁。
〔註43〕《天父詩》，《太平天國》（二），第492頁。

掛著一幅黃綢，上面寫著幾行令人股栗的大字：「大小眾臣工，到此止行蹤，有詔方准進，否則雪雲中。」〔註44〕雪雲中即殺頭，無昭就不能進入天王府，否則就冒犯了天王的權威，就得殺頭。天朝還明文規定：「凡東王、北王、翼王及各王駕出，侯、丞相轎出，凡朝內軍中大小官員兵士如不迴避，冒充儀仗者，斬首不留；凡東王駕出，如各官兵士迴避不及當跪於道旁，如敢對面行走者斬首不留；凡檢點指揮各官轎出，卑小之官兵士，亦照路迂列王規矩，如不迴避或不跪道旁者斬首不留。」〔註45〕一般官兵名字與諸王名字有相同者需避諱，如李來芳「本名開芳，因避石賊諱，故改之」〔註46〕。普通人之間的關係要遵從三綱五常，男尊女卑，「妻道在三從，無違爾夫主」〔註47〕，「只有媳錯無爺錯，只有嬸錯無哥錯」〔註48〕。太平天國為此頒佈了一套上下尊卑、等級森嚴的法令和禮制，聲稱「總要君君、臣臣、父父、子子、夫夫、婦婦」〔註49〕，從稱呼、冠服、輿馬、禮儀、侍衛等方面都規定了非常細緻嚴格的等級和不同的待遇，如果違反了這些制度，輕者遭打，重者甚至遭到砍頭之禍。根據「天條」規定，一切官兵百姓，均不得婚娶婚配，但天王和各王卻可以「廣置姬妾」。太平天國還實行世襲制度，早在一八五一年，洪秀全就確定他的兒子是王位繼承人，規定：「王世子，臣下稱呼：幼主萬歲」〔註50〕。可見，洪秀全不僅自己要做萬歲，還要讓他的子子孫孫、世世代代做萬歲。其他各王的世子和軍師、丞相、檢點、指揮、將軍等的公子，也得以「累代世襲」，成為新的貴族。這整個是一「一人垂拱於上，萬民咸歸於下」〔註51〕的封建專制王朝，哪裡還有什麼人人平等的理念呢？普通人連生命都沒有受到重視，更何況其做人的尊嚴與權利呢？太平天國所要開創的「新朝」不過是一清王朝的翻版而已。他們所勾畫的烏托邦固然美好，但是因為其太過完美而難以實現，再加上人們自身所受到的種種局限，實踐起來更是面目全非。這就不禁令人深思：曾經激烈反對不平等制度的太平天國的領導人為什麼在實踐中又成了不平等的製造者？馬克思主義認為，「統治階級的思想在

〔註44〕《賊情彙纂》，《太平天國》（三），第 164 頁。
〔註45〕《賊情彙纂》，《太平天國》（三），第 230～231 頁。
〔註46〕《賊情彙纂》，《太平天國》（三），第 53 頁。
〔註47〕《幼學詩》，《太平天國》（一），第 233 頁。
〔註48〕《天父詩》，《太平天國》（二），第 484 頁。
〔註49〕《王長次兄親目親耳共證福音書》，《太平天國》（二），第 515 頁。
〔註50〕《太平禮制》，《太平天國》（一），第 111 頁。
〔註51〕《建天京於金陵論》，《太平天國》（一），第 261 頁。

每一時代都是占統治地位的思想。……支配著物質生產資料的階級，同時也支配著精神生產的資料，因此，那些沒有精神生產資料的人的思想，一般地是受統治階級支配的。」〔註52〕太平天國的領導者大都是窮苦出身，處於被統治地位，他們除了接受統治階級的思想意識之外是不可能產生自己獨立的思想的，他們是在傳統文化中生長並完成社會化的，也就是說，他們自身是被傳統文化塑造的，他們很難克服自身的這種局限性，他們走不出傳統文化的背景。雖然他們自覺主動地想要與傳統思想進行徹底的決裂，但他們的思想意識又不自覺地受到傳統文化的支配，成為傳統價值觀的表演者、實踐者。

　　太平天國的理想認為上帝是無所不知、無所不在的，他時刻關懷著世俗人們的幸福。人人都是上帝的孩子，所以大家都是一家人，都是兄弟姐妹，「天下多男人，盡是兄弟之輩，天下多女子，盡是姊妹之群」〔註53〕，因此大家都應該彼此相愛，互相幫助，而不能存「此疆彼界之私」、起「爾吞我並之念」。這種理想一旦付諸實施，就會受到人們世俗的和合乎常識與經驗的眼光的審視和檢驗，如此，這種關於上帝全能、社會完美的神話般的許諾就會隨時因無法「兌現」而被人們的經驗和常識所「證偽」。這樣因信仰的失落所帶來的便是對整個理想的否定，其也就不再能激起人們奮鬥的熱情。對於太平天國來說，1856年領導集團的內訌無疑是這個神話所遭遇的最嚴重的顛覆。實際上掌握軍政大權的東王楊秀清因謀求取代天王洪秀全的地位而遭到北王韋昌輝的殺害，韋昌輝不僅殺了楊秀清，而且對楊的部下和親屬進行了瘋狂的屠殺，隨後因翼王石達開對韋的行為加以指責而招致韋的圖謀殺害，遂不得不避禍出走，韋昌輝遂又殺害了石達開的全部家屬，並公然派兵圍攻天王府，最後被天王殺掉。東王、北王沒有死在為「天國」理想奮鬥的戰場上，而是死於自己「天國」兄弟的屠刀下，這樣殘酷的事實不得不使人們從理想中清醒過來，不得不正視美好許諾的脆弱和虛假：「如果上帝是全知全能的，為什麼他不能預知和制止這場悲劇的發生呢？如果以胞兄胞弟相稱的洪、楊、韋、石尚且爾吞我並以致相殘相害，那麼人人平等、互相親愛這之類的說教還有什麼實際意義呢？」〔註54〕事實表明，天父的兒子們尚且不能做到互相關愛、

〔註52〕馬克思、恩格斯：《德意志意識形態》，《馬克思恩格斯選集》第1卷，人民出版社，1995年，第98頁。

〔註53〕《原道醒世訓》，《太平天國印書》（上），江蘇人民出版社，1979年，第15～16頁。

〔註54〕吳劍傑：《中國近代思潮及其演進》，武漢大學出版社，1989年，第78頁。

親如一家、情同手足，普通的人們就更不可能做到這一點了，關於「天下一家、共享太平」的「天國」理想大概只能是一種「神話」了。上帝看來也不是全知全能的，他不能保證信仰他的人都能夠平安幸福、事事如意，他對人間的許多事務也是無能爲力的，那麼還有必要爲這個不能實現的理想繼續奮鬥嗎？太平天國後期流傳的一首歌謠就說明了人們因這次內亂所產生的心理變化：「天父殺天兄，總歸一場空，打打包裹回家轉，還是做長工」〔註55〕。洪仁玕在《資政新篇》中也講道：「我天朝初以天父眞道，蓄萬心如一心，故衆弟只知有天父兄，不怕有妖魔鬼。此中奧妙，無人知覺；今因人心冷淡，故銳氣減半耳。」〔註56〕上帝教的悲劇就在於它承諾給人們的是世俗生活的種種幸福，這是可以檢驗的，隨著實踐的逐步展開很容易就被事實證明是虛假的，是不能夠實現的，因而就喪失了它最初的號召力。

太平天國期望的是一個道德高尚、天下爲公、人人不受私的社會。在這個社會中，人是善良的、有道德的，「正乃人生本性」〔註57〕，因爲上帝賦予了人以靈魂，「內懷有仁義禮智信」〔註58〕。所以這個社會中公共權力是爲公衆服務的，人因爲自己的道德感和天然本性是不會濫用公共權力的。但實際上天國的人也是普通的人而不是天使，有善也有惡的一面，也就必然有人性的弱點和缺點，一旦擁有不受約束的權力，掌握了巨大的資源，就必然會走向腐敗。所以在天京所建立起來的依然是一個追逐私人利益，利用公職謀取個人利益最大化的封建社會，其中政治權力的運用不是爲了公共利益，而是爲了權力運用者的私人利益。太平天國的領導人在定都天京之後，生活上講究排場、鋪張浪費，極盡奢侈。在普通軍民生活還比較困難、只能喝粥的時候，他們竟破費鉅資，大興土木，建造宮殿，盛置妃嬪。「癸丑（1853年）四月爲天王洪秀全改兩江總督爲僞天朝宮殿，毀行宮及寺觀，取其磚石木植、自督署直至西華門一帶，所壞官廨民居不可勝記，以廣基址，日驅男婦萬人，並力興築，半載方成，窮極壯麗」〔註59〕。「洪逆朝晚兩食，掌庖用金碗二十四隻，備水陸珍饌，杯筋亦用金鑲，後更用玉盆玉杯，群賊多傚

〔註55〕轉引自羅爾綱等：《洪秀全論》，載《江海學刊》1963年第4期。

〔註56〕《資政新篇》，《太平天國》（二），第540頁。

〔註57〕《百正歌》，《太平天國》（一），第90頁。

〔註58〕《欽定軍次實錄》，《太平天國印書》（下），江蘇人民出版社，1979年，第794頁。

〔註59〕張德堅：《賊情彙纂》卷八，《太平天國》（三），第164頁。

之。」〔註60〕楊秀清的東王府也是極度鋪張奢華，楊「用珍珠結成一帳，雜以五色寶石，奇光璀璨，其餘器物，概用珠玉。」〔註61〕東王出行，儀仗隊多達千餘人。這哪裡還有「天下為公」的思想呢？《天情道理書》中有這樣一段話：「諺云：『不歷苦中苦，難為人上人。』人生在世，先苦後甘，乃為貴也。乃我們弟妹動謂我等未曾享福，然試問爾等，當凡情在家之時，或農或工或商賈，營謀衣食，朝夕不遑，手足胝胼，辛苦備嘗，孰如我們今日頂天扶主，立志勤王，各受天恩主恩及東王列王鴻恩，昇及榮光，出則服御顯揚，侍從羅列，乃馬者有人，打扇者有人，前呼後擁，威風排場，可謂蓋世。試思爾等在凡情時有如此之榮耀者乎？」〔註62〕可見，他們之所以吃苦，就是為了有朝一日能夠成為「人上人」，能夠「服御顯揚，侍從羅列，乃馬者有人，打扇者有人，前呼後擁，威風排場」，這就是他們對幸福生活的理解，這就是他們為之奮鬥的目標。「天下為公」的理想到實踐中就變成了「各為其私」的人生目標。正如十字軍在東征的進程中，對必需性——現實的物質利益的不可遏止的渴求逐漸凌駕於對美好理想——耶路撒冷的追求之上一樣，太平天國所孜孜以求的「天國」理想（正是這理想吸引了眾多的追隨者）在現實生活中也慢慢蛻變成為特權者謀取私人利益的工具。

太平天國定都天京之後，頒佈了《天朝田畝制度》，目的在於徹底廢除私有制，不僅是生產資料的私有，而且還包括生活資料的私有，希望建設一個「有田同耕，有飯同食，有衣同穿，有錢同使，無處不均勻，無處不保暖」的大同社會。太平天國在實踐中曾經力圖推行這些政策，實行一段時間後遭到普遍抵制，「然此令已無人理，究不能行」〔註63〕，後隨即作了更改，讓農民們「照舊交糧納稅」〔註64〕。這個旨在實現理想社會的綱領之所以在實踐中行不通，是因為它遠遠超越了現實的狀況，超出了人們能夠接受的限度，引起了他們的不滿和反感。勞動多少、勞動好壞所得到的報酬都是一樣的，這種絕對平均主義的分配方式帶來的結果只能是勞動者積極性的挫傷。在當時生產力水平比較低的情況下，要保證全體社會成員的平均分配，就只能把人們的消費維持在較低水平，這樣帶來的就只能是貧困的平均，因此就不能

〔註60〕《盾鼻隨聞錄》，《太平天國》（四），第403頁。
〔註61〕《盾鼻隨聞錄》，《太平天國》（四），第400頁。
〔註62〕《天情道理書》，《太平天國》（一），第390頁。
〔註63〕張德堅：《賊情彙纂》，《太平天國》（三），第275頁。
〔註64〕張德堅：《賊情彙纂》，《太平天國》（三），第204頁。

滿足大家過好生活的願望。《天朝田畝制度》中給每個人、每家每戶都規定好
了生活的模式，大家都是相同的，沒有什麼區別，這就否定了人人想過私人
生活的願望，這與我們在實際生活中所看到的人性是背道而馳的。每個人都
是獨一無二的，都與其他人是不同的，因此每個人在生活中所追求的東西和
價值可能都是不一樣的，因此幸福的生活應該是千差萬別的，而不是整齊劃
一的。太平天國的領導人顯然對社會持一種過於人為的看法，他們企圖用簡
單統一的方法來解決所有人生活中所面臨的所有問題，但這顯然是不可能
的。他們把社會當作一個整體來看待，而沒有把它看成是一個由不同個性的
個人所組成的社會。太平天國不僅廢除私有財產，而且廢除家庭，實行男營
女營的兵營式生活。這本來是在太平軍內部實行的制度，在戰鬥中曾起過積
極作用，但後來又將其推行於城市中。夫妻、母子都不得團聚，如有違反者
則治以極刑，即使「省視父母，探看妻子」也「只宜在門首問答，相離數武
之地，聲音務要響亮，不得徑進姊妹營中，男女混雜」〔註65〕。這種對人們
自然感情的壓制必然會引起強烈的不滿。楊秀清在誥諭中也說：「在爾民人，
以為蕩我家資，離我骨肉，財物為之一空，妻孥忽然盡散，嗟怨之聲，至今
未息」〔註66〕。這種不切實際的極端措施，不得不在1855年初宣佈廢止，太
平天國所設計的理想秩序最終無法在實際生活中建立起來。

　　烏托邦所勾畫的社會是一個與政治現實截然不同的社會，因此烏托邦本身
就是對現實社會的徹底否定和批判，所以它一誕生就具有強烈的批判意識。太
平天國領導人身上所具有的這種對現實進行批判的烏托邦精神對於打破現實的
精神權威和政治權威的束縛有著積極的政治意義，但對於在實際的現實生活中
建設新的秩序卻有著消極的作用。因為它抱持著完美無缺的理想，所以批判和
否定現存的一切，挑戰人類文明的一切成果，試圖改變人類的基本制度和秩序
體系，要求與傳統和習俗進行徹底的決裂，準備在空白的土地上重建未來，好
像人類的歷史都可以忽略不計。而稍有常識的人都知道，我們的思想和行為都
受制於傳統和歷史，在某種意義上可以說我們都生活在傳統之中，因此要拋棄
傳統的激進變革是不可能成功的，而且這種激烈的改造也勢必會把自己置於和
一切人對立的地位，從而引起同樣激烈的反抗，使社會改造運動最終破產。在

〔註65〕《天情道理書》，《太平天國印書》（下），第529頁。
〔註66〕《東王楊秀清勸告天京人民誥諭》，見太平天國歷史博物館編：《太平天國文
　　　　書彙編》，中華書局，1979年，第114頁。

太平天國運動中，他們認爲中國落後、西方強盛的原因是中國不拜上帝而西方拜上帝，所以批判上帝教以外的任何精神權威，「凡一切妖書如有敢念誦教習者，一概皆斬」〔註67〕，勸說人們信奉「上帝教」。這對於長期浸染傳統文化的很多人來說可能都覺得無法容忍。張德堅在《賊情彙纂》中說：「若今之粵匪則大不然，初或藉邪教爲倡亂之資，既寓詭計於邪教之中，更逞其私智，懈我將帥，驚我兵士，惑我人民。逆焰日張，而崇奉其教愈篤，遂毀先王聖人之道，廢山川嶽瀆諸神，惟耶穌是奉，幾欲變中華爲夷俗，是天主教流毒至於此極，又豈耶穌所能逆料哉！」〔註68〕曾國藩在其《討粵匪檄》中也痛斥其破滅「名教」之罪惡：「自唐虞三代以來，歷世聖人扶持名教，敦敘人倫。君臣父子，上下尊卑，秩然如冠履之不可倒置。粵匪竊外夷之緒，崇天主之教。自其僞君僞相，下逮兵卒賤役，皆以兄弟稱之，謂惟天可稱父。此外凡民之父皆兄弟也，凡民之母皆姐妹也。農不能自耕以納賦，謂田皆天主之田也。商不能自賈以取息，謂貨皆天主之貨也。士不能誦孔子之經而別有所謂耶穌之說，新約之書。舉中國禮儀人倫，《詩》、《書》典則，一旦掃地蕩盡。此豈獨我大清之變，乃開闢以來名教之奇變，我孔子、孟子之所痛哭於九泉。凡讀書識字者又焉能袖手坐觀，不思一爲之所也。」〔註69〕爲此，有人認爲曾國藩起兵的眞正目的是爲了保衛中國的傳統文化，太平軍最終爲曾國藩及外敵所鎮壓與其激進之政策不無關係。因此，蕭公權先生認爲，太平天國「破壞中國社會習慣，不稍寬假。致引起曾氏之憤慨，起兵相抗。天國所主張之激烈社會改造，故未必無可取之點。然以當日之形勢論，殆不能認爲收取人心適當之政策。」〔註70〕

　　總之，太平天國運動在烏托邦思想的指導下給清朝統治秩序帶來了沉重的打擊，使其「在很長一段的歲月裡都未能完全地恢復元氣。」〔註71〕但是烏托邦的理想秩序卻也無法在社會中建立起來，他們在實際的政治統治中實行的仍然是一套舊制度，它「好像一場暴風雨，可以給封建統治秩序以嚴重的破壞，但是並不能保證建立一種能夠代替舊秩序的新制度。」〔註72〕太平

〔註67〕張德堅：《賊情彙纂》卷八，《太平天國》（三），第232頁。
〔註68〕張德堅：《賊情彙纂》，《太平天國》（三），第251頁。
〔註69〕轉引自蕭公權：《中國政治思想史》（二），遼寧教育出版社，1998年，第615～616頁。
〔註70〕蕭公權：《中國政治思想史》（二），遼寧教育出版社，1998年，第618頁。
〔註71〕〔德〕馬克斯·韋伯：《儒教與道教》，江蘇人民出版社，1997年，第250頁。
〔註72〕胡繩：《從鴉片戰爭到五四運動》，人民出版社，1981年，第128頁。

天國運動的掃除之功多於建設。因此，馬克思說：「他們的全部使命，好像僅僅是用醜惡萬狀的破壞與停止腐朽對立，這種破壞沒有一點建設工作的苗頭。」〔註73〕

二、烏托邦精神與戊戌變法

康有爲勾畫了完美的大同社會，但他深知中國當前的狀況是不可能將其理想付諸實踐的，而且按照其三世進化的理論，中國尚處於據亂世，所應努力的是推動中國從據亂世走向昇平世，而不是立即實現大同世，因此康有爲將其書「秘不示人」。但康有爲身上所具有的這種烏托邦精神使其不會面對中國現實政治的黑暗而無動於衷，所以他屢次上書籲求變法，終於在鴉片戰爭之後近 60 年的 1898 年中國獲得了一次來之不易的以皇帝的權威爲合法性基礎的變革機會，這就是戊戌變法，戊戌變法的目標雖然不是大同烏托邦中的理想秩序，但其是朝向大同社會的必然的中間環節，也是在現實中建構新秩序的一種嘗試。不過這次變法卻以失敗而告終。導致戊戌變法失敗的原因很多，比如保守派的頑固抵制、皇上權威的有限、袁世凱的告密等等，但變法領導者的烏托邦思維方式以及由此導致在變法過程中的激進政治舉措所產生的影響也至關重大。

可見，康有爲身上所具有的烏托邦精神推動了戊戌變法的展開，但變法運動中領導者的烏托邦思維方式也對戊戌變法產生了消極影響，使他們採取了不明智的政治策略。

（一）烏托邦精神與戊戌變法的開啟

戊戌變法這次改革之所以可能，之所以能夠在極度封閉的中國官僚體制內展開，很大程度上歸功於康有爲的積極推動，而康有爲不顧現實條件的限制、個人的安危，不怕觸怒各種權貴而頻繁上書直陳弊病是需要很大勇氣的，這大概源於他自身所具有的烏托邦精神。因此梁啓超說康有爲憑藉理想、熱情和勇氣，成爲替傳統中國開拓進步之路的先鋒。

康有爲終其一生都在執著追求他所認爲是「善」的東西，他經常超越現實，超越時人，他的理想太過高遠，以致「動輒得咎，舉國皆敵」，因此梁啓超說他「出世太早」，「先時之人物也」〔註74〕。他敢於向傳統挑戰，對人們

〔註73〕馬克思：《中國紀事》，《馬克思恩格斯全集》第 15 卷，人民出版社，1963 年，第 545 頁。
〔註74〕梁啓超：《康有爲等人傳記》，《戊戌變法》（四），神州國光社，1953 年，第

奉爲經典的儒家學說進行了全新的詮釋，指出人們一直尊奉的都是「僞經」，孔子的眞義就是自尊自強、平等自主和不斷革新。這些理論無疑是驚世駭俗的，因此梁啓超說康有爲「實最冒險最好動之人也」，「常開人之所不敢開」，「知其難而爲之」〔註75〕。這些理論徹底顛覆了儒家經典的權威地位，動搖了舊有的思想體系，人們思想上得到了一次前所未有的洗禮，從傳統的束縛中逐漸解放出來，傳統的倫理綱常已明顯開始動搖。對於長期處於封建閉塞氣氛中的大多數中國人來說，康有爲「如大海潮，如獅子吼」的講演無疑是當頭棒喝，也只有如此才能打破傳統文化所固有的頑固、保守、僵化與平庸，才能對社會產生強有力的衝擊，促使思想的不斷解放。因此，蕭功秦認爲在傳統中國這樣極端僵固的文化氛圍中，正是康有爲式的人物「所體現的慷慨激昂與精神感召力，才能衝破這個民族的閉塞、長期專制政治壓抑而形成的精神畏縮與文化惰性」〔註76〕。

康有爲在挑戰傳統思想的同時，也必然意味著對傳統政治秩序的否定。因爲既然封建專制制度依存的基礎是一堆「僞經」，那麼這種制度本身的神聖性、不可變性也就自然被打破了，這實際上是從根本上否定了現實政治制度存在的合法性，而這無疑對清王朝的統治秩序產生極大震撼。

康有爲在超越現實、批判現實的同時，對未來充滿了樂觀，是「最富於自信力之人」〔註77〕。他相信只要努力去做，現狀的改變指日可待，美好的未來很快就可成爲現實，中國經過變法很快就可自強並恢復大國地位。正是康有爲所煥發出的勇往直前、不畏艱險、剛健有爲的氣概以及對事業的獻身熱忱和對未來的無比自信使他可能在現實中發動一場在許多人看來都極難成功而不會冒險去做的政治變革運動，也正是這種烏托邦精神吸引了眾多的追隨者，也感動了年輕的光緒皇帝。倘若歷史的關鍵時刻沒有出現康有爲式的人物，那麼戊戌變法能否出現在歷史上就大可懷疑。

（二）烏托邦思維方式對戊戌變法的消極影響

甲午戰爭後中國存在著一些有利於改革的因素。洋務運動不能扭轉中國

36頁。
〔註75〕同上，第36頁。
〔註76〕蕭功秦：《戊戌變法的再反省》，載《戰略與管理》1995年第4期，第18頁。
〔註77〕梁啓超：《康有爲等人傳記》，《戊戌變法》（四），神州國光社，1953年，第36頁。

的危局，外患日迫，伴隨政治危機的是嚴重的經濟危機，大量賠款導致清政府財政匱乏，民生凋敝，人民生活日益困苦，正如康有為在保國會演說中所指出的：「吾中國四萬萬人，無貴無賤，當今日在覆屋之下，漏舟之中，薪火之上，如籠中之鳥，釜中之魚，牢中之囚，為奴隸，為牛馬，為犬羊，聽人驅使，聽人宰割，此四千年中十二朝未有之奇變……奇慘大痛，真有不能言者。」〔註78〕這使愈來愈多的人產生一種前所未有的危機感和變法的迫切感，「於是國人大嘩，志士憤起，痛論變法之不可緩」〔註79〕。從鄉村士紳到政治精英乃至光緒皇帝都認為通過更大範圍、更深層次的變革以擺脫危機刻不容緩。最能說明問題的是加入強學會的不僅僅是維新志士，還有許多現存政治秩序的既得利益者——高層官僚，如袁世凱、聶士成這樣的新軍將領，翁同龢、張之洞、孫家鼐、王文韶、劉坤一等軍機大臣或地方總督。一些極端保守分子也開始出現態度的變化，於蔭霖認為「徐圖而漸更之」的「不立其名」的變法還是可取的，徐桐奏請調張之洞入京主持改革。這些在新形勢條件下所形成的變法共識無疑對進行制度改革極為有利。但需要注意的是，雖然對變法形成了共識，但對變法的深度和廣度則遠未達成一致，就中國當時的最高權力結構和中國傳統政治的特點而言，想要進行超出傳統規範容忍程度之外的更深層次的改革存在著極大的困難。

戊戌變法時中國的最高權力結構是一種特殊的組合，即皇權的合法性由慈禧太后和光緒皇帝共同分享，而且慈禧太后的權威要高於光緒皇帝。這不僅有歷史的原因，而且還因為光緒皇帝的皇位是來自於慈禧太后的「恩賜」，為此光緒皇帝必須以服從太后的意志來作為對這種付出的回報。再者，慈禧太后的精明能幹、經驗豐富與光緒皇帝的心底單純、較少閱歷形成顯著差異，這就導致光緒皇帝很多時候並不能獨立的作出決策，事實上他並不擁有一個正常的在位皇帝所應享有的至高無上的權力，最高權力實質上為慈禧太后所掌控。這一事實是改革者制定變法策略必須予以充分考慮的基本前提。不過慈禧太后並不是堅決反對變法的。她曾積極支持洋務運動，對洋務大臣也極為讚賞。甲午戰敗也同樣給她以巨大刺激，作為最高統治者，她何嘗不想中國通過變法自強而擺脫這種屈辱局面，達到長治久安。就當時的實際情況而

〔註78〕康有為：《京師保國會第一集演說》，《康有為政論集》（上），中華書局，1981年，第237頁。

〔註79〕黃鴻壽：《清史記事本末》，《戊戌變法》（四），第256頁。

言，光緒「上制於西后，下壅於大臣，不能有其權，不能行其志」〔註 80〕，如果沒有慈禧太后的同意，變法是根本無法進行的。當光緒將康有為所遞新書和新政條陳全部「恭呈慈覽」後，慈禧甚至「亦為之動，命總署王大臣詳詢補救之方、變法條理」〔註 81〕。當德國強佔膠州灣，光緒皇帝泣告太后說他「不欲為亡國之主」時，慈禧實際上默許了光緒帝進行變法：「苟可致富強者，兒自為之，無不內制也。」〔註 82〕康有為曾代其他人擬定了許多奏摺，措詞激烈、態度鮮明，這些奏摺慈禧太后閱覽後並不反感，反而認為他們講得很有道理〔註 83〕。可見，慈禧是贊成變法的，但她認為變法必須是有限度的，必須限制在可以接受的範圍之內。因此，康有為等改革派人士既然選擇了以現有秩序的權威作為合法性基礎進行改革，就必須對權威的現狀有清楚的認識並將其作為行動的前提。在光緒皇帝還沒有足夠的力量與慈禧對抗、慈禧也沒有成為改革的強大阻礙的情況下，就需要並有可能協調而不是分離二者的關係，取得慈禧最大程度的支持，這對於防止守舊頑固派的攻擊、避免各種矛盾的激化、取得變法的成功至關重要。王照就曾指出：「外人或誤以為慈禧反對變法，其實慈禧但知權利，絕無政見。若奉之以變法之名，使得公然出頭，則皇上之志可由屈而得伸，而頑固大臣皆無能為也」〔註 84〕。

總之，現實中的這些有利條件和不利條件是改革者進行變法的背景和政治前提，這些問題都是改革者必須面對而不能迴避的，需要改革者認真加以對待並妥善處理。如果改革者能夠採取明智的而不是激進的策略充分利用已有的優勢，避免矛盾的激化，改革未嘗不能成功。但事實上變法的領導者在烏托邦思維方式的影響下採取了一系列激進的政治行動，觸動了許多人的利益，促使保守派發動了「戊戌政變」。

1、變法運動中的烏托邦思維方式

戊戌變法是在嚴峻的民族危機刺激下引發的，因此改革派希望變法能夠在短期內迅速取得成效，而變法的領導者康有為又是具有強烈烏托邦精神的思想家，這就使得焦慮、憤激、極度樂觀等烏托邦情緒很容易成為支配戊戌

〔註 80〕梁啓超：《戊戌政變記》，《戊戌變法》（一），第 253 頁。
〔註 81〕蘇繼祖：《清廷戊戌朝變記》，《戊戌變法》（一），第 331 頁。
〔註 82〕費行簡：《慈禧傳信錄》，《戊戌變法》（一），第 464 頁。
〔註 83〕參見孔祥吉：《戊戌維新運動新探》，湖南人民出版社，1988 年，第 362 頁。
〔註 84〕轉引自蕭功秦：《戊戌變法的再反省》，載《戰略與管理》1995 年第 4 期，第 17 頁。

變法運動的主觀心理。具體來講，變法領導者所具有的烏托邦思維方式主要體現在以下幾個方面。

首先，他們認為變法應當是快速的，急劇的，「雷厲風行」的。在康有為看來，危機日益嚴重，不變法就要導致滅亡，「如再徘徊遲疑，苟且度日，因循守舊，坐失事機，則外患內訌，間不容髮。遲至期月，事變或來，瓦解之患，旦夕可致」〔註85〕，在這種危急的情勢下，若不變法「皇上與諸臣，雖欲苟安旦夕，……求為長安布衣而不可得矣」〔註86〕。他在第一次進呈《日本變政考》的奏摺中急切呼籲：「發奮維新，衹此數月，否則沼吳之事立見，分晉之禍即來，臣實不忍見也。」〔註87〕因此，必須立即進行變法，而且必須進行快速急劇的變革才能取得立竿見影的效果，才能使中國迅速擺脫困境，否則「過時則追悔無及矣」，現實的危機使得一切漸進的、緩慢的改革都於事無補，都來不及了，「猶慮強鄰四逼，不能容我從容圖之也。」〔註88〕康有為迫切地希望通過變革在幾個月內就「紀綱一變」〔註89〕，因此他希望光緒皇帝學習俄國彼得大帝變法的決心、勇氣、毅力和雷厲風行：「乾綱獨斷，專以新國新民為志，不為強鄰所攝，不為守舊諸臣所移」〔註90〕。

其次，他們認為變法應當是全面的，徹底的。康有為在《上清帝第六書》中說：「以皇上之明，觀萬國之勢，能變則全，不變則亡，全變則強，小變仍亡。」〔註91〕在他們看來，傳統的舊制度是千瘡百孔的，是「朽木糞牆」，對其進行細微的縫縫補補式的改造是無用的、沒有價值的，必須對其進行徹底改革，必須「盡變」，必須「掃除更張，再立堂構」。因此，變法必須是全面廣泛的、徹底的「大變」，而不是部分或局部的「小變」，必須與傳統進行「決裂」，「開創則更定百度，盡滌舊習，而氣象維新」〔註92〕，否則必然會導致

〔註85〕 《上清帝第五書》，《康有為政論集》（上），第 201 頁。

〔註86〕 《上清帝第五書》，《康有為政論集》（上），第 203 頁。

〔註87〕 康有為：《進呈〈日本變政考〉等書，乞採鑒變法，以禦侮圖存摺》，《傑士上書彙錄》卷 1，轉引自林克光：《革新派巨人康有為》，中國人民大學出版社，1990 年，第 256 頁。

〔註88〕 《上清帝第六書》，《康有為政論集》（上），第 216 頁。

〔註89〕 《上清帝第一書》，《戊戌變法》（二），第 129 頁。

〔註90〕 蔣貴麟主編：《康南海先生遺著彙刊（十）：俄彼得變政記》，臺北宏業書局有限公司，1987 年，第 5 頁。

〔註91〕 康有為：《上清帝第六書》，《康有為政論集》（上），第 211 頁。

〔註92〕 《康有為全集》（二），上海古籍出版社，1990 年版，第 130 頁。

失敗：「方今累經外患之來，天下亦知舊法之敝，思變計圖存矣。然變其甲而不變其乙，舉其一而遺其二，枝枝節節而爲之，逐末偏端而舉之，無其本原，失其輔佐，牽連兵敗，必至無功。……臣以爲不變則已，若決欲變法，勢當全變。」〔註93〕康有爲曾用了這樣一個比喻來說明全變的必要性：「譬如一殿，材既壞敗，勢將傾覆，若小小彌縫，風雨既至，終至傾壓，必須拆而更築，乃可託庇。」〔註94〕他認爲洋務運動乃至道光、咸豐以來的變革之所以是沒有成效的，「愈治癒棼」，就是因爲他們沒有從根本上進行變革，沒有全變，只是變器、變事、變政而已，因此都不能算是變法。可見，康有爲改革的目標是激烈的，「在他看來，變法要有成果，必須徹底」〔註95〕，雖然他「拒斥革命爲變革的可靠手段，但他的目標實在與革命無異——他要消滅古老的專制政體。」〔註96〕因此文景評論道：「在不徹底的改革無效以後，一群新興的改革者採用大膽和全面的舉國維新，目標不在增加一些新的衙門，而是要植下大樹之根。」〔註97〕

　　再次，他們對變法的未來持極端樂觀態度。康有爲相信只要光緒皇帝能像日本明治天皇和俄國彼得大帝那樣大刀闊斧地實行改革，「必能令天下回首面內，強鄰改視易聽」〔註98〕。這種對改革的簡單化的樂觀預期是不成熟的。康有爲在《上清帝第一書》認爲實行變法則「幾月之間，紀綱一變，十年之內，富強可至，至二十年，久道化成，以恢屬地而雪仇恥不難矣。」〔註99〕康有爲在《上清帝第二書》中認爲變法之後中國能夠迅速富強並擺脫目前屈辱的困境，「今若百度更新，以二萬里之地，四萬萬之人，二十六萬種之物產，力圖自強」，就可以「西達俄、英，南收海島而有餘，何至含詬忍恥，割地請款於小夷哉？」〔註100〕康有爲在受光緒皇帝召見時信心十足地說：「泰西講求

〔註93〕康有爲：《敬謝天恩並統籌全局折》，《戊戌變法》（二），第215頁。
〔註94〕《康南海自編年譜》，《戊戌變法》（四），第145頁。
〔註95〕蕭公權：《近代中國與新世界：康有爲變法與大同思想研究》，江蘇人民出版社，1997年，第179頁。
〔註96〕同上，第204頁。
〔註97〕Wen Ching，The Chinese Crisis from Within，pp.29～30. 轉引自蕭公權：《近代中國與新世界：康有爲變法與大同思想研究》，江蘇人民出版社，1997年，第356頁。
〔註98〕《上清帝第七書》，《康有爲政論集》，第221頁。
〔註99〕《上清帝第一書》，《康有爲政論集》（上），第59頁。
〔註100〕《上清帝第二書》，《康有爲政論集》（上），第135頁。

三百年而治，日本施行三十年而強，吾中國國土之大，人民之眾，變法三年可以自立，此後則蒸蒸日上，富強可駕萬國。以皇上之聖，圖自強在一反掌間耳。」〔註101〕在《進呈日本變政考序》中，他分析了變法成功的可能性和光明前景。他認爲中國比日本有更爲有利的變法條件，一是中國地大物博、人口眾多。二是可以借鑒日本變法的經驗教訓，因爲中國與日本「同俗」。三是中國「無封建之諸侯，更無大將軍之霸主」，皇上「乾綱獨攬，號令如雷霆」，「四海無虞」。日本尚能迅速成功，中國定會更快。所以只要皇上下定決心進行變法，「中國之治強，可計日而待也」〔註102〕，他自信地預言：「大抵歐、美以三百年而造成治體，日本效歐、美，以三十年而摹成治體。若以中國之廣土眾民，近採日本，三年而宏規成，五年而條理備，八年成效舉，十年而霸圖定矣。」〔註103〕可見，「強烈的自信心，幾近乎自誇，是康有爲性格最顯著的特徵」〔註104〕。這種對未來的盲目自信使康有爲有時看不見事實，例如，當光緒皇帝下詔明定國是時，許多保守的官僚士大夫加強抵制康有爲的活動，他卻說：「舉國歡欣！」〔註105〕

最後，他們認爲新舊不可相容，所以變法「要麼全部，要麼全不」。在他們看來，新舊如同水火，沒有妥協的可能，非此即彼，要麼新，要麼舊。要麼新法，要麼舊法，要麼改革，要麼保守，沒有中間狀態。新事物比舊事物更合理，更爲優越：「夫物新則壯，舊則老，新則鮮，舊則腐，新則活，舊則板，新則通，舊則滯，物之理也。」〔註106〕因此變法便需盡棄舊事物。康有爲主張「守舊而不知變者斥之，習故而不能改者去之」〔註107〕。在光緒皇帝召見時提出「皇上欲變法，惟有擢用小臣，廣其登薦，不吝爵賞。其舊人且故聽之，彼等事事守舊」〔註108〕。既然新法和舊法不能共處，沒有調和的餘

〔註101〕《康南海自編年譜》，《戊戌變法》（四），第 145 頁。

〔註102〕《進呈日本明治變政考序》，《康有爲政論集》（上），中華書局，1981 年，第 224 頁。

〔註103〕《進呈日本明治變政考序》，《康有爲政論集》（上），中華書局，1981 年，第 224 頁。

〔註104〕蕭公權：《近代中國與新世界：康有爲變法與大同思想研究》，江蘇人民出版社，1997 年，第 15 頁。

〔註105〕《康南海自編年譜》，《戊戌變法》（四），第 144 頁。

〔註106〕《上清帝第六書》，《康有爲政論集》（上），第 212 頁。

〔註107〕康有爲《上清帝第五書》，見《康有爲政論集》（上），第 209 頁。

〔註108〕參見《康南海自編年譜》，《戊戌變法》（四），第 146 頁。

地，所以「國體宜變，而舊法全除，宜用一刀兩斷之法，否則新舊並存，騎牆不下，其終法必不變，而國亦不能自強也」〔註109〕。變法也是一場新舊勢力的激烈鬥爭，改革與保守「勢不兩立」，必有「新舊相攻，分黨排擊之患」，所以變法者要有決心要有勇氣，開始就要有大舉動以「聳人耳目」，爲此，康有爲希望光緒「定心一意，雷厲風行以變之」〔註110〕。

2、烏托邦思維方式所導致的策略失誤

變法領導人對變法所持的這些觀點導致他們在實際的改革運動中採取了一些不明智的政治戰略，加速了戊戌變法的失敗。

第一，康有爲對傳統觀念的嚴峻挑戰。康有爲寫了《新學僞經考》和《孔子改制考》等著作作爲自己變法的理論基礎。《新學僞經考》認爲古文經是劉歆爲了王莽改制而僞造的，這就使得「閱兩千年歲月日時之綿暖，聚百千萬億衿纓之問學，統二十朝王者禮樂制度之崇嚴」〔註111〕的傳統經典成爲毫無價值的僞說，更爲重要的是，它實質上否定了以這些神聖經典爲根據的傳統政治制度，因此梁啓超謂「此實思想界之一大颶風也」〔註112〕。《孔子改制考》則認爲孔子是一個託故改制的先行者。這些驚世駭俗的觀點無疑會在思想界掀起一場軒然大波。康有爲這樣做的目的是想以孔子的權威來論證變法的必要性和正確性，爲自己的變法行爲尋找意識形態的支持，並希望能夠藉此避免頑固守舊派的攻擊，減少變法的阻力。這種政治戰略從表面上看似乎是高瞻遠矚，但實際上卻適得其反。他低估了頑固派的知識水平和政治判斷力，他們仍然從康有爲「貌似尊孔」的外表下嗅出了離經叛道的味道。任何一種理論只有在它能夠征服人心的情況下才能夠爲行動的展開鋪平道路。康有爲的理論不能達到這種效果。一是康有爲的考證是粗糙的、牽強附會的。當時對變法抱同情與支持態度的著名的經學家皮錫瑞認爲康的《新學僞經考》從學理上「武斷太過」〔註113〕，後來梁啓超在《清代學術概論》中也說康「以好博好異之故，往往不惜抹殺證據，曲解證據。以犯科學家之大忌」。二是強

〔註109〕蔣貴麟主編：《康南海先生遺著彙刊（十）：日本變政考》卷 1，臺北宏業書局有限公司，1987 年，第 12 頁。

〔註110〕同上，第 40 頁。

〔註111〕蔣貴麟主編：《康南海先生遺著彙刊（一）：新學僞經考》序，臺北宏業書局有限公司，1987 年，第 2 頁。

〔註112〕梁啓超：《清代學術概論》，上海古籍出版社，1998 年，第 78 頁。

〔註113〕《皮錫瑞年譜》，《戊戌變法》（四），第 191 頁。

調變法的重要性未必非得從孔子的經典中取得證據。當時的各界人士尤其是現存秩序的既得利益者取得變法的共識並不是基於對傳統理論的新認識，而是基於對活生生的現實危機的深刻體認。康有為的這一策略有點「畫蛇添足」。所以康有為對傳統觀念的挑戰不僅沒有起到積極的作用，反而把人們的注意力從已經取得的變法共識方面轉移到了當時根本無法形成共識也無須形成共識的對傳統的理解上來。結果康有為不僅沒有獲得預期的積極支持，相反因其對傳統的反叛而使自己處於被排擠的境地，群起而攻之，朝野譁然，「為一世所排，幾構奇禍」〔註114〕。他不但遭到了頑固派的強烈攻擊和仇視，而且也使對變法持支持態度的中間派產生了不滿和惶惑，甚至在維新中堅分子中也產生了觀點的分歧。湖南劣紳葉德輝說：「康有為隱以改復原教之路德自命，欲刪定六經而先作偽經考，欲攪亂朝政而又作改制考，其貌則孔也，其心則夷也。」〔註115〕洋務派頭面人物張之洞不信孔子改制，勸康「勿言此學，必供養」〔註116〕，《孔子改制考》刊出後，張之洞立即在《勸學篇》中予以反駁。一向對康有為極為讚賞並大加推薦的翁同龢在見其《孔子改制考》後，對光緒皇帝說康「居心叵測」。曾受慈禧打擊的御史朱一新批評康有為這兩部書是「明學術而學術轉歧，正人心而人心轉惑。」〔註117〕梁啟超說：「啟超治偽經考，時復不慊於其師之武斷，後遂置不復道，其師好引緯書，以神秘性說孔子，啟超亦不謂然。」〔註118〕章太炎認為變法維新是當務之急，但不贊同尊孔設教。嚴復更是直截了當：「教不可保，而亦不必保。」〔註119〕總之，康有為對傳統觀念的挑戰使其處於被動境地，不利於其盡可能的團結變法力量，反而喪失了很多支持性資源。汪榮祖先生在分析戊戌變法失敗的思想因素時指出，康有為的這兩部著作「石破天驚之論引發多方責難，並屢遭毀禁，於變法的政治活動害多而利少，對變法的失敗或亦不無因果關係」〔註120〕。

〔註114〕譚嗣同：《治事篇》，《戊戌變法》（三），第84頁。
〔註115〕《葉吏部與劉先端黃郁生兩生書》，《翼教叢編》卷6，上海書店出版社，2002年，第165頁。
〔註116〕《康南海自編年譜》，《戊戌變法》（四），第135頁。
〔註117〕《朱侍御答康有為第三書》，《翼教叢編》卷1，上海書店出版社，2002年，第8頁。
〔註118〕梁啟超：《清代學術概論》，上海古籍出版社，1998年，第84頁。
〔註119〕梁啟超：《與嚴幼陵先生書》，轉引自丁文江、趙豐田編《梁啟超年譜長編》，上海人民出版社，1983年，第76～77頁。
〔註120〕汪榮祖：《論戊戌變法失敗的思想因素》，轉引自孔祥吉：《戊戌維新運動新

　　第二，大造改革聲勢，急於樹立權威。面對保守派的極力反對，康有爲認爲變法開始時必須大造聲勢、確立權威，嚴懲阻撓新政大臣，否則不足以震懾守舊勢力，難以將變法進行下去。他一開始就認爲新舊勢力不能通過雙方的相互妥協來解決矛盾衝突（其實，慈禧太后同意變法就是對維新勢力的一種妥協，儘管十分有限），而必須通過激烈的鬥爭分出高低、正邪、善惡，而且他認爲自己是最正義的一方，應該享有權威，而且他也以爲自己似乎已經處於權威的地位，因爲獲得了光緒皇帝的支持。他一開始就認爲應當撇開舊的權力中心和權力機構，另起爐竈建立全新的以改革者爲中心的權力機構，並在開始就把自己改革要達到的目標和整個改革計劃和盤托出，把自己置於與傳統的舊體制截然對立的地位，並將改革的矛頭公開明確地直接指向他所認爲的政敵和官僚體制。這樣清楚的界限劃分無疑使改革者一開始就身份明確、目標清楚、敵我分明，使自己處於相當不利的地位。當康有爲被總理衙門召見詢問如何變法時，康有爲說：「宜變法律，官制爲先」〔註121〕，即成立制度局作爲立法機關，改定法律和政府各部門的組織，「認爲這是最重要的事，是一切改良和維新政策的基礎」〔註122〕。李鴻章問道：「然則六部盡撤，則例盡棄乎？」〔註123〕康有爲極爲肯定：「弱亡中國，皆此物也，誠宜盡撤，即一時不能盡去，亦當斟酌的改定，新政乃可推行。」〔註124〕這無疑是將傳統體制的中樞──六部都推向了變法的對立面，因爲撤除六部是改革的最基本目標並是新政繼續推行的前提。當康有爲奉旨請訓時，與榮祿相遇，榮問及時局，康對以非變法不可。榮祿說：「故知法當變也，但一二百年之成法，一旦能遽變乎？」〔註125〕康有爲忿然說：「殺幾個一品大員，法即變矣。」〔註126〕結果榮祿「深怒其狂悖」。這種預先已經將傳統體制內處於核心地位的官員視爲政治上當然的反對派並必須加以排除，而且是採取如此極端恐怖的方式，這就不能不引起以榮祿爲代表的體制內高層官僚的極度反感和憎恨，並產生對立情緒和警懼心理。這種極不策略的言論非但不能樹立改革者的權威

　　　　探》，湖南人民出版社，1988年，第370頁。
〔註121〕《康南海自編年譜》，《戊戌變法》（四），第140頁。
〔註122〕《中國的危機》，《戊戌變法》（三），第503頁。
〔註123〕《康南海自編年譜》，《戊戌變法》（四），第140頁。
〔註124〕《康南海自編年譜》，《戊戌變法》（四），第140頁。
〔註125〕蘇繼祖：《清廷戊戌朝變記》，《戊戌變法》（一），第354頁。
〔註126〕蘇繼祖：《清廷戊戌朝變記》，《戊戌變法》（一），第354頁。

以推動變法，反而徒增變法的阻力。更為不明智的是，康有為拒絕採取翁同龢「調和兩宮」的主張，堅持「挾此抑彼」，把慈禧太后視為頑固守舊的「不可造就之物」並加以排斥，他在召對時就主張「尊君權之道，非去太后不可」。這種對最高權力的實際掌握者的極不友好的態度必然帶來不可挽回的政治局面，結果使得太后與榮祿由於共同的利益和處境而更為緊密地團結起來。康有為還要求光緒皇帝「大誓群臣以定國是」〔註127〕，表明實行變法的決心。他在《日本變政考》中指出日本之所以強盛，就是因為皇帝能採納維新諸臣的主張並排斥守舊大臣的議論，所以他希望光緒能夠不委屈遷就，不為守舊勢力所動搖，勇往直前，「乾綱獨斷，以君權雷厲風行」，將變法進行到底。變法開始，康有為就連上奏摺屢次要求光緒「御乾清門大誓群臣，下哀痛嚴切之詔」，發「雷霆之震」，痛斥守舊，「盡滌舊俗，不留毫釐」，對違旨不行新政者處以重罰，認為「嚴警守舊阻撓造謠亂政之罪」，必使群僚「震動恐懼，心識變異」，「改視易聽，革面洗心」，然後推行新政，「自能令下若流水，無有阻礙者矣」〔註128〕。為了象徵皇上與舊傳統斷絕的決心，康有為還建議遷國都至南方，改元、斷髮、易服。〔註129〕很多年後，康有為很後悔這些行為，因為它們使保守派更加反對變法。總之，康有為變法伊始的這些言論和舉動無疑會使變法的反對者更加堅定反對的決心，中立者會因預期的利益受損而變為潛在的反對者並隨局勢的日益明朗化而日益向反對派靠攏，同情者也會因其過激的行為而心生反感。這樣變法的中堅分子就日益處於孤立的境地。

第三，激進的政治舉措。「詔定國是」後，光緒皇帝在短短一百多天的時間裡，曾連續頒佈了二三百條有關政治、經濟、軍事、文教方面的新政，幾乎每天都有政令的頒佈，真像「傾盆大雨」，轟轟烈烈，「維新之詔，聯翩而下，變法神速，幾有一日千里之勢。」〔註130〕尤其最後階段光緒皇帝「辦理新政益振厲」，進行了激烈的政治改革。過於激烈和過於迅速的行動，常常會導致潛在的反對者轉變為積極的反對者，因此，這些大刀闊斧的動作觸及了很多人的利益，使他們愈來愈反對變法，最後導致「戊戌政變」。

科舉制度固然應該改革，但其「行之且千年」，涉及到全國數以百萬計讀

〔註127〕《上清帝第六書》，《康有為政論集》（上），第213頁。
〔註128〕康有為：《傑士上書彙錄》卷2，轉引自林克光：《革新派巨人康有為》，中國人民大學出版社，1990年，第270頁。
〔註129〕參見《戊戌變法》（二），第263～265頁，第259～262頁。
〔註130〕黃鴻壽：《清史紀事本末》，《戊戌變法》（四），第260頁。

書人的前途和命運，他們「皆與八股性命相依」，但變法決策者卻要求驟然廢除，要求在當年就把全國的生童歲科試立即改爲策論試，這對於經歷數十年寒窗苦的學子來說實在是過於苛刻，沒有思想準備，他們難以對這種邃變有足夠的心理承受力，憎恨康有爲，要「聚而毆之」。康有爲也說：「於是歲科試均廢八股而改策論矣，時八股士驟失業，恨我甚，直隸士人至欲行刺。」〔註131〕

光緒皇帝於戊戌年 8 月 30 日斷然下諭裁撤詹事府、通政司、光祿寺、鴻臚寺、太僕寺、大理寺等衙門及湖北、廣東、雲南督撫同城的三省巡撫和東河總督、各省糧道等機構，還嚴令大學士、六部及各省督撫將應裁冗員「一律裁撤淨盡」，而且所限時間爲一個月。據順天府尹陳夔龍說，京師被裁不下十餘處，連帶關係因之失職失業者將及萬人，引起「朝野震動，頗有民不聊生之戚。」〔註132〕梁啓超也指出：「此詔一下，……無能妄自尊大之人，多失其所恃，人心皇皇，更有與維新諸臣不兩立之勢。」〔註133〕英國駐華公使竇納樂認爲這「比在中國政界起個革命差不多」〔註134〕。這個舉措激起了保守分子的強烈不滿和堅決反對，吏部大臣徐桐揚言「先革去老夫，徐議未晚」，戶部尚書敬信也說「予不爲怨府」。一時之間，又有謠言傳說康有爲建議皇上盡撤六部九卿、督撫司道，於是各級官吏人人自危，「寢不安，食不飽」，「焦急欲死者，惟有詛謗皇上，痛罵康有爲而已。」〔註135〕還有傳裁撤內監和盡除滿人的謠言，使其大爲恐懼，結果他們和守舊官僚一起「以譖誣我皇上與素有嫌隙之皇太后前。以結黨密謀，將不利於頤和園，激太后之怒；以變亂成法，眾心不服，悚太后之聽；以聯外夷，惑邪說，動太后之疑懼」〔註136〕。

變法開始後，光緒皇帝採納了康有爲的建議「許天下人上書」，但守舊大臣對此依然阻撓。禮部主事王照上書被禮部尚書許應騤、懷塔布「擲還」，王照又具折彈劾二人抗旨，光緒帝聞訊勃然大怒，將吏部六堂官一併交吏部議處，吏部均照「事應奏而不奏者私罪，降三級調用」，光緒帝對此處分很不滿

〔註131〕《康南海自編年譜》，《戊戌變法》（四），第 148 頁。
〔註132〕陳夔龍：《夢蕉亭雜記》卷 2，北京古籍出版社，1985 年，第 76 頁。
〔註133〕梁啓超：《戊戌政變記》，《戊戌變法》（一），第 271～272 頁。
〔註134〕《竇納樂致沙侯信》，《戊戌變法》（三），第 548 頁。
〔註135〕蘇繼祖：《清廷戊戌朝變記》，《戊戌變法》（一），第 337 頁。
〔註136〕蘇繼祖：《清廷戊戌朝變記》，《戊戌變法》（一），第 329 頁。

意，親自動筆，書寫朱諭稱：「故爲抑格，豈以朕之諭旨爲不足尊耶？若不予以嚴懲，無以儆戒將來」，於是將吏部六堂官盡行革職，王照則超擢四品京堂。光緒帝這樣處理是很不理智的，當時阻撓上書的事本是司空見慣，不必如此重處，更不應不分輕重將六堂官統統罷免。光緒帝可能想「藉事黜一二守舊大臣，以厲威而風眾」〔註137〕，但其帶來了惡劣影響，人們「祗誦之餘，相顧錯愕，蓋自通籍以來，未見此不測之賞罰也」〔註138〕，守舊官僚「初而震恐，繼而切齒」，紛紛跪請太后出面制止變法。榮祿指責光緒「任性胡鬧」，懷塔布往來京津，與榮祿密謀，「其妻泣告於后，后方憎帝操切，入其言，怒愈不可解，帝入請安，漸不假辭色。」〔註139〕罷黜禮部六堂官是百日維新中最嚴重的一件事情，它不但不能減少變法的阻力，反而使頑固守舊派更加緊密地團結在一起，給他們徒增了反對新政的藉口。自此之後新舊兩黨的關係處於十分緊張的狀態。

康有爲在變法還未開始時就建議設立制度局，其實質上是要建立以改革派爲核心的新的權力機構，而將原有的官僚體制全部架空。這個計劃龐大而宏偉，是一個徹底更張的方案，因此，它剛一提出，就使得「京朝震動，外省悚驚」，「朝論譁然，謂此局一開，百官皆坐廢矣」〔註140〕，因此群起反對，將其比作「洪水猛獸」，甚至「盈廷數千醉生夢死之人，幾欲得康之肉而食之」。這個建議遭到了慈禧太后的反對。康有爲很不甘心，「以制度局不開，瑣碎拾遺，終無當也，故議請開懋勤殿以議制度」〔註141〕。這是一個與制度局同樣性質的機構，只是名稱不一樣而已。當光緒到頤和園向太后請命時，「太后不答，神色異常，懼而未敢申說。」〔註142〕很顯然，慈禧是以懋勤殿事件爲契機明確表態反對光緒皇帝的變法。就當時的情況而論，開設一個制度局或懋勤殿的條件並不具備，它觸犯了很多高層官僚的利益，必然會遭到強烈的反對，康有爲明知守舊派包括慈禧的態度卻還一再堅持，導致變法過程中經常圍繞這個問題進行爭論，無止無休，最後引起慈禧的強烈反感，成爲激發她發動政變的重要因素。其間光緒皇帝還任命了軍機四章京，作爲其推行新政

〔註137〕渾毓鼎：《崇陵傳信錄》，《戊戌變法》（一），第475頁。
〔註138〕葉昌熾：《緣督廬日記》，《戊戌變法》（一），第530頁。
〔註139〕費行簡：《慈禧傳信錄》，《戊戌變法》（一），第465頁。
〔註140〕胡思敬：《戊戌履霜錄》，《戊戌變法》（一），第363頁。
〔註141〕《康南海自編年譜》，《戊戌變法》（四），第159頁。
〔註142〕蘇繼祖：《清廷戊戌朝變記》，《戊戌變法》（一），第342頁。

的助手，他們官不大，但權力不小。他們上任之後原來的軍機大臣和軍機章京就被冷落一旁，引起他們「咸忿忿不平，怒皆欲裂」〔註143〕。他們勢不兩立，憤怒和仇恨日益加深，劉光第在書信中說他們「因爲參與新政四字，遂爲嫉妒者詬病，勢如水火，將來恐成黨禍」〔註144〕，果然十幾天後，便爆發政變，四人均被殺害。至於戊戌政變前光緒皇帝召袁世凱進京，連續接見並迫不及待地破格晉升，更是引起慈禧太后和榮祿等后黨官僚的疑懼。正如李提摩太所言：「慈禧聽到了袁世凱的任命，懷疑皇帝在他的幫助之下，意欲結束她的權力」〔註145〕。這更促使了慈禧太后發動政變。

變法領導者所採取的這些激進政治舉措對變法的失敗產生了至關重要的影響。許多改革措施過激，超過了當時社會的承受力，導致矛盾激化，政變爆發。赫德說維新派「他們的野心太大，不顧中國的吸收力量，三個月內所想改革的政事，足夠中國九年消化」〔註146〕。因此，當時已有人指出它「敗於操切」，認爲「改革當以漸，民自順教而風靡，久則服而習之矣」〔註147〕。還有人認爲維新派追求不切實際的理想，要求太多，速度太快，因而遭遇到強大的抵制和反感〔註148〕。李提摩太一再勸導改良派不要「操之太急」，認爲這次變法「敗於激烈，過於急進」〔註149〕，對他們未經深思熟慮而遽廢已行制度感到遺憾。還有一位作者指出，康氏未能理解到理想和社會力之間的關係，爲其最大缺陷〔註150〕。

綜上所述，由於烏托邦思維方式的影響，戊戌變法的領導人沒能對現實的各種政治力量和客觀條件進行正確地估量和全面地考慮，因此沒有採取循序漸進、逐個解決問題的方式，而是採取了快速地全部解決問題的方式，向傳統的各個領域都發出了挑戰，希望能夠在最短的時間裡解決中國社會所存

〔註143〕蘇繼祖：《清廷戊戌朝變記》，《戊戌變法》（一），第340頁。
〔註144〕轉引自林克光：《革新派巨人康有爲》，中國人民大學出版社，1990年，第294頁。
〔註145〕《中國的維新運動》，《戊戌變法》（三），第564頁。
〔註146〕王樹槐：《外人與戊戌變法》，上海書店出版社，1998年，第245頁。
〔註147〕尹彥鑠：《剷變篇》，第1篇，第4頁，轉引自林克光：《革新派巨人康有爲》，中國人民大學出版社，1990年，第337頁。
〔註148〕陳恭祿：《中國近代史》卷下，上海書店出版社，1990年，第486頁。
〔註149〕《李提摩太傳》，《戊戌變法》（四），第234頁。
〔註150〕Andrew T. Roy，「Modern Confucian Social Theory：Social Change and Its Concept of Change」，p.126.轉引自蕭公權：《近代中國與新世界：康有爲變法與大同思想研究》，江蘇人民出版社，1997年，第354頁。

在的所有問題，使中國迅速走向富強、擺脫民族危機。事實證明這種方式無助於中國現實問題的解決，無助於在現實中建構起新的秩序。戊戌變法這個事件表明，烏托邦精神促使人們不斷超越現實、追求美好，對現存的一切進行批判和否定，從而不斷推動社會的進步和政治的發展，但在其指導下的建構新秩序的實際政治運動卻往往難以成功。

三、無政府主義運動：一場失敗的烏托邦實踐

　　無政府烏托邦勾畫了一個理想的社會秩序，這種美好的社會圖景曾經吸引了無數尋求救國救民道路的進步知識分子，根據粗略的統計，中共「一大」召開時所擁有的 52 名黨員中，不同程度受到過各種形式的無政府主義思潮影響的就有 22 人之多〔註151〕。李維漢回憶 1920 年春天的情況時說：「我們讀了那些無政府主義和空想社會主義的書刊，對於書中描繪的社會主義和共產主義的美妙遠景，對於那種沒有人剝削人、人壓迫人、人人勞動、人人讀書、平等自由的境界，覺得非常新鮮、美好，覺得這是我們的奮鬥目標。有了這個目標，大家就高興地以為找到了真理。」〔註152〕中國無政府主義者對清政府黑暗統治的揭露以及反對帝國主義、反對封建倫理思想、反對封建專制制度等強權的主張，無疑有助於資產階級民主革命思想的宣傳，他們所採取的暗殺、暴動甚至直接參加同盟會的行動，以及對孫中山的革命活動所給予的物質上的支持，對清政府的覆滅都起了極大的促進作用。

　　中國無政府主義者不僅信仰這種理論而且努力將其付諸實施，但事實表明他們在現實中追求這種秩序的各種努力和嘗試都失敗了，現實的挫敗使無政府主義烏托邦所承諾的理想社會的虛幻性暴露無遺。人們對無政府美好社會的期望隨著無政府主義者實踐的失敗而轉化成為失望和苦悶，無政府主義不能滿足人們對新社會的渴望自然失去了理論的說服力和理念的感召力。隨著馬克思主義在中國的逐步傳播，尤其是在經過馬克思主義者與無政府主義者的大論戰之後，人們漸漸拋棄無政府主義，轉而信仰馬克思主義：「安那其主義傳入中國，很有許多年頭了。⋯⋯但是，近年來卻漸漸沉寂下去」〔註153〕，

〔註151〕劉勇：《對早期馬克思主義者與無政府主義鬥爭的再評價》，載《中國青年政治學院學報》，1993 年第 2 期。

〔註152〕李維漢：《回憶新民學會》，載《歷史研究》1979 年第 3 期。

〔註153〕《無政府主義在中國》，湖南人民出版社，1984 年，第 456 頁。

「從現在的形勢上觀察起來，好像馬克斯主義者已經將勞動者結合在一塊」〔註154〕。無政府主義也遭到了徹底的失敗。

無政府主義的實踐並不是一場大規模的轟轟烈烈的全國性運動（如太平天國運動和戊戌變法），而是無政府主義者依據自己對理想社會實現方式的理解而採取的一些行動。它由兩個方面組成：一方面是指向現有社會的破壞性活動，是無政府主義者宣傳其主義反對現有社會並認為這是達致理想社會的途徑時所採取的活動；另一方面是建設新社會的活動，是一些個人根據無政府社會的原則在「五四」前後企圖脫離現有社會組成一個個小團體、在小範圍內實踐無政府社會的活動，他們認為通過在小範圍內實踐的成功使大家都爭相仿傚，推而廣之則無政府社會可以實現。具體說來，指向現有社會的活動有暗殺暴動、反對使用強力的宣傳教育活動和黨社活動，建設新社會的活動有新村運動和工讀互助運動。下面分別通過對這些不同的行動方式的分析來談談無政府主義在實踐中所遭到的失敗。

（一）反對現有社會活動的失敗

無政府主義者認為理想社會的實現需要經過以下兩個階段。1、傳播時期，通過各種手段使人們相信並接受無政府主義。「用報章書冊演說學校等等，傳播吾人主義於一般平民，務使多數人曉然於吾人主義之光明，學理之圓滿，以及將來組織之美善，及使知勞動為人生之天職，互助為本來之良德」〔註155〕，與此同時，可根據具體情形兼用兩種手段：抵抗——如抗稅抗兵役罷工罷市等；擾動——暗殺暴動等。他們認為這兩種手段「既所以反抗強權，伸張公理，亦所以激動風潮，遍傳遐邇，無疑迅速有力之傳播」〔註156〕。2、平民大革命。即傳播成熟之後，「眾人起事」，推翻政府，消滅國家，改造舊社會為無政府社會。他們認為目前處於第一階段，應著力從事於傳播活動。在他們看來，只要無政府主義的理念深入人心，無需採取有組織有紀律的形成全國規模的政治活動就可以實現絕對自由的無政府社會。無論是激烈的暗殺暴動還是溫和的教育宣傳都是傳播主義、實現無政府社會的手段。「吾人於是不能不先將無政府共產主義之觀念，灌輸於一般平民之腦海中，以促其自覺。灌輸之方術，有激烈焉，

〔註154〕《無政府主義在中國》，湖南人民出版社，1984年，第456頁。

〔註155〕師復；《無政府共產黨之目的與手段》，《無政府主義在中國》，湖南人民出版社，1984年，第274～275頁。

〔註156〕同上，第275頁。

有溫和焉。前者以炸彈、手槍而爲荊軻、蘇菲亞之行動，後者以教育、言論勤其感化，求大多數之同智同德。二者初似不相侔，實則並行而不相背。」〔註157〕

1、暗殺暴動

戊戌維新運動失敗後，血的事實使很多人認識到現有政府和社會的無可救藥，一次次改造社會努力的失敗使他們更爲急切的想要改變這種狀況，因此從梁啓超這樣的資產階級改良派到很多資產階級革命派，都傾心於採取「暗殺」、「破壞」等「收效神速」的激烈手段來「破壞舊社會而滌蕩之。」〔註158〕最早接觸和介紹無政府主義的中國人就是被西方無政府黨人「殺君主、殺貴族、殺官吏、擲身家性命以寒在上者之膽」〔註159〕的「直捷痛快」的「震天撼地之事業」所吸引。他們深信「若欲達到吾人理想之『各盡所能各取所需』之社會，非經幾次之擾攘不爲攻」〔註160〕。在他們看來，理想社會實現的最顯著的障礙是統治階級的某些個人，這些「一二梟悍之人」「故意與眾爲敵，破壞公理，拂乎人性，爲社會之公敵」，因此「人人得而擯斥之」〔註161〕，「爲人道而暗殺，可云皆合於正理，不惟無罪，反有功於社會」〔註162〕，尤其是在「少數革命者，不得大多數之承認贊成，不能同聲相應傾覆政府」的情況下，「實行暗殺，以誅除一二人道之賊，使大多數人之迷夢驚醒，使一般之據強權者寒心」〔註163〕，便可引起革命風潮，促進社會進化，加速理想社會的到來。吳樾烈士生前寫道：「排滿之道有二：一曰暗殺，一曰革命。暗殺爲因，革命爲果。」「今日之時代，非革命之時代，實暗殺之時代也。」〔註164〕章太炎也認爲，「暗殺手段誠革命之捷徑」，甚至主張中國革命黨其可捨軍隊策略，而用無政府黨之暗殺手段。〔註165〕暗殺等激烈行動不僅能夠反抗強權，伸張

〔註157〕《無政府主義在中國》，湖南人民出版社，1984年，第41頁。
〔註158〕《無政府主義思想資料選》（上），北京大學出版社，1984年，第17頁。
〔註159〕《虛無黨》，《無政府主義思想資料選》（上），北京大學出版社，1984年，第4頁。
〔註160〕《凌霜答思明君》，《無政府主義思想資料選》（上），北京大學出版社，1984年，第355頁。
〔註161〕參見師復：《無政府淺說》，《無政府主義在中國》，湖南人民出版社，1984年，第244頁。
〔註162〕《無政府主義思想資料選》（上），北京大學出版社，1984年，第354頁。
〔註163〕民：《普及革命》，《無政府主義思想資料選》（上），北京大學出版社，1984年，第187頁。
〔註164〕吳樾：《暗殺時代》，《天討》。
〔註165〕章太炎爲張繼譯《無政府主義》所作序言。

公理，而且能夠迅速傳播無政府眞理，是「一種最良之傳播方法」，因爲「三數日之風潮，能勝於千萬冊書報之散佈」〔註166〕。在這一思想傾向的影響下，操利刃、挾炸彈、五步之內血肉橫飛的暗殺恐怖活動一時蔚爲風潮。這一時期一些以暗殺爲主旨的革命團體有軍國民教育會之暗殺團、同盟會東京總部暗殺團、上海暗殺團、北方暗殺團、支那暗殺團等。發生的較大的暗殺事件有：1900年史堅如謀炸總督德壽；1904年萬福畢槍擊撫臺王之春；楊篤生、蘇鳳初、何海樵及張繼等潛入北京，擬炸紫禁城、頤和園等以震動天下，但因清廷戒備甚嚴未能得手；1905年吳樾暗殺出國考察憲政五大臣；1906年楊卓林謀刺兩江總督端方；1907年劉師復等謀炸水師提督李準，徐錫麟槍殺安徽巡撫恩銘；1909年喻培倫謀炸直隸總督端方；1910年熊成基刺殺海軍大臣載洵，黃復生和汪精衛謀殺攝政王載灃；1911年溫生才槍擊將軍孚琦，林冠慈和陳敬岳炸李準，李沛基炸斃廣州將軍鳳山；1912年彭家珍炸死宗社黨首領良弼等。這些暗殺活動無疑沉重打擊了清朝統治階級，影響了統治秩序，使清朝統治者爲之震懾，「風鶴頻驚」，愛國志士慷慨激昂、英勇赴敵、懲創凶頑、置個人生死於度外的果敢精神也確實鼓舞了廣大群眾挑戰現實社會的決心和勇氣，激發了他們對敵鬥爭的熱情，對辛亥革命起到了一定的推動作用。但這畢竟是一種急進的狂熱性活動，實施者大都是在武裝起義多次失敗、找不到解救道路的情況下，懷著悲憤、激烈、急於求成和僥倖取勝的心理，孤注一擲，以恐怖手段對待統治秩序中的某個個人，以分散的無組織的個人的力量對抗強大的組織起來的國家力量。這對於理想秩序的建構而言無疑是不可能的，也是不能徹底推翻封建統治秩序的，也不利於資產階級革命的順利發展。因爲許多資產階級革命黨人不僅沒有吸取多次武裝起義脫離群眾招致失敗的教訓，反而認爲暗殺比武裝鬥爭、群眾起義更爲有效。他們在《民報》上公開宣稱虛無黨人的暗殺手段「奏效神速，必較之斬木揭杆爲勝」，欲以「陳師鞠旅化而爲潛屠暗刺，並以組合菹盟，轉而爲徑情孤注，志同則曰黨，行事則無群」，「有破壞無建設則可也」〔註167〕，因此他們主張以分散的個人恐怖活動代替同盟會有領導有組織的革命鬥爭，這必然會給革命事業帶來損失。再者無政府主義所主張的這些激烈手段會引起社會輿論的懷疑和反感，從而不利於理想目標的達成。正如吳玉章所說：「我們懷著滿腔的熱情，

〔註166〕師復：《答恨蒼》，《民聲》第20號。
〔註167〕《革命之心理》，《民報》第24號。

不惜犧牲個人的性命去懲罰那些昏庸殘暴的清朝官吏，哪裏知道暗殺了統治階級的個別人物並不能推翻反動的階級統治，尤其是不能動搖它的社會基礎呢？」〔註168〕

2、反對使用強力的宣傳教育活動

辛亥革命後，政治依然腐敗，社會依然黑暗，人們極為失望。許多無政府主義者對現實採取了消極超然的態度，他們對現實政治鬥爭不感興趣，認為單純的政治鬥爭不能徹底結束強權的統治，不會給人類帶來真正的幸福。人們目前所應當做的是通過教育宣傳活動啟發群眾的互助進化本性，使人人均知公理，使人們都認識到無政府社會的美好以及現實的醜惡與非正義，進而發生平民大革命，無政府的理想秩序就會自動實現。他們相信只要如此竭力鼓吹，「使信者日眾，以漸達於大多數贊成之境，則強權不待排而掃地矣」〔註169〕。《晦鳴錄》創刊時，國民黨人對袁世凱正發起「二次革命」，極為痛恨強權與專制的師復，卻對此極為冷淡，持超然物外的立場：「江西戰爭既肇，全國汗駭，討袁之聲不絕於耳，記者屏營深念，獨漠然無所動中」〔註170〕，因為他認為即使孫中山、黃興替代袁世凱登上總統之位，無非也只是「以暴易暴，又何強權之可去而幸福之可得耶？」〔註171〕在工人運動中，師復實行無政府工團主義的一套，限制工人參加反抗暴政的政治鬥爭，認為工人組織「不可含絲毫的政治意味」，工人鬥爭應限於「要求增加工價及減短工作時間」的經濟罷工。他說：「不恃政治而惟恃自己實力減除貧富階級，是即用革命手段以反抗資本制度也。」〔註172〕無政府主義的這些主張和活動必然使他們失去工人群眾的信任，當第二次全國勞動代表大會於1925年在廣州召開時，「無政府黨已經匿跡銷聲，他們在工會中的活動也已停止」〔註173〕。無政府主義者希冀悉數摒除掉世界上的帝王、君主、總統等各種強權，卻否定政治，認為任何政治活動都是以承認政府

〔註168〕吳玉章：《辛亥革命》，人民出版社，1969年，第101～102頁。
〔註169〕民：《伸論民族、民權、社會三主義之異同再答來書論〈新世紀〉發刊之趣意》，《新世紀》第6期。
〔註170〕師復：《政治之戰鬥》，《無政府主義思想資料選》（上），北京大學出版社，1984年，第277頁。
〔註171〕師復：《論社會黨》，《無政府主義思想資料選》（上），北京大學出版社，1984年，第295頁。
〔註172〕《師覆文存》，革新書局，1927年，第84頁。
〔註173〕鄧中夏：《中國職工運動簡史》，人民出版社，1954年，漢口第四次印刷，第154頁。

為前提的，拒絕現實的政治鬥爭，認為政治鬥爭只是政治家爭權奪利的工具，任何有組織的革命鬥爭都會導致以一種專制代替另一種專制，把希望寄託於由宣傳無政府主義的活動所引起的人們自發的大革命，這永遠只能是一種不切實際的幻想，無助於理想秩序的實現。正如陳獨秀所批判的：「不主張用強力，不主張階級戰爭，天天不要國家、政治、法律，天天空想自由組織的社會出現，那般資產階級仍舊天天站在國家地位，天天利用政治、法律，如此夢想自由，便再過一萬年，那被壓迫的勞動階級也沒有翻身的機會」〔註174〕。

3、黨社活動

　　無政府主義者極端反對管理代表等權力，追求絕對自由，在他們看來，保持各自為政的鬆散狀態，對個人來說是最合適的。他們反對建立有組織有紀律的政黨，無政府黨沒有領袖，不制定黨綱，沒有束縛個人自由的紀律、決議，不組織固定機關，只有自由聚集之場所，用作無政府主義的傳播聚談；開會不設主席，個人自由發言，談完了事；入黨不要任何手續，只要主張無政府主義者，即為其黨員；無政府黨所採取的行動，也各自由獨立，不受指揮，不需全體議決，若有聯結多人同時並舉之事，也只有同意者合力為之〔註175〕。劉師復組織的「心社」就是採取「絕對自由主義，無章程，無規則，亦無一切組織，各憑一己良心相結合」〔註176〕的形式。「五四」前後，無政府主義達到高潮時期，出現了大量無政府主義社團，但由於主張絕對自由，沒有統一的紀律、組織和管理，許多社團只有二三人，成立幾天後便自行消失，最終也沒有形成全國統一的無政府黨。面對國家的有組織的暴力，這種自由鬆散的組織是很難持續存在下去的，更不能凝聚各種力量、領導群眾去推翻各種強權，更不用說能夠承擔起建設新秩序的重擔。隨著實踐活動的逐步展開，無政府的黨社活動愈來愈暴露自身的弱點，失去完美社會理念的感召力和吸引力，慢慢退出了歷史舞臺。無政府黨人自己也承認：「吾黨則均奄奄氣息，有一蹶不振之勢」〔註177〕，「你我在中國幹社會運動，所組織的曇花一現的團體，怎樣到而今剩留寥寥如晨星？」〔註178〕

〔註174〕陳獨秀：《談政治》，《新青年》第8卷第1號。
〔註175〕參見師復：《論社會黨》，《無政府主義思想資料選》（上），北京大學出版社，1984年，第295頁。
〔註176〕《師復啟事》，《晦鳴錄》第2期。
〔註177〕《無政府主義在中國》，湖南人民出版社，1984年，第461頁。
〔註178〕同上，第479頁。

（二）建設新社會活動的失敗

無政府的美好生活吸引了許多不滿社會黑暗現實、積極探索未來出路的中國人，他們依照無政府的原則，組織了各種形式的實踐團體，大家一起學習，一起勞動，互相協助，吃大鍋飯，過著各盡所能、各取所需的「共產主義式」的生活。他們深信通過小團體的示範和宣傳，逐步擴張到整個社會，絕對自由、絕對平等的無政府共產主義社會就會實現。其中影響最大的是新村運動和工讀互助運動。

通過「新村」方式來實現理想社會生活，是周作人 1919 年 3 月首先從日本引入中國的。1918 年 11 月日本的武者小路實篤創建了所謂「新村」，實踐「協力與自由，互助與獨立爲生活之本」的原則，並準備在此基礎上逐步發展到全世界，使人人都過上美好的生活。這種「切實可行的理想，中正普遍的人生的福音」〔註179〕很快引起了中國廣大知識分子的興趣。少年中國學會的會員接連發表文章主張：「脫離了舊社會的範圍，另向山林高曠的地方，組織一個眞正平等的團體，人人合力工作」，「造成一個組織完善的新社會」，並「用這新社會做模範，來改造舊社會，使全國社會漸漸革新」〔註180〕。毛澤東打算在長沙的嶽麓山附近找一塊地方建立一個新村，並擬就了計劃書準備付諸實施，他希望通過設立新學校、新家庭從而創造新的社會，其中將有「公共育兒院、公共蒙養院、公共學校、公共圖書館、公共銀行、公共農場、公共工作廠、公共消費社、公共劇院、公共病院、公園、博物館、自治會」等設施〔註181〕。惲代英、林育南等準備在鄉村建造極簡單的生活，完全廢止金錢，沒有私產，各盡所能，各取所需。他們希望通過「新村」這種共同生產、消費的小團體，創造新生活的實行條件，「不向惡勢力屈服」，「建設個爲社會服務的大資本，一方用實力壓服資本家，一方用互助共存的道理啓示一般階級。而且靠這種共同生活的擴張，把全世界變爲社會主義的天國」〔註182〕。他們爲自己的設想所陶醉：「我們新生活園裏的花兒、草兒、鳥兒、蝶兒正在那裏盼望著我們，我們莫要再作紙上的空談了，趕快實行我們神聖的生活吧！」〔註183〕但新村運動由於種種原因，

〔註179〕見《新青年》第 6 卷，第 3 號。
〔註180〕宗之槐：《我創造少年中國的辦法》，《少年中國》第 1 卷，第 2 期。
〔註181〕毛澤東：《學生之工作》，《湖南教育月刊》第 1 卷，第 2 期。
〔註182〕惲代英：《未來之夢》，載《惲代英文集》（上），人民出版社，1984 年，第 244頁。
〔註183〕《少年中國》第 1 卷，第 2 期。

在中國一直沒能真正實行。當時軍閥混戰，地方割據，政治黑暗，經濟困窘，要人們離開自己生活的城市去缺乏基本物質條件甚至有可能出現土匪的偏僻鄉村確實太困難了。因此，以城市為設計基礎的新生活組織「工讀互助團」開始廣泛流行起來。在許多基本的社會原則（財產公有、共同生活、共同勞動、人人互助、各盡所能、按需分配）上工讀互助運動和新村運動沒有什麼本質區別，只不過新村主義主張在鄉村實行，而工讀互助運動在城市展開罷了。王光祈相信通過這種共同生活，人們一旦養成互助勞動的習慣，將來理想的社會就能夠順利實現。趙世炎認為這種實踐可以使青年學生養成勤工儉學的學風，進而使國民聞風而起，民智日進，然後平等的自由社會自然就會興起。當時影響力頗大的孫中山領導的國民黨人編輯的《星期評論》認為工讀互助生活可以創造新生活的經濟基礎，形成新社會的實行條件，即可以「集合同志，組織理想的小社會，實行新生活」，「然後自由聯合無數小社會，組織大社會」，實現社會改造的理想〔註184〕。還有人認為工讀主義是人類生活史進化的一個新階段，是平等、自由和人類大同的基礎〔註185〕。1920 年 1 月，在李大釗、陳獨秀、蔡元培、胡適、王光祈等的倡導下，北京工讀互助團誕生了。隨後，類似的組織大量出現在全國各地，如天津的「工讀印刷社」，廣州的「粵女工學互助團」，武漢的「武昌工學互助團」，南京師範學校的「工讀互助團」，上海的「女子工讀互助團」等等。由王光祈和蔡元培等聯名公佈的《工讀互助團簡章》可知其宗旨是「本互助的精神，實行半工半讀」。實行公有制的原則，工作以時間為標準，不以工作結果為標準，每人每天必須工作四小時，在規定的時間內，團員要各盡所能，勞動所得歸團體公有，衣、食、住等團員生活所需由團體供給，「現在團體對於團員所供給的各種費用，尚略有限制。將來辦理久了，已養成互助習慣，便可由團員自由取用，以實行『各取所需』的原則」，這樣，人們以後的生活便是：「日出而作，日入而息，鑿井而飲，耕田而食，帝力——政府——於我有何哉！」〔註186〕可見，工讀互助團的目的不僅僅在於解決求學費用，而在於改造社會，探索實現理想社會的途徑：「工讀互助團是新社會的胎兒，是實行我們理想的第一步。……若是工讀互助團果然成功，逐漸推廣，我們『各盡所能，各取所需』的理想漸漸實現，那麼，這次『工讀互助團』的運動，便可以叫做

〔註184〕沈仲九：《我的人生觀》；沈玄廬：《介紹「工讀互助團」》，《星期評論》第 29 號。
〔註185〕築山醉翁：《評工讀主義》，《解放與改造》第 2 卷，第 3 號。
〔註186〕《工讀互助團》，《少年中國》第 1 卷第 7 期。

『平和的經濟革命』。」〔註187〕很多人對這場試驗給予了厚望，認爲「把這一樁事充滿在社會，那社會上的腐敗與惡濁，便可以完全打消。」〔註188〕但實際的結果卻令人失望。剛開始幾天，人們還感到「無政府、無強權、無法律、無宗教、無家庭、無婚姻的理想社會，在團裏總算實現一部分了，所以精神上非常快樂」〔註189〕，但試驗活動開張不久，各種不可克服的矛盾便日益尖銳的暴露出來。首先是經濟問題。北京工讀互助團的謀生之策爲放電影、洗衣服、辦食堂、印刷信封、製作食品、開辦英文與算術專修館等，結果除專修館一項外，其餘的全都沒有生意或虧本，結果自然入不敷出，漸漸地「發生經濟危險，萬難支持」。其次是團員在觀點上的分歧。工讀互助團開辦後，自然會面臨共同生活所遇到的各種問題，對這些問題人們有著不同的看法，「討論共產問題，主張不合，自願退團者五人」，「後來討論家庭問題，退團者也有一人」，團員們「感情漸漸隔閡，團體精神漸漸渙散」，大家對這個團體都沒有很深的感情，差不多都不願維持它，最後開個會，「議決個人自由另找工作，工讀互助團的主張，從根本上推翻！」〔註190〕1920年 4～5 月間，風光一時的北京工讀互助團在僅存在三四個月後宣佈解散，這成爲工讀互助團破產的重要標誌，此後不久，其他的工讀組織也因類似的問題相繼解散。

工讀互助運動的失敗表明，這種自願結合的自治小團體弱小的經濟基礎不能支持共產式的分配方式，團體內部對絕對自由的追求導致精神渙散，無法統一意見，難以過眞正的集體生活，無政府的理想秩序是不可能在現實社會中建構起來的。他們脫離現實社會，不發動群眾，不進行政治鬥爭和社會革命，認爲僅僅通過個別精英分子的和平說教和「工讀互助團」的示範來感化人們，啓發人們的互助和勞動天性，「各盡所能，各取所需」的無政府烏托邦就會自然實現的想法被實踐證明只能是一種幻想。張東蓀 1919 年 12 月就表達過這樣的看法，即改造世界和社會固然可以避開舊社會而另開闢一新社會，但更應鑽入現有社會並對其進行切實改造，如果沒有改造既定社會的能力，即使進入新社會裏頭也未必就有建設新社會的能力。何況人們並不能根

〔註187〕《工讀互助團》，《少年中國》第 1 卷第 7 期。
〔註188〕《要整理社會非提倡「工讀互助」不可》，《上海周刊》第 1 卷第 2 期。
〔註189〕《「工讀互助團」的實驗和教訓》，《星期評論・勞動紀念號》，1920 年 5 月 1日。
〔註190〕《「工讀互助團」的實驗和教訓》，《星期評論・勞動紀念號》，1920 年 5 月 1 日。

本離開現存社會呢？〔註191〕戴季陶公開表示在現有制度之下通過少數人脫離現有社會建立共產新村的方法來實現社會的改造恐怕是不可能的〔註192〕。親身參與運動的施存統感歎道：「我們這個工讀互助團，隔離社會又太遠，對於社會實在的情形仍舊一點觀察不出。……我們本來要想去改造社會，有了工讀互助團，連社會都鑽不進，哪裏還說什麼改造的話呢？」〔註193〕工讀互助運動的失敗使中國的激進分子在經歷著幻滅感和疏離感的同時，也常常感受到個人和小團體的無助感：「以我們這點薄弱的能力，要想單獨和一個詭計百出的萬惡社會奮鬥，哪裏有不失敗的道理！」〔註194〕他們進而得出結論：一是改造社會必須從根本上謀全體的改造，枝枝節節的改造是不中用的，「腐肉不去，新肉不生」；二是社會沒有根本改造之前是不可能實行新生活的，要實行新生活，必須「合全人類同起革命」將現實社會的種種障礙打翻〔註195〕。

綜上所述，無政府主義者通過各種手段追求無政府社會的努力都失敗了，實踐證明無政府烏托邦是不可能實現的，烏托邦主義者無力在現實社會中建構新的秩序，不能使處於黑暗現實中的中國人真正擺脫苦難，獲得幸福。

四、結論

烏托邦是在對既定社會的否定中產生的，內在的具有價值批判的性質，因而烏托邦從本質上就具有「顛覆性」，是革命的。烏托邦的誕生往往會使人們產生將它付諸實施的衝動，在人類的歷史上由烏托邦理念所引起的革命運動實在不少，顧準曾寫道：「每當大革命時，飄蕩的旗幟是不可少的」〔註196〕。烏托邦理想具有一種潛力，它使人們敢於想像，不受任何限制。它能夠喚起人們的希望，鼓勵人們採取行動，激勵人們擺脫歷史和傳統的束縛，反對常規，打破事物的既定秩序。人們心中有了這種理想，就可以「揭開社會變革

〔註191〕東蓀：《忠告有志於社會改造的青年》，《時事新報》1919 年 12 月 29 日。

〔註192〕季陶：《我對於工讀互助團的一考察》，《星期評論》第 42 號。

〔註193〕《「工讀互助團」的實驗和教訓》，《星期評論·勞動紀念號》，1920 年 5 月 1日。

〔註194〕《「工讀互助團」的實驗和教訓》，《星期評論·勞動紀念號》，1920 年 5 月 1日。

〔註195〕王光祈：《爲什麼不能實行工讀主義？》，《新青年》第 7 卷，第 5 號；存統：《「工讀互助團」的實驗和教訓》，《星期評論·勞動紀念號》，1920 年 5 月 1日。

〔註196〕顧準：《顧準文集》，貴州人民出版社，1994 年，第 406 頁。

無邊進程的序幕。」〔註197〕近代中國的許多知識分子正是在這一理想的指引之下，不斷髮起一場又一場的革命或改革運動，期望能夠為人民樹立起新的理想秩序。這些革命或改革運動不管成功與否，都給人們帶來全新的政治理念和生活理念，帶來了思想的革命，都推動了社會的進步和發展，促使中國政治體系不斷從傳統走向現代，融入世界發展的潮流。在對烏托邦理想社會的追求中，他們對傳統秩序的各個方面進行了猛烈抨擊，動搖了傳統秩序賴以生存的政治基礎和精神基礎，為新秩序的建立開闢了道路。但是他們追求實現烏托邦社會的努力卻都失敗了，太平天國運動失敗了，康有為認為是通向大同社會的中間環節的戊戌運動失敗了，無政府主義的實踐也失敗了，這些實踐證明了烏托邦運動可以給現有秩序帶來嚴重的破壞甚至是積極的破壞，但是卻不能建立一種能夠代替它的新秩序。在現實的運動中，他們對美好社會的追求往往蛻變成為對必需性的渴求，因此他們建立起來的通常只是舊秩序的翻版（如太平天國在南京所建立的小天國）。

綜上所述，烏托邦精神對近代中國的政治轉型起到了推動作用，正是人們一次又一次的對美好社會的執著追求、不滿足現狀並力求超越現實的這種烏托邦精神推動了政治的發展，但其努力在現實政治生活中建構秩序的努力卻一次又一次的以失敗而告終。烏托邦精神對於現有不合理政治秩序的解體有著積極的意義，但對新的政治秩序的重建卻無能為力。可以說，烏托邦對於政治現實來說更多的是破壞舊秩序的力量，而不是建設新秩序的力量。

〔註197〕〔美〕喬・奧・赫茨勒：《烏托邦思想史》，商務印書館，1990 年，第 266 頁。

第四章　近代中國烏托邦思想形成的
　　　　　原因探析

　　烏托邦在批判政治現實的基礎上超越了政治現實，但烏托邦思想本身卻
並非是無根基的，它最本質的原因在於人類本身超越自我、超越有限的渴望
和需求，但烏托邦思想的最終形成卻離不開其所處時代的社會思想背景。中
國在近代經歷了天翻地覆的變化，「兩千年傳統之政治觀念，經新思潮之沖
激，漸露根本搖動之勢。君臣之天經地義，有人加以批評，兩千年之君統有
人加以攻擊，萬世師表之孔子有人對之懷疑」〔註1〕。總之，傳統的政治社會
秩序遭到挑戰並解體，官僚帝國維繫自身的制度體系分崩離析，秩序的意識
形態基礎儒教也喪失了其智識的說服力和情感的吸引力。這是一個變動的時
代，一切都需要重新進行思考和研究，傳統的一切第一次遭到真正有力的挑
戰。這個時代的知識分子需要尋找新的思想體系，「既為外在的社會奠定秩序
的思想基礎，也為內在的心靈尋覓安身立命之地。這是一個需要烏托邦並且
產生烏托邦的時代」〔註2〕。本章將從社會、思想、人三個角度對近代中國烏
托邦思想產生的原因進行詳細分析。

一、社會的角度

　　烏托邦大都產生於社會的黑暗時期、不義年代，總是對深重的社會災難

〔註1〕　蕭公權：《中國政治思想史》（三），遼寧教育出版社，1998年，第877頁。
〔註2〕　顧昕：《無政府主義與中國馬克思主義的起源》，載《開放時代》1999年第2
　　　　期，第35頁。

進行深刻反思的結果。正如曼努爾兄弟所指出的：「基督教千年之交，最具決定意義的事件，往往是無以復加的災難之出現」〔註3〕。當現存的社會秩序無力解決人們所遇到的各種現實問題，人們對其徹底失望時，「就開始幻想或設計出一種更為新奇有效的政治安排和政治生活。歷史上的各種烏托邦思想由此產生。」〔註4〕現存社會所導致的普遍失望感使人們認為對其進行任何局部的改造都無助於現實問題的解決，都毫無價值和意義，因而是不可欲的，因此就需要尋找一種全新的政治社會秩序。近代各種烏托邦思想正是在這種社會背景下產生的，它們都是在儒家給人們所安排的理想秩序在現實中遭到嚴重挑戰的情況下不斷為世界建構理想秩序的努力和嘗試。與此同時傳統社會從封閉走向開放也為西方近代文明的傳入提供了可能。

（一）社會政治制度的危機

中國的封建社會發展到清朝嘉、道之時，已經瀕臨它的末期，各種政治社會制度都已失去活力，對內無法積極實現自我更新，不能有效協調各種利益關係，化解各種社會衝突；對外無法應對各種外來衝擊和挑戰，面對危局束手無策，置身於世界現代化潮流之外。

科舉制度是支撐傳統社會官僚體系的重要支柱，是傳統社會不斷實現自我更新的極為重要的途徑，也可以說是唯一的途徑，通過這一途徑社會可以實現不斷流動和發展，獲得自己所需的各種人力資源，充實自己的官僚體系，長期處於開放狀態，保持活力和生命力。知識分子也是通過這一途徑進行政治參與、實現自我價值和改變個人命運的。但是這種途徑到了近代已經越來越腐化了，賣官鬻爵、任人唯親等現象時有發生。許多普通讀書人寒窗數十年卻難以博得任何功名利祿，不是因為書讀得不好，而是因為清朝官場的腐敗。洪秀全就是最明顯的例子，他少年時期便以「才學優俊」博得族人的贊許並被寄予厚望，按說能夠順利通過科舉進入實際的政治統治階層中，但現實一次又一次地否定了這種可能性，在相當長的一段時間內，他屢次參加科考，結果都以失敗而告終。經過痛苦的思索，他得出結論，現實政治社會實在太黑暗了。既然現有社會不能使人們獲得幸福感而只能使人們遭受痛苦，

〔註3〕 Frank E. Manuel & Fritzie P. Manuel，Utopian Thought in the Western World，p.46.

〔註4〕 陳周旺：《正義之善——論烏托邦的政治意義》序言，天津人民出版社，2003年，第1頁。

那它還有存在的必要性嗎？越來越多的人對此產生懷疑，傳統制度在內部也愈來愈喪失合法性和吸引力。伴隨朝政腐敗而來的是許多不公平、不正義的現象，社會風氣日益敗壞，爾虞我詐、以暴凌弱、刻薄虛偽、驕奢淫逸等罪惡現象充斥於社會的各個角落。梁阿發在《勸世良言》中曾通俗有力地揭露了中國社會存在的一部分弊病：「現在之人遂生出無數的惡端，致世界大變，顛倒乾坤，變亂綱常，以惡爲善，甚至把善者反以爲惡。因人之心，日夜歇息之間，所有思想圖謀、言行舉動，專在於姦淫邪惡、詭詐欺騙、強暴凌虐之事，滿於胸中，行在世界之上矣。」〔註5〕社會已經如此墮落，通過考試制度的合法途徑進入現存秩序的傳統方法已經越來越不可能，因此通過在現有政治社會秩序內進行改革以實現理想的可能性也越來越小。這樣必然會促使人們採取非正常的手段來實現政治社會秩序的改變或重建。太平天國的起義者們大都因爲種種原因在社會的既定制度中無法獲得自身價值的實現，他們要想實現自我便需否定並超越現實。一些學者在分析太平天國運動發生的原因時指出：「在政府的政治機構的命脈中，深深地埋藏著眞正原因，其中最主要的原因之一，是政府行政機構的腐敗。整個官僚組織千瘡百孔，由上到下都行賄成風，美其名爲『餽贈』，實際上就是貪污納賂。其次，官吏無止境地剝削老百姓，積纍起他們個人的財富。最後，貪污行賄和剝削人民，就產生了必然的後果。換句話說，整個機構是一個龐大的欺詐舞弊組織」〔註6〕。烏托邦正是基於對這種黑暗現實的極度不滿而產生的：「我們處在黑越越的現社會裏，過的是非人的生活。我們要聯合起來，主張人道，剷除障害，恢復我們人的生活。」〔註7〕現實社會越是痛苦和不幸，追求公平和正義的烏托邦對人們就越有吸引力：「專制政治癒甚者，則所製造無政府黨愈眾，此比例百不爽一。」〔註8〕

近代中國不僅內憂日劇，而且外患日迫。1840 年的鴉片戰爭強行打開了古老帝國的大門，一向自認爲是世界中心的老大帝國居然遭到「夷狄」的挑

〔註5〕《勸世良言》卷二，轉引自王慶成：《太平天國的歷史和思想》，中華書局，1985 年，第 17 頁。

〔註6〕北京太平天國歷史研究會編：《太平天國史譯叢》第一輯，中華書局，1981 年，第 212 頁。

〔註7〕《無政府主義在中國》，湖南人民出版社，1984 年，第 66 頁。

〔註8〕馬敘倫：《二十世界之新主義》，《無政府主義思想資料選》（上），北京大學出版社，1984 年，第 13 頁。

戰並敗於區區五千英兵，這對於一直沉浸在天朝美夢中的中國人來說無異於當頭棒喝。當朝野上下還沒有從陣痛中清醒過來並尋找到應對之策時，新的災難便又紛至沓來，第二次鴉片戰爭、中法戰爭、甲午中日戰爭、八國聯軍入侵等帝國主義的侵略戰爭使中國不僅背上了沉重的債務負擔，而且面臨被瓜分的危險。這些沉重的災難給中國人的生活帶來了極大的震盪不安，焦慮和恐懼、羞辱與憤怒等各種激情與感憤充斥著當時人們的心理世界。他們急切地希望找到擺脫苦難的方法和途徑，亟待恢復往日的自尊與信心。在西方強大的文明優勢下，在一種嶄新的生活方式和價值理念的挑戰下，他們開始反思中國屢敗的原因，世代沿襲的政治社會制度因在外來文明面前的不堪一擊而受到越來越多的懷疑，尤其是敗給實行了明治維新的「嘬兒小國」日本的甲午一役更使他們感到中國傳統社會是中國各種危機和災難的根源，在新的歷史條件下，儒家所安排的理想社會秩序已經不合時宜，不能使中國迅速擺脫困境、走向富強，中國要想重拾往日的尊嚴和自信，就必須尋找新的理想秩序。

　　總之，傳統中國的政治社會制度在近代遭遇到了前所未有的危機，對內不能解決社會的公平和正義問題，對外不能有效消除民族危機，在外來侵略面前顯得軟弱無力。一種政治社會制度如果連最低程度的人們對安全的需要都不能滿足的話，那它還有什麼繼續存在的必要呢？舊有制度的危機導致人們產生秩序的匱乏感，人們普遍需要一種更為有效和正義的秩序。因此，這是一個需要烏托邦的時代。不論是洪秀全的地上天國，康有為的大同社會，還是無政府社會都是在批判黑暗現實社會的基礎上回應這種需要的產物。

（二）傳統社會從封閉走向開放

　　鴉片戰爭給中國帶來嚴重民族危機的同時，也使中國社會逐步從封閉走向開放，儘管是被迫的。中國社會的不斷開放為西方思想和文明的傳入提供了可能。近代以前的中國歷史一直是相對獨立的發展著，在前資本主義時代，中國確實在世界文明歷史上獨領風騷，可以說它把農耕文明的優點作了最為充分、最為出色的展示，把傳統農業社會的優越性表現得淋漓盡致，而與此同時中國周邊的民族又都明顯地處於落後狀態，因此中國就不可避免地養成天朝大國意識和華夏文化的優越感〔註9〕。在這種心態的支配下，中國的皇帝

──────────

〔註 9〕參見張星久：《中國近現代政治思想述論》，湖北人民出版社，2000 年，第 19
　　　　頁。

一直認為它不僅是中國的最高統治者，而且也是普天下人民的最高主宰，直到近代以前，清王朝還把英國殖民者的對華貿易與擴張活動視為遠方夷狄的「輸誠向化」。1793 年英王遣特使馬嘎爾尼向乾隆祝壽，乾隆回信說「咨爾國王，遠在重洋，傾心向化」，並拒絕其通商的要求：「天朝威德遠被，萬國來王，種種貴重之物，梯航畢集，無所不有，無需爾國製辦對象」〔註 10〕。這種封閉的狀態使中國處於世界發展的潮流之外，對於西方的思想狀況幾乎一無所知。國門的打開促使中國與世界接軌，使中國人真正開始認識世界，認識西方。自 1866 年起，中國政府開始向西方國家派出外交和考察人員，自 1872 年起，開始向美國和歐洲國家派出留學人員，與此同時歐美人創辦的報紙雜誌以及中文譯著也陸續開始在中國出版並引起中國知識分子的重視，西方的各種社會政治思想和近代理念開始源源不斷的傳入中國，許多成為近代中國烏托邦思想家勾畫烏托邦的知識來源。外來文明的傳入使中國人大開眼界，豐富了他們的思想視野，啟迪他們進行思維的轉換，他們發現原來生活是可以多樣的，理想的社會狀態可以是別樣的，而不僅僅是儒家所主張的用家庭和綱常名教的理想倫常關係來建立的長幼有序的等級社會。而且更為重要的是，西方殖民主義的入侵根本不同於中國歷史上的「外族入侵」，它是現代資本主義的世界擴張運動，中國正是在這種洶湧西潮的衝擊下走向現代化的。在世界發展大潮的推動下，中國開始出現了適應現代世界生活的各種變化，傳統的鄉土社會已開始解體，城鄉關係已發生急劇變化，這一切說明中國正在經歷深刻的社會變革，緩慢地從傳統社會走向近代社會。這一劃時代的變革也在很大程度上影響著烏托邦思想的形成，使它們都明顯的帶有近代色彩。

二、思想的角度

　　近代中國烏托邦思想的形成不僅有社會的基礎，而且還有思想的基礎。傳統儒家文化的烏托邦性格是近代中國烏托邦思想形成的傳統資源。近代儒家意識形態所遭遇到的危機是烏托邦思想產生的前提和條件，西方關於完美社會的理想以及近代觀念影響著中國思想家對美好社會的理解，是近代中國烏托邦思想形成的外部原因。總之，這三種因素相互影響、相互強化，在近代中國形成了獨具特色的烏托邦思想。

〔註10〕《東華續錄》卷四十七，第 15～17 頁。轉引自張星久：《中國近現代政治思想述論》，湖北人民出版社，2000 年，第 20 頁。

（一）儒家思想的烏托邦性格

在儒家思想的發展過程中，執著於在現實社會中實現自身的入世精神使得儒家原始形態的烏托邦思想──大同思想並未成爲儒家政治思想的主流。但儒家思想的主流卻具有烏托邦性格，這在很大程度上影響著近代中國烏托邦思想的形成。

近代烏托邦思想家在構築理想社會時從儒家大同思想中吸收了豐富的思想養料。大同理想最早出現在儒家經典《禮記》中的《禮運篇》：「大道之行也，天下爲公。選賢與能，講信修睦，故人不獨親其親，不獨子其子，使老有所終，壯有所用，幼有所長，矜寡孤獨廢疾者皆有所養，男有分，女有歸。貨惡其棄於地也，不必藏於己，力惡其不出於身也，不必爲己。是故姦邪謀閉而不興，盜竊亂賊而不作，故外戶而不閉，是謂大同。」洪秀全在《原道醒世訓》中以肯定和讚頌的態度引用了《禮運》「大同」的全文來批判現實社會。他還說：「邇想唐、虞三代之世，天下有無相恤，患難相救，門不閉戶，道不拾遺，男女別途，舉選尚德。堯舜病博施，何分此土彼土；禹稷憂溺饑，何分此民彼民；湯武伐暴除殘，何分此國彼國；孔孟殆車煩馬，何分此邦彼邦。」〔註11〕1853 年太平天國頒佈的施政綱領《天朝田畝制度》明確宣稱要建立「有田同耕，有飯同食，有衣同穿，有錢同使，無處不均勻，無人不飽暖」的理想社會，清楚地顯現了對大同思想的繼承。作爲今文經學的大師，康有爲自然對屬於今文經學派文獻的《禮運》極爲熟悉。他在談到自己讀《禮記‧禮運》的感觸時說：「讀至《禮運》，乃浩然而歎曰：孔子三世之變、大道之眞在是矣，大同小康之道，發之明而別之精，古今進化之故，神聖憫世之深在是矣。相時而推施，並行而不悖，時聖之變通盡利在是矣。是書也，孔氏之微言眞傳，萬國之無上寶典，而天下群生之起死神方哉！」〔註12〕康有爲對大同社會由衷嚮往，繼承並發展了《禮運》中的大同理想，撰寫了《大同書》，系統詳盡的描繪了未來的理想社會，還辦過「大同學校」。在他看來，大同社會是人類社會最完善最理想的境界：「大同之道，至平也，至公也，至仁也，治之至也，雖有善道，無以加此矣。」〔註13〕中國無政府主義者也深

〔註11〕《原道醒世訓》，《太平天國印書》（上），江蘇人民出版社，1979 年，第 15 頁。

〔註12〕康有爲：《禮運注》，中華書局，1987 年，第 236 頁。

〔註13〕《大同書》，古籍出版社，1956 年，第 8 頁。

受大同思想的影響，他們所追求的實現「經濟上及政治上之絕對自由」〔註14〕的無政府社會是「十三無」的「大道為公之世」〔註15〕，在他們看來，無政府社會就是大同世界：「無政府革命後，則社會惟人耳。配合自由，婚姻無矣。享受共同，財產無矣。老吾老，天下皆無老也，幼吾幼，天下皆無幼也，無父子、夫婦、昆弟、姊妹之別，家族無矣。土地公有，特權消滅，國界無矣。人類平等，種色莫辨，種界無矣。於是無尊卑之辨，無貴賤之殊，無貧富之分，無強弱之別，無智愚之論，無親疏，無愛憎，無恩仇，無利害，營營而作，熙熙而息，團團以居，款款以遊，是非大同世界乎！吾想念之，神馳之。」〔註16〕可見，儒家大同理想深深地影響著近代的烏托邦思想家們，他們所勾畫的理想社會都明顯的帶有「大同」的痕跡。

儒家主流思想中具有超越現實、追求完美的成分。從儒家的整個思想體系看，它自認為「完成了對整個宇宙和人類社會的終極解釋，找到了對社會問題的徹底解救之道和對世界秩序的最佳安排」〔註17〕，如《中庸》中說：「君子之道，本諸身，征諸庶民，建諸天地而不悖，質諸鬼神而無疑，百世以俟聖人而不惑」；用宋儒的話說就是：「聖人之意具載於經，而天地萬物之理具管於是矣」〔註18〕。儒家思想自認為是絕對真理，所以處處以自己的理想標準去塑造理想的人格和完美的社會。儒家的理想人格就是所謂的「聖人」，他們是絕對真理的承擔者、化身和載體，他們是「萬善具備」的完人。儒家所孜孜追求的完美社會是實現了儒家理想的「三代盛世」，是「天下歸仁」、「天下為公」的人類的黃金時代，那是一個沒有罪惡與衝突、充滿和諧與幸福的合乎倫理原則的人際秩序（以生活富足為前提）：父慈子孝、君敬臣忠、兄弟友愛。這一理想社會的實現有賴於政治領導者個人的道德資質，也即道德完滿的人——「聖人」、「仁人」充當領導者是真正解決政治、社會問題的有效途徑。可見，儒家思想不僅追求至善的個人，而

〔註14〕《無政府共產主義同志社宣言書》，《無政府主義在中國》，湖南人民出版社，1984年，第34頁。
〔註15〕申叔：《人類均力說》，《天義報》第3卷，1907年7月10日。
〔註16〕民：《無政府說》，《無政府主義在中國》，湖南人民出版社，1984年，第190頁。
〔註17〕張星久：《儒家思想與中國君主專制的內在衝突》，載《武漢大學學報》1996年第5期，第73頁。
〔註18〕晁說之：《晁氏儒言·新》，轉引自《儒家思想與中國君主專制的內在衝突》，載《武漢大學學報》1996年第5期，第73頁。

且追求至善的社會，因此劉小楓認爲「追求人世和人的完美性恰是儒家精神的基本品格」〔註19〕。正是在這個意義上張星久教授認爲儒家思想「絕對正確的自我肯定性格、絕對完美的目標取向以及完全訴諸內心修養和心靈體驗的實踐方式，使之不能不具有濃厚的超現實的『出世』性格和空想的宗教烏托邦精神」〔註20〕。

儒家理想既然自認爲是絕對眞理和至高無上的權威，既然執著於追求完美社會的「人間化」，必然會有批判和否定現實政治社會的衝動，因爲儒家所追求的「道」「未嘗一日得行於天地之間也」，現實的傳統政治制度都沒能眞正實現儒家「天下爲公」、「大公至正」的理念，儒家的高遠理想和終極關懷總是在現實中落空。在儒家知識分子的心目中，儒家之「道」高於君主之「勢」，「天地之間，至尊者道」，「德」高於「位」，「聖人之權」比「帝王之權」要「尊之又尊」，內心裏不承認現實政治權威的絕對性，認爲只有儒家及其聖人才是眞正的絕對權威，才擁有對現實進行評判的最終發言權，必須按照他們的標準來塑造理想的人格和理想的社會，現實的君主和社會都不符合他們的理想模式，因此儒家經常用其「道」來批判現實君主所具有的「勢」。因此，有人認爲「先秦儒學的基本精神是政治抗議，是轉化政治，不但獨立於現實政權之外，而且以直接和間接的方式對現實政權提出批判。」〔註21〕

儒家思想中也充滿了對人性和未來的樂觀態度。儒家之士對人性充滿了無限的信心，認爲人天生具有善良的稟賦，有其「良知良能」，通過教育或者自我努力不斷提升，將內在之善擴充之極的境界便可達到人格發展的最高目標——「仁」或「聖」。他們相信「人皆可以爲堯舜」，人人是一個王，因爲人性中包含著一個人達到完善所需要的全部東西，人們可以通過最大限度地發展這些潛能而達到完善，成爲一個聖人，「仁遠乎哉？我欲仁，斯仁至矣。」〔註22〕可見，他們對人的能力充滿了自信，認爲人是頂天立地的存在，可以「上下與天地同流」。因此，張灝認爲儒家思想傳統中的幽暗意識較爲薄弱，始終沒能淹沒儒學基本的樂觀精神：「無論成德的過程是多麼艱難，人仍有體

〔註19〕劉小楓：《儒家革命精神源流考》，三聯書店，2000年，第3頁。

〔註20〕張星久：《儒家思想與中國君主專制的內在衝突》，載《武漢大學學報》1996年第5期，第73頁。

〔註21〕劉曄：《知識分子與中國革命——近代中國國家建設研究》，天津人民出版社，2004年，第101頁。

〔註22〕《論語·述而》，崇文書局，2004年，第138頁。

現至善，變成完人的可能」〔註23〕。他們相信實際的生活中即使大多數人不能修身成德，但少數人還是可以的。少數人一旦修身成德，就可以通過他們的影響造成善良風俗，「君子德風，小人德草」，在成德之人的領導和推動下就可以建造一個和諧完美的社會，這就是聖王之治。總之，他們相信美好的社會是可以重現的。雖然他們把過去的歷史分為截然不同的兩段，一段就是想像中的「三代盛世」，另外便是一團漆黑的「三代」之後，但他們想到三代時，不僅僅是緬懷遠古，更重要的是憧憬未來，他們希望並相信「三代可復」。

綜上所述，大同理想影響著近代烏托邦思想家對美好社會的理解，儒家主流思想中超越現實、追求完美的精神，對現實的批判精神和對人、社會的樂觀精神是中國思想界接受外來具有烏托邦傾向的思想的內在根據。正如蕭功秦先生所言，這些文化特質，作為一些處於隱形狀態的要素，在一定的條件下，為近代以來的中國人接受從西方舶來的激進理論，作好了起跑前的「準備動作」〔註24〕。

（二）儒家意識形態的危機

儒家思想是一種關於社會秩序的體系，「從長期的歷史觀點看，儒學的具體成就主要在於它提供了一個較為穩定的政治和社會秩序。」〔註25〕從其整個思想體系看，「儒家自以為完成了對整個宇宙和人類社會的終極解釋，找到了對社會問題的徹底解救之道和對世界秩序的最佳安排」〔註26〕。但是儒家所提供的這種理想秩序在近代遭到了挑戰並失敗，繼而引發了儒家思想的危機，儒家思想一統天下局面的結束為各種新思想的產生提供了可能和前提，種種追求新的理想秩序的烏托邦思想由此產生。

儒家思想體系曾經經歷了一個從烏托邦到意識形態的過程。當孔子周遊列國宣傳自己思想的時候，儒家思想還只是獨立於社會之外對現實社會進行審視和批判的烏托邦，直到漢代，漢武帝採納了董仲舒「罷黜百家，獨尊儒

〔註23〕 張灝：《幽暗意識與民主傳統》，見劉軍寧等編《公共論叢：市場邏輯與國家觀念》，三聯書店，1995年，第96頁。

〔註24〕 參見蕭功秦：《近代思想史上的「主義與問題」之爭的再思考》，見李世濤主編《知識分子立場：激進與保守之間的動蕩》，時代文藝出版社，2000年，第156頁。

〔註25〕 余英時：《現代儒學的回顧與展望》，三聯書店，2004年，第132頁。

〔註26〕 張星久：《儒家思想與中國君主專制的內在衝突》，載《武漢大學學報》1996年第5期，第73頁。

術」的主張之後，儒家思想才從一種思想流派轉變成爲官方的而且是人類歷史上最典型的意識形態，「它不僅有一套完整的宇宙觀、人生觀和社會政治文化，而且其背後還有整個基層的宗法家族制度和上層的大一統王朝帝國制度作爲建制化的保障」〔註 27〕。儒家通過特有的政治社會化方式——考試——使得自己日益滲透到人們生活中的點點滴滴，成爲人們思想和行爲的標準模式。從此之後，儒家思想一直在思想界居於統治地位，從個人和家庭的倫理到國家的典章制度都在一定程度上受到儒家原則的支配，外來文化如佛教的傳入也沒能動搖這一點。儒家思想成爲人們進行思考的前提，任何違背或脫離儒教軌道的思想都被視爲離經叛道，這種束縛使得新思想、新的關於理想秩序的觀點的產生成爲不可能。雖然儒家思想也「具有一種批判、否定現實權威的衝動」〔註 28〕，但這種批判和否定都必須局限於儒家所謂「道」的框架之內。自此之後，思想的高度一致和思維方式的一成不變使得中國社會在漫長的時間裏喪失了生產烏托邦的能力，只有意識形態而沒有烏托邦的社會是沒有希望的社會，是停滯的社會，因爲它喪失了自我更新的能力。法國學者佩雷菲特曾就中國的這種狀況進行研究並寫了一部膾炙人口的書——《停滯的帝國》。

　　這種狀況直到近代才被打破。近代中國遭遇到了嚴重的民族危機，面對外來異質文明的衝擊和挑戰，傳統社會的各種制度不斷進行調整以應對社會和民族危機。從鴉片戰爭到甲午戰爭的半個多世紀裏，清政府所做出的各種嘗試和努力都遭到了持續不斷的挫敗，這顯示著傳統中國政治社會秩序的內部「缺乏有生機的資源來有效地反抗列強的侵逼」〔註 29〕。尤其是甲午的慘敗更使關懷中國前途命運的知識分子明確地認識到，中國的制度與文化存在基本的缺陷。日本曾是向中國學習的東鄰小國，其「明治維新」的起步比中國的「自強運動」還稍遲，然而在不到三十年的時間裏，它已成爲現代化的強國，而中國依然落後停滯，如此強烈的反差所帶來的震撼是空前的。正如梁啓超說，甲午一役「喚起我國四千年之大夢」。同時甲午戰爭宣告了洋務運

〔註 27〕許紀霖：《二十世紀中國思想史論》（上卷）序言，東方出版中心，2000 年，
　　　　第 1 頁。
〔註 28〕張星久：《儒家思想與中國君主專制的內在衝突》，載《武漢大學學報》1996
　　　　年第 5 期，第 74 頁。
〔註 29〕林毓生：《二十世紀中國的反傳統思潮與中式烏托邦主義》，《二十世紀中國思
　　　　想史論》（上卷），東方出版中心，2000 年，第 442 頁。

動的失敗，而洋務運動的失敗意味著籠罩整個十九世紀的中國近代傳統中用經世致用來強化儒學事功能力的破產，這表明了既然儒學經過強化事功的變構都不能對抗西方衝擊而使中國立足於世界民族國家之林，那麼儒家所刻畫的理想社會制度就不是一種好的制度〔註30〕。傳統的政治社會秩序既然無法有效地成為中國富強的根基，那它自然就失去了可信性和吸引力。中國必須尋找新的秩序，否則必定亡國，淪為西方的殖民地。人們對傳統社會制度價值的否定必然進而導致對支撐這種社會的意識形態的否定，因為中國傳統社會中社會制度和道德理想是緊密結合在一起的，「一旦社會制度被證明不好和不可實現也就意味著道德理想不可欲，籠罩在儒家道德理想之上的魔力便開始消失了」〔註31〕。正如余英時所指出的，儒學從一開始就不只是一種單純的哲學或宗教，而是一套全面安排人間秩序的思想系統，它基本上是要求實踐的，無法長期停留在思辨的層次，而這只有通過制度化才能落實，因而儒學必須託身於傳統的社會制度〔註32〕。而且與經過宗教改革和啟蒙運動洗禮、有自己獨特領域和教會組織的基督教不同，傳統儒學沒有自己的組織和專屬領域，而是以一切社會制度為託身之所，是全面性的、無處不在的。因此相形之下，「由於中國歷史上一直缺乏獨立於社會政治系統的宗教，當儒家的社會建制崩潰之後，其信仰系統也難以繼續維持。」〔註33〕當時許多人便把制度運作的失靈歸咎於儒學，例如太平天國時代的汪士鐸，是「理學名臣」曾國藩、胡林翼所器重的謀士，他在《悔翁日記》中便屢次痛斥儒學，不僅罵程、朱理學，而且也鄙薄孔、孟。蕭功秦也指出，儒學以維持社會穩定為己任，「與傳統專制政體如此同構，以致於傳統政體因屢遭屈辱失敗，聲名掃地，而趨於崩潰時，憎惡傳統政體的中國人也漸漸陷入了儒學信仰的危機之中」〔註34〕。列文森也認為，儒家思想與以帝制為代表的傳統政治制度是一個連體動物，所以帝制的瓦解必然帶來儒家思想的沒落，他說：「帝制為儒家

〔註30〕金觀濤：《中國革命烏托邦的起源：論道德理想主義演變的邏輯》，載《亞洲研究》1999年第三十期，第38頁。

〔註31〕同上，第39頁。

〔註32〕余英時：《現代儒學的困境》，載《現代儒學的回顧與展望》，三聯書店，2004年，第54頁。

〔註33〕許紀霖：《二十世紀中國思想史論》（上卷）序言，東方出版中心，2000年，第3頁。

〔註34〕蕭功秦：《智者的尊嚴——知識分子與近代文化》序言，學林出版社，1991年，第2頁。

官僚體制提供了環境，而帝制在 19 世紀受到打擊，在 1911 年宣告崩潰，已經只是一種殘留的意念。在民國體制下，儒家思想也成了遺跡。帝制和儒家——一對在許多世紀和朝代中結成的互相猜忌的伴侶——在互相拉扯下垮掉了。當儒家思想喪失了它的體制內容之後，思想的延續也受到了嚴重的破壞。這個逐漸沉沒的偉大傳統已經準備向人間告別。」〔註35〕

儒家思想的日益沒落引起社會信仰體系的崩潰，整個中國社會失去了精神支柱。當意識形態發生斷裂而失去思想秩序的時候，便可能並需要產生各種新的思想、新的秩序體系。「在那些知識與思想以及使其得以確立的背景都被劇烈的變動摧毀的時候，舊的知識與思想就彷彿漂泊的無根之舟，很快就會被新知識與新思想淹沒，這時人們就不得不為自身另外尋找奠定知識與思想的基石」〔註36〕。在某種意義上也可以說儒家思想的危機成為近代人們思想解放的開端，為新思想的產生開闢了道路，自此之後，「中國開始了舊意識形態解體和新思想誕生的大時代。」〔註37〕近代中國的烏托邦思想正是在這種情況下產生的，脫出儒家思想的限制，人們發現不同於傳統社會的理想秩序不僅是可能的而且是必需的，美好的社會可以是別樣的，生活不僅僅是目前的存在，而是可以更美好的，只要人們積極努力的去找尋。洪秀全的地上天國正是試圖用異質文明基督教來代替儒教的嘗試，儘管有點走樣。康有為的大同社會則是一個全然不同於儒家倫理綱常秩序的體現自由、平等、博愛的美好秩序。無政府社會則更為激烈徹底地否定儒家的傳統。

（三）近代西方文明的影響

儒家文化過於注重在現存的政治秩序中尋求自我價值的實現，因此在傳統中國很難產生真正意義上的烏托邦思想，近代中國的烏托邦思想是在西方文明的影響下形成的。西方的各種烏托邦思想和具有烏托邦傾向的近代文明理念在近代傳入中國，促使了中國烏托邦思想的產生。

在兩千多年的儒家意識形態支配中國人思想的傳統社會中，中國士大夫一向認為世俗社會本身就是自足的，他們的政治理想都是可以在現存的政治

〔註35〕Joseph Levenson，Confucian China and Its Modern Fate，University of California Press，1965，p.78.

〔註36〕葛兆光：《七世紀前中國的知識、思想與信仰世界》，復旦大學出版社，1998年，第49頁。

〔註37〕金觀濤：《中國革命烏托邦的起源：論道德理想主義演變的邏輯》，載《亞洲研究》1999年第三十期，第39頁。

社會中完成的，他們對人生的各種期望都是能夠得到滿足的，修齊治平即是個人價值實現的過程，因此不必要在現存社會之外去尋求新的實現自我的理想秩序，不必要將希望寄託於虛無縹緲的未來，所需要做的僅僅是積極的把握住人生的各種機遇在現實社會的秩序框架內實現自我。馬克斯・韋伯曾指出：「儒教徒並不希望通過棄絕生命而獲得拯救，因為生命是被肯定的；也無意於擺脫社會現實的救贖，因為社會現世是既有的。儒教徒只想通過自制，機智地掌握住此世的種種機遇。」〔註38〕因此一些烏托邦研究者認為西方世界之外並沒有烏托邦生長的土壤：「烏托邦不是普遍的。它只出現在具有古希臘羅馬和基督教傳統的社會中，換言之，只存在於西方社會」〔註39〕，「西方世界烏托邦思想之豐富，則是其他文化所無法比擬的。也許中國文化過於世俗和實用，而印度文化則過於超驗，以致於無法認識到世俗王國和天國之間的張力，並通過在地上建立天國這一深藏於烏托邦幻想中的觀念來解決它。」〔註40〕正是在這個意義上，陳周旺認為中國真正具有烏托邦性質的思想產生於西學東漸、中國進入近代化進程之後，也即近代中國的烏托邦思想大都是在西方的影響下產生的，「中國近代的烏托邦思想，也不過是西方近代政治文明的投影而已。」〔註41〕

　　近代中國社會在外力的逼迫下逐步從封閉走向開放，隨著國門的打開，西方的各種思想和文明以及近代觀念如基督教文明、社會進化論、民族主義、達爾文主義、自由主義、無政府主義、社會主義等都源源不斷地傳入中國，中國近代的烏托邦思想正是在這些思潮的影響下形成的。洪秀全地上天國的理想主要來源於西方基督教思想，「太平天國」中的「天國」之稱源於基督教新教的聖經。他所希冀的是一個人人平等、互助互愛、天下一家、共享太平的理想社會，因為他認為所有的人都是上帝的孩子，所以應該是完全平等的。人們本應該過美好的生活，但現實中卻存在著眾多的醜惡，這是因為人們拜邪神而不敬上帝所致，所以他用上帝的權威來否定世間一切的政治權威和精神權威，仿照西方的基督教組織他成立了拜上帝教，組織了拜上帝會，崇奉「獨一真神皇上帝」，

〔註38〕〔德〕馬克斯・韋伯：《儒教與道教》，洪天富譯，江蘇人民出版社，1997年，第182頁。

〔註39〕Krishan Kumar，Utopia and Anti-Utopia in Modern Times，p.19.

〔註40〕Frank E. Manuel & Fritzie P. Manuel，Utopian Thought in the Western World，p.1.

〔註41〕陳周旺：《正義之善——論烏托邦的政治意義》，天津人民出版社，2003年，第84頁。

充滿了基督教的色彩。康有為的大同社會則完全是以西方近代的政治文明觀念來闡述中國傳統。大同理想糅合了西方空想社會主義學說和資產階級民主理論，徹底體現了自由、平等、獨立、博愛的原則。大同社會的政治組織——世界政府真正體現了徹底民主的原則，主要是社會的經濟文化管理機關，而不是具有強制壓迫性質的國家機器。大同社會的經濟基礎是建立在人人勞動和財產共有基礎上的生產力高度發達的物質文明。大同社會的社會結構是一個沒有國家、消除階級、廢除家庭、沒有任何天然或人為束縛的絕對獨立自主的個人的自願結合，充滿了近代的文明氣息。康有為自己也說西方科學與西方社會思想對他有決定性的影響，他在萬木草堂講學時曾說：「美國人所著《百年一覺》書，是『大同』影子。」〔註42〕中國無政府主義者的無政府社會思想是直接以西方無政府主義為理論淵源的，幾乎是全盤輸入的。他們接受的主要是俄國克魯泡特金的無政府共產主義和他的「互助論」，他們聲稱：「克魯泡特金，吾黨中泰斗」〔註43〕，「克氏學說，實不魁吾黨之經典」〔註44〕。可見，西方的各種思想影響著近代中國烏托邦思想的形成。

近代在中國普遍散佈的西方思潮中常常含有強烈的烏托邦傾向，如人對自己能力的自信和由此而來的對社會歷史不斷進步的自信。這些趨勢是很容易產生烏托邦思想的，因此，張灝認為烏托邦思想彌漫了整個西方近代思潮，不論是理性主義還是浪漫主義，都含有烏托邦思想的傾向〔註45〕。文藝復興和宗教改革運動以及隨後的啟蒙運動使西方的近代思想中彌漫著強烈的樂觀精神，人對自己、對未來都充滿了信心。人相信自己的自我完善能力，相信通過自身的努力，發揮人力，就可以無所不能、無所不知，就能夠超越當下的黑暗時代，達至一個完美的未來，建天堂於地上。在這種精神的籠罩之下，人類已有自我神化的傾向。

烏托邦觀念的形成基於人對自身的肯定。古希臘精神中人可以通過竭盡所能來體現自己的勇氣和價值，文藝復興就是借助於這一觀念將人從宗教的桎梏中解放出來，使世俗生活恢復了光明，開啟了人文主義傳統。莎士比亞的戲劇意味著世俗生活無需上帝的光照就可以自我呈現出來。文藝復興的建

〔註42〕 《南海康先生口說》，中山大學出版社，1985年，第31頁。

〔註43〕 《駁江亢虎》，《師復文存》，革新書局，1927年，第237頁。

〔註44〕 《克魯泡特金之為人及其言論》，《民聲》第8號，1914年5月2日。

〔註45〕 張灝：《略論中共的烏托邦思想——對金觀濤論旨的幾點回應》，載《二十一世紀》1991年4月總第4期，第134頁。

築、雕塑、油畫表現出人體的力量與健美，展現了人豐富的自然情感和充滿自信、生氣勃勃的精神狀態。爲此，布克哈特認爲文藝復興的最偉大成就在於「人的發現」〔註 46〕，人的發現使人們開始從人的角度來看待人，世俗生活本身的價值開始重新受到肯定，這對於烏托邦觀念的形成具有決定性的意義。宗教改革則在救贖的層面上將個人和世俗生活從教會權威中解放出來。中世紀教會權威的存在使個人的自我救贖成爲不可能，馬丁·路德提出的「因信稱義」否定了教會的救贖權威，認爲只要個人忠誠於對上帝的信仰，就可以領悟上帝的救贖之恩，成爲上帝的選民而不需要教會作爲中介。《聖經》才是信仰的唯一權威，教徒個人有權憑藉個人的良心和理智來解釋《聖經》，任何人，無論是王公貴族，還是教皇、主教都無權把自己對《聖經》的解釋強加給別人。個人通過自己的努力來爭取上帝的恩寵，人不是被動無爲的，他必須積極行動。這種行動只能落實在日常的世俗生活中，也即馬克斯·韋伯所說的「天職」的履行，教徒在世俗生活中履行上帝指派的「天職」，辛勤工作，節制自己的欲望，以此來表達對上帝的信仰而獲得拯救。這樣，世俗生活就在救贖中獲得了意義。至此，古希臘的人文精神與基督教救贖觀念被賦予了近代意義，統一於人對自我完善的信心中。正如程世平在其新著《文明的選擇》中所指出的那樣：「當路德打開了那扇通往上帝之門的時候，同時也打開了潘多拉的盒子。於是整個德國都興奮起來，爲自然立法，爲道德立法。從康德到黑格爾，從費爾巴哈到叔本華，他們紛紛拿起批判的武器評估舊有的一切偶像（「眞理」）。他們以懷疑的眼光打量以往的價值，力圖創造一種不以上帝爲依託的新道德的價值表來。」〔註 47〕隨後的啓蒙運動進一步將人和世俗生活從歷史傳統的枷鎖中解放出來，使人具備了創造歷史的自由意志，成爲歷史的主體和宇宙的中心，「人置換了神的地位，成爲絕對的『主體』，他自身就是無限的」〔註 48〕。正如顧彬所言，「上帝死了」，人「自己成爲自己的存在和一切行動的理由」，人的追求佔據上帝的位置，現代人「必須謀求自身的合法化。他們將自己的領導要求放進成爲空檔的救世史矩陣之中」〔註

〔註 46〕〔瑞士〕J.布克哈特：《意大利文藝復興時期的文化》，何新譯，商務印書館，1979 年，第 302 頁。

〔註 47〕程世平：《文明的選擇》，中國社會科學出版社，2000 年，第 149 頁。

〔註 48〕陳周旺：《正義之善——論烏托邦的政治意義》，天津人民出版社，2003 年，第 108 頁。

〔註 49〕顧彬：《上帝病——人病：論中國和西方的不完美性問題》，第 75～76 頁，轉

49〕。啟蒙運動將「神」徹底從「人」的領域趕出之後，人的理性被認為是萬能的，他們堅信人類憑藉自己的理性定能通達一個美好的未來。有了理性的指引，在自然王國中，人們就能處處安家，向四面八方前進。自此之後人們相信沒有任何限度是經過澄清和提煉的人類智慧所不能逾越的，「我們想做一件事，只要有堅強的意志，就沒有什麼是不可以做的，……頑強的目的性受到經精心組織的文藝和科學知識的支持，並輔之以極大的堅忍不拔精神，我們就有可能做好一切事情」〔註50〕，「人類受到了鼓勵，要在人世間創造最美好的生活。」〔註51〕當時科學的進步一再印證了人作為歷史創造者的主體地位，表明了人可以通過知識的不斷增長來改善自己的生活，推動人類歷史的進步。孔多塞認為現實的不完善是人類不斷進步的動力，自然界對於人類能力的完善化並沒有標出任何限度，人追求完美的能力實際上是無限的，因此除非自然給我們生存於其中的地球以滅頂之災，沒有任何力量能夠阻止人類的自我進步〔註52〕。可見，他對人類一切領域的不斷完善充滿了信心。思想界存在的這種普遍的樂觀自信使進步觀念第一次上升為一個主導性的和普遍性的歷史哲學公理和信條，徹底結束了循環論邏輯統治歐洲歷史哲學的時代。西方近代思想中普遍流行的觀念——進化史觀就是基於對理想和知識的信仰，認為歷史是一個不斷演進的過程，現在比過去好，未來比現在更為進步，在這個過程的盡頭將會是一個美好的社會。

西方這些具有強烈烏托邦傾向的觀念在近代傳入中國，被思想界普遍接受，最明顯的是康有為的三世進化論，他將傳統的具有強烈循環論色彩並以古代為歷史取向的儒家「三世」說改造成為單向直線的以未來為取向的社會歷史進化學說，認為歷史是不斷朝向一個光明美好的未來做有目的性發展的過程。這種脫出傳統循環論窠臼的對未來的看法使得當時的中國人懷抱著空前樂觀的前瞻意識，雖身處於苦難之中，但他們仍覺得「眼前的危難孕育著復活與新生的契機」〔註53〕，樂觀期待未來的理想社會。這種烏托邦心態或

引自劉小楓：《儒家革命精神源流考》，三聯書店，2000年，第3頁。

〔註50〕〔美〕喬·奧·赫茨勒：《烏托邦思想史》，商務印書館，1990年，第149頁。
〔註51〕同上，第123頁。
〔註52〕〔法〕孔多塞：《人類精神進步史表綱要》，何兆武等譯，三聯書店，1998年，第2～3頁。
〔註53〕張灝：《中國近百年來的革命思想道路》，《二十世紀中國思想史論》（下），東方出版中心，2000年，第388頁。

者是張灝所說的歷史理想主義心態籠罩著近代中國的知識分子，使他們超越黑暗的現實，勾畫出一個個的理想社會。

三、人的角度

　　近代中國烏托邦思想的形成除了社會和思想的前提之外，還有人的條件。烏托邦內在於人的本質要求，是人之為人的根本標誌。但是直到近代，中國知識分子從傳統思想和體制的束縛中解放出來，獲得了獨立人格和政治自主性才有烏托邦思想產生的可能。

（一）烏托邦紮根於人類的深層需求

　　黑格爾在他的《哲學史講演錄》中曾經提到這樣一件關於「哲學之父」泰勒斯的軼事：「他在仰望和注視星辰時，曾經跌到一個坑裏，因此人們就嘲笑他說，當他能認識天上的事物的時候，他就再也看不見腳下的東西了」。然而，黑格爾以他哲人的智慧向嘲笑泰勒斯的人們指出：「他們不知道哲學家也在嘲笑他們不能自由地跌入坑內，因為他們已永遠躲在坑裏出不來了，因為他們不能觀看那更高遠的東西」〔註54〕。黑格爾的這一聲棒喝無疑是精彩的。是的，「觀看更高遠的東西」，這不僅是哲學的境界，更是人類精神的本質特徵，烏托邦正是源於人類所特有的這種向高遠處觀望的精神。人之所以區別於動物，就在於人有理想，永不滿足現實，不斷超越現實、執著追求美好，因此可以說烏托邦精神是「人之為人的標誌，因而是人的根本精神」〔註55〕，紮根於「人的獨特的存在方式」〔註56〕，烏托邦「必定在人自身的結構中具有一個基礎」〔註57〕，「以烏托邦形式進行思維屬於人的存在，……烏托邦並不是可以被取消的事物，而是與人一樣長期存在下去的事物」〔註58〕，「烏托邦是人類生活的必然，失去了烏托邦，人類也就不成為人類了」〔註59〕。

〔註54〕黑格爾：《哲學史講演錄》第一卷，商務印書館，1959年，第179頁。

〔註55〕賀來：《現實生活世界——烏托邦精神的真實根基》序言，吉林教育出版社，1998年。

〔註56〕賀來：《烏托邦精神：人與哲學的根本精神》，載《學術月刊》1997年第9期，第18頁。

〔註57〕〔美〕保羅‧蒂利希：《政治期望》，徐鈞堯譯，四川人民出版社，1989年，第162～163頁。

〔註58〕同上，第163頁。

〔註59〕陳周旺：《正義之善——論烏托邦的政治意義》一書序言，天津人民出版社，2003年，第2頁。

　　烏托邦產生的最根本原因在於人超越自我、超越有限的需求。人類本是一種獨特的存在物。人不是像動物一樣是一種單一性的存在，而是生活在「雙向度世界」充滿張力的兩重化結構之中。一方面，人作為感性肉體直接地是自然的存在物，來源於自然，是自然界的一部分，其身上始終存在著「物性」，受到各種自然條件的限制，而且這種制約對人來說是永遠存在的，人類超越了舊有的限制，新的制約就會隨之而來。雖然人有著無限發展的可能性，它能夠超越被給定者、無限地超越被給定者，原則上沒有任何被給定的事物是人所不能超越的，但事實上他不能這樣做，人類永遠不可能在特定的時空中完全超越自然，這即是蒂利希所說的人的有限性。另一方面，正因為人超越一切有條件處境的能力是有限的，所以人始終都有一些尚未實現的可能性——無限的可能性，所以成為一個「真正的人」的渴望便要求人不斷地從自然的鏈條中超越出來，在創造性活動中把自身提升出來。因此「人無時無刻不為超越動物地位、超越其生存的偶然性和受動性以及成為一個『創造者』的願望所驅使，無時無刻不在內心激蕩著一種趨向自由的力量、熱情與憧憬」〔註60〕。衣俊卿博士也認為人既起源於和受制於自然，同時又不斷超越自然，是超越性的存在物，具有類神的特徵，人的主體性介乎於自然性與神性之間，「這樣一來，人就在自身之內自覺不自覺地積澱了一種對永恒、無限和完滿完善的渴望：每個人都是有限的，但其內在的衝動總是指向無限；人類在每一特定歷史階段上均是不完善的，但其社會理想或目標總是指向完滿、完善與永恒。」〔註61〕可見，人之所以具有勇氣（正如尼采正確地指出的，人是最勇敢的動物），是因為「人懷著期望前行，要超越被給定者而走向未來。」〔註62〕烏托邦正是人類超越現實的產物，可以說人天生是來自自然的烏托邦生物。人的世界決不是被給予的，人決不是如動物一樣僅僅一般接受既定的「事實」，人總是不斷挖掘自己新的可能性，總是通過不斷超越現實的存在而使世界永遠處於開放和創造之中，總是生活在「遠方」，生活在「未來之鄉」。正是在這個意義上，蒂利希認為「烏托邦的概念依賴於人本質上應該是和可能

〔註60〕賀來：《現實生活世界——烏托邦精神的真實根基》，吉林教育出版社，1998年，第9～10頁。

〔註61〕衣俊卿：《歷史與烏托邦——歷史哲學：走出傳統歷史設計之誤區》，黑龍江教育出版社，1995年，第30頁。

〔註62〕〔美〕保羅·蒂利希：《政治期望》，徐鈞堯譯，四川人民出版社，1989年，第169頁。

是的那種東西與人在生存中即在現實中所是的那種東西之間的差別」〔註63〕。

作爲自然存在的個人而言，人實際上生活在雙重世界之中，一是現實世界，一是精神世界。因爲人不僅僅是存在著的動物，更是理解、反思著的動物。思考著未來、生活在未來是人本性的一個必要部分〔註64〕。因此，人類不僅生活在現實之中，也生活在理想中，「各種各樣的社會理想，存在於人類心靈的深處，……在不同情景中的形形色色的烏托邦模式，清楚地反映了潛藏於一切人心中同樣的理想主義傾向。」〔註65〕總之，烏托邦體現了人生存的深層目的，顯示了人本質上所是的那種東西。烏托邦所表達的，人類對於自我完善能力的自信，對於通過自己的努力尋求最終解放的渴求，對於超越當下黑暗時代的美好社會的持久不懈的期待，都是紮根於人性本身最爲深層的需求。正如庫瑪所說，烏托邦的觀念一旦被發明後就不會完全消失，因爲它內在於人的本質之中〔註66〕。

（二）近代中國知識分子的政治自主性

烏托邦雖然紮根於人的本性，人類天生有製造烏托邦的衝動，但烏托邦的最終形成依賴於具有獨立精神的知識分子。因爲烏托邦旨在追求一套與現存秩序完全不同的全新的秩序體系，而只有與現存體制保持一定距離的獨立的知識分子才可能衝破現實的種種束縛去追尋這樣一種目標。知識分子在每個社會中都是一個特殊的群體，他們常常以救世主和立法者自居，常常有拯救人民於水深火熱之中的激情，甚至抱著爲此殉道的勇氣與決心，因爲往往是他們最早敏感地意識到現有社會的種種不義之處，意識到人們生活在黑暗之中。因此幾乎所有主流的學者都傾向於認同知識分子的一個共有特徵：自由批判的精神。所以知識分子在西方常常被稱爲「社會的良心」、「權力的眼睛」，他們是人類基本價值的闡釋者和守護者。美籍巴勒斯坦裔學者薩義德更是將知識分子所應具有的這種批判精神發揮到了極致：「從事批評和維持批評的立場是知識分子生命的重大方面」〔註67〕。但是中國直到近代才產生這種

〔註63〕同上，第 181 頁。

〔註64〕卡西爾：《人論》，上海譯文出版社，1985 年，第 68 頁。

〔註65〕Moritz Kaufman：Utopias，p122，Kegan Paul press，Reference Ruth Levitas：the concept of utopia，Philip Allan 1990，p.13.

〔註66〕Krishan Kumar，Utopia and Anti-Utopia in Modern Times，Oxford：Basil Blackwell，1987，p.423.

〔註67〕Edward W.Said，The World，the Text，and the Critic，1983，pp.29～30.轉引自

具有獨立人格、能夠進行自由批判、可以自主選擇信仰的知識分子，傳統中國嚴格說來沒有眞正意義上的知識分子。

　　知識分子在古代通常被稱爲士，他們的人生目標是「內聖外王」，也就是說要通過自己對儒家經典的掌握（內聖）來成爲眞正的帝王或者輔佐別人當王（外王）。在他們看來，儒家所規定的一套秩序體系已經是最好的，社會不需要新的思想、新的理想秩序，他們需要做的只是積極投身於現實政治以實現人生理想，他們也會對現實政治進行批判，但這種批判是在承認和肯定現實政治的前提下進行的，而且以「道統」爲極限，超越「道統」的批判則被視爲離經叛道。可見，傳統社會不需要人格獨立，既依附於已有的思想體系——儒家意識形態又依附於意識形態的維護者和實踐者——現實政治權威，是中國歷代士人的最終歸宿。他們視儒家經典爲至高無上的權威，連被奉爲「聖人」的孔子本人尚且一再強調自己「述而不作，信而好古」，後世的儒生們則更加誠惶誠恐，明初著名理學家薛瑄就說：「夫以孔子之大聖，猶述而不作，是故學不述聖賢之言，而欲創立己說，可乎？」〔註68〕幾千年來，傳統士人耗費一生的光陰和全部心血去咀嚼儒家經典，闡釋古人，師承陳說，代聖人立言成爲他們治學的唯一要旨。儒家學說主張積極入世，因此儒生們的人生理想便是由士而仕，由「修身齊家」進而「治國平天下」，實現這一理想的制度化途徑便是自隋唐以來逐漸完備的科舉取士制度。科舉制度一方面爲傳統體制輸送新鮮血液，保持國家機器的適當活力和官僚隊伍的自然更新，另一方面也使天下士子執著追求仕途，精力都拘限於向朝廷求官而放棄了對社會所應負的責任和努力，思想也被納入欽定的標準模式而日趨孤陋。讀書人除了科舉入仕之外，幾乎沒有別的實現自我價值的合適渠道。許多人正是在年復一年的科舉考試中喪失了昔日的淩雲壯志，日漸老去：「三年一科，今科失而來科得，一科復一科，轉瞬其人已老，不能爲我患，而明祖之願畢矣。意在敗壞天下之才，非欲造天下之才。」〔註69〕總之，在傳統社會中，雖然一些儒家理想主義者也曾努力以儒家的政治理想來改造現實政治，體現出一定程度的自主性、能動性和進取性，但他們的思想卻未能突破儒家經典的藩

　　薩義德：《知識分子論》譯者序言，單德興譯，北京三聯書店，2002年，第4頁。

〔註68〕《讀書續錄》卷四，轉引自許紀霖：《智者的尊嚴——知識分子與近代文化》，學林出版社，1991年，第5頁。

〔註69〕馮桂芬：《校邠廬抗議·變科舉議》，上海書店出版社，2002年，第37頁。

籬，人身上也依附於官僚體制和宗法關係，從未能夠在現實政治體制之外建樹知識分子的獨立力量，保持知識分子所應具有的獨立人格。

這種狀況到了近代才有了徹底的轉變。儒家思想在近代遭遇到了前所未有的危機，它存在的合理性受到普遍質疑，西方的優勢文明又如潮水般湧入中國，基督教，「物競天擇」說，社會進化論，自由平等說，無政府主義等等，令人應接不暇。這是一個眾多思潮激蕩的時代，在眾多可供選擇的信仰面前，知識分子不需要也不可能再固守儒家的思想傳統。脫出儒家思想的限制，知識分子的心靈變得活躍，豐富，開闊，他們按照自己的理解和需要對這些新的思想進行艱難的比較，選擇和吸收，真正開始了思想獨立的歷程。在這種思想背景下的知識分子與傳統社會中的士人階層大為不同，「他們富於浪漫主義氣質和烏托邦理想，也富於政治敏感和愛國熱情，因而他們強烈要求改革中國社會現狀，而且總是扮演最為激進的角色。」〔註70〕傳統的政治社會制度在近代也日益腐化，很多士人並不能通過正常的制度途徑——科舉制度進入政治體制內，如洪秀全等。這些為傳統體系所排斥的知識分子自然會轉而反對傳統制度，從傳統制度的束縛中脫離出來。近代多變的社會環境為這些懷才不遇、心理上受到壓抑的知識分子提供了展示的舞臺，一旦有了機遇，便會將這種心態以高度情緒化、極為亢奮激進的方式表現和宣泄出來。1905年持續了一千年之久的科舉制度的廢除更是意味著知識分子由士而仕的單一發展的渠道的時代的終結，傳統士人再也不能通過科舉考試博取功名來進入政治體系，誠如余英時先生所指出的，他們參加中央和地方權力機構的管道被切除了，他們的政治社會地位被邊緣化了〔註71〕，他們已經徹底從傳統體系中疏離出來。這種疏離一方面也使一些知識分子對傳統體制日益不滿。科舉制度是傳統士人與國家權力機構聯繫的樞紐，通過這個媒介，他們進可為官，退可為紳，所以他們的政治社會立場常常是保守的，是支持現存政治社會秩序的。科舉制度的廢除破壞了這種穩定的聯繫，同時現存政府又沒有進行充分的制度創新，採取相應的替代措施，這種政治體系的紊亂使近代社會缺乏知識分子體制內參政的合適渠道，在社會支配階級中也無法保持昔日的權力和影響，使其對現存秩序產生認同危機。這種疏離另一方面帶來了知識

〔註70〕劉曄：《知識分子與中國革命》，天津人民出版社，2004 年，第 69 頁。
〔註71〕余英時：《中國知識分子的邊緣化》，載《二十一世紀》1991 年 8 月總第六期，
　　　　第 18 頁。

分子的獨立地位，知識分子再也不必要通過擠身於仕途來實現自己的人生理想和個人價值，因為隨著社會分工的發展，知識分子可以選擇棲身的職業逐步增多，教育，出版，新聞，科技事業等。他們通過辦報、成立新式學校、組建各種學會和社團、成立政黨等方法來向現存政治秩序施加影響。他們參與政治的激情並未減退，反而在嚴重的民族危機的刺激下變得更為熱烈和高漲。總之，近代中國知識分子由於擺脫了思想和制度的束縛，獲得了個體人格的獨立，開始以真正知識分子的立場來重新打量周圍的世界和社會，審視傳統的一切，重新構劃新的理想秩序。

結語：烏托邦的政治意義及其限度

　　近代中國烏托邦思想家勾畫了一個又一個的美好社會，使身處逆境的近代中國人的心靈得到極大安慰，鼓舞著他們為社會狀況的不斷改進而不懈努力，但試圖將這些理想付諸實施的各種努力都被實踐證明是不可能的，這不能不引起人們的思考：烏托邦的注定無法實現是不是就表明烏托邦本身是毫無價值和意義的？如果不是，烏托邦的政治意義何在？烏托邦政治意義的限度或者烏托邦必須恪守的邊界在哪裏？

　　烏托邦在想像中勾畫了一個完美的社會狀態，把希望寄託在與政治現實截然不同的時空之中，成為在政治現實中「無處所」、「不在場」的事物，但烏托邦卻並不因為「沒有寄寓之所」就成為無意義的，不因為其不能實現便毫無價值，恰恰相反，烏托邦正是通過它的「不在場」來凸現其政治意義的，「烏托邦有一種悖論的性質，它的生命力恰恰在它的非現實性。」〔註1〕烏托邦正是在與政治現實的對立中揭示自我、實現其評判功能的。布洛赫指出：「社會烏托邦以光明的世界對抗黑夜，光明的大地被揭示，正義的光芒閃耀，那些深受壓迫和深懷不滿的人都獲得了解脫。」〔註2〕可見，烏托邦的意義不在於它的可實現性，而在於它評判現實的理想。「他們的力量在於他們提出的理想，而不是措施。」〔註3〕正如蘇格拉底所說：「我們看著這些樣板，是為了我們可以按照他們所體現的標準，判斷我們的幸福或不幸，以及我們幸福或不幸的程度。我們的目的並不是要表明這些樣板能成為在現實上存在的東

〔註1〕 張汝倫：《柏林和烏托邦》，載《讀書》1999年第7期，第93頁。
〔註2〕 Ernst Bloch，The Principle of Hope，Oxford：Basil Blackwell Ltd.，1986，p.475.
〔註3〕 〔美〕喬·奧·赫茨勒：《烏托邦思想史》，張兆麟等譯，商務印書館，1990年，第294頁。

西。」〔註4〕在蘇格拉底看來，我們之所以探討正義、描繪理想國，目的並不
是要據之在人間實現一個理想的城邦，而只是爲批判和觀照現實政治生活提
供一個「樣板」，因爲「不經考查的生活是不值得過的」〔註5〕。曼海姆也指
出，烏托邦這個概念「不是被用來當作一個藍圖，世界在任何一個特定時刻
將根據它來重建。它只被用來當作一把『尺子』，據此可以從理論上來估量具
體事件的進程。」〔註6〕理想國雖然不可實現，但是卻可以激勵我們去追尋可
能的生活。正是在這個意義上，蒂利希認爲烏托邦的積極意義在於它所體現
出來的可能性〔註7〕。人類正是在對烏托邦的不斷追求中取得進步的，韋伯懇
切地說：「如果人們不是一次又一次地力求取得不可能的東西，人類就不會獲
得可能的東西了」〔註8〕，沒有烏托邦所展現的可能性，人類自我實現的可能
性就會受到窒息，我們看到的將會是一個頹廢的現在。因此考夫曼認爲「烏
托邦的價值在於，它提出了一個更高的關於社會的理想，它阻止了人類已有
的固定的、甚至是停滯的狀態，這種狀態滿足於生活的現實層面。它們指向
更高的道德目標和物質改善，因此指引著人類朝向進步和社會改革的道路。」
〔註9〕赫茨勒也說，烏托邦思想家「爲我們描述了一個更爲美好的世界，讓我
們看到這個世界的醜惡，以便我們奮起並改造它」〔註10〕，它將人們的思想
引向解放，解開緊握著過去的僵死之手，鼓勵人們大膽探索並追求更加美好
和永遠美好的事物，使人們超越現實世界的限制，它誘使人們的思想去尊崇
烏托邦思想家培根所喜愛的銘言：一艘船越過世界的盡頭，駛向來知的大海，
船上懸掛著幾個字：「超越極限」，所有這一切都是爲了防止停滯不前並保證
社會的進步〔註11〕。因此當烏托邦被摒棄時，「人便可能喪失其塑造歷史的意

〔註4〕 柏拉圖：《理想國》，商務印書館，郭斌和等譯，1986 年，第 213 頁。

〔註5〕 《柏拉圖對話集》，王大慶譯，商務印書館，2004 年，第 50 頁。

〔註6〕 〔德〕卡爾·曼海姆：《意識形態與烏托邦》，黎鳴等譯，商務印書館，2000
年，第 224 頁。

〔註7〕 〔美〕保羅·蒂利希：《政治期望》，徐鈞堯譯，四川人民出版社，1989 年，
第 215 頁。

〔註8〕 H.H.Gerth and C.Wright Mills. trans. and ed. From Max Weber：Essays in
Sociology. New York：Oxford University Press，1946，p128.

〔註9〕 Moritz Kaufman：Utopias，p87，Kegan Paul press，Reference Ruth Levitas：the
concept of utopia，Philip Allan 1990，p13.

〔註10〕 〔美〕喬·奧·赫茨勒：《烏托邦思想史》，張兆麟等譯，商務印書館，1990
年，第 117 頁。

〔註11〕 同上，第 259 頁。

志，從而喪失其理解歷史的能力。」〔註12〕

烏托邦不僅爲現實政治社會中的人類提供了值得追求的理想，而且在理想的觀照之下，烏托邦對現實政治秩序展開否定和批判以實現其政治價值，它對現有政治生活所進行的批判和檢視爲未來美好政治生活的可能性開闢了道路。烏托邦的積極意義在於其「探索可能的東西，批判現存的東西，促進人類自我更新和改善」〔註13〕。正如卡西爾所說：「烏托邦的偉大使命就在於，它爲可能性開拓了地盤以反對對當前現實事態的消極默認。」〔註14〕烏托邦因其對政治現實的否定和超越而在道德價值上保持著對政治現實的優勢。它對現有意識形態所保護下的政治秩序進行批判，質疑其合法性，動搖了既定權威的永恆性基礎，正如曼海姆所說，烏托邦「由於反對爲現存秩序辯護的『保守』觀點，它避免了對現存秩序的絕對化」〔註15〕。一種社會和政治制度在建立之後往往傾向於自我強化，現有權威會採取一切措施保護自己的合法性基礎，任何可能的調整都只是在此基礎上進行的，因此，既有秩序將可能愈來愈固化、絕對化，社會的流動和發展將難以實現。而大部分烏托邦作品都能喚起人們對周圍現實世界作批判性思考，因此，它意味著對現實政治秩序進行永久批判質疑的可能性。著名思想家哈貝馬斯認爲「烏托邦的核心精神是批判，批判經驗現實中的不合理、反理性的東西，並提出一種可供選擇的方案。」〔註16〕正是在此意義上，傑姆遜堅信「失去烏托邦衝動的人類將失去未來；沒有烏托邦衝動的學者不可能產生對社會強有力的批判。」〔註17〕烏托邦作爲一種對社會進行批判的形式，以正義爲向度，「在某種意義上就是讓社會正義的問題永遠處於開放的狀態，不是將之視作一種機械的、如同代數運算那樣的解題過程，而是作爲一個永恆的社會問題，不斷被重新提出。……借用福柯的話，也可以說烏托邦就是一種社會醫學，一種作用於自

〔註12〕 〔德〕卡爾·曼海姆：《意識形態與烏托邦》，黎鳴等譯，商務印書館，2000年，第268頁。

〔註13〕 張汝倫：《柏林和烏托邦》，載《讀書》1999年第7期，第94頁。

〔註14〕 〔德〕卡西兒：《人論》，甘陽譯，上海譯文出版社，1985年，第78頁。

〔註15〕 〔德〕卡爾·曼海姆：《意識形態與烏托邦》，黎鳴等譯，商務印書館，2000年，第202頁。

〔註16〕 〔德〕尤爾根·哈貝馬斯、米夏埃爾·哈勒：《作爲未來的過去》，章國鋒譯，浙江人民出版社，2001年，第122～123頁。

〔註17〕 蔣暉：《以烏托邦的虛化政治性的實》，載《社會科學報》2003年07月03日第007版。

我的學科。」〔註18〕可以說，正義問題始終是每個社會都要面臨的問題，而這個問題永遠都沒有最終的答案，烏托邦往往產生於社會最不正義的黑暗年代，它一次次地將正義問題提到人們面前，重新促使人們進行思考，以烏托邦的完美來反觀政治現實的種種不義行爲，在這個意義上，烏托邦永遠是黑暗中指引我們前進的高懸在我們頭頂的那盞明燈。

正如蒂利希所說：「如果我們在肯定某一事物的同時，我們也認識到它的有限性，那麼烏托邦的眞實性就在我們一邊，這種眞實性最終將會取得勝利。」〔註19〕因此我們在肯定烏托邦積極意義的同時，也必須指出它的有限性。烏托邦對人類政治生活的意義在於其對未來美好可能性的探索以及對現存社會政治狀況的批判，但烏托邦作爲人類對「應然」狀態的期許也因其科學理論基礎的缺失而成爲一種想像而非現實的存在。烏托邦本身是不可能眞正實現的，因爲它必須要有完美的性質，那些所謂「實現」的烏托邦注定是對烏托邦本源內涵的背離、扭曲。正如別爾嘉耶夫所說：「烏托邦是可以實現的，但必須是在經過曲解之後。」〔註20〕「我所說的烏托邦的實現，不指涉最眞實意義上的實現……。這種實現僅僅導向了一種與原設想的烏托邦不相符合的社會制度，因此嚴格說來是失敗，是空想。」〔註21〕波普爾也指出，「我們的天堂夢想不可能在人間實現。」〔註22〕因此烏托邦只能在保持「不在場」的前提下才會對人類的政治生活有積極意義，烏托邦「思想被設想爲投向無限未來的正式目標，它的作用是在塵世事務中僅僅作爲制約手段而活動。」〔註23〕薩托利也認爲美好理想的作用在於向現實挑戰，而不在於轉化成爲現實，只有這樣它才改進著現實，只有在它同我們保持一定的距離時才會溫暖我們的心〔註24〕。因此，它是不能被現實化的，它必須與現實保持一定的張力，

〔註18〕羅桑瓦朗等：《烏托邦是否仍爲可能？》，載《讀書》2004 年第 5 期，第 43 頁。

〔註19〕〔美〕保羅·蒂利希：《政治期望》，四川人民出版社，1989 年，第 227 頁。

〔註20〕〔俄〕H.別爾嘉耶夫：《精神王國和凱撒王國》，安啓年等譯，浙江人民出版社，2000 年，第 113 頁。

〔註21〕〔俄〕別爾嘉耶夫：《人的奴役與自由》，徐黎明譯，貴陽人民出版社，1994 年，第 181 頁。

〔註22〕卡爾·波普爾：《開放社會及其敵人》（第 1 卷），陸衡等譯，中國社會科學出版社，1999 年，第 381 頁。

〔註23〕〔德〕卡爾·曼海姆：《意識形態與烏托邦》，黎鳴等譯，商務印書館，2000 年，第 224 頁。

〔註24〕〔美〕G.薩托利：《民主新論》，東方出版社，1993 年，第 77 頁。

恪守自己的邊界，它必須將自己保持在思想的領域內才能眞正實現其政治意義，烏托邦「只有當它存在於可能的領域中，它才保有其豐富的生命力。當它宣佈它作爲經驗實在已經完成時，它就失去了其創造力，而不是激發人的想像力。」〔註 25〕當烏托邦不再僅僅滿足於這一維度而向現實轉化也即蛻變爲「烏托邦運動」時，它將不可避免的遭到扭曲和背離，帶給人類的將不再是幸福的憧憬，而只能是痛苦的災難。因爲如果「善的理論作爲一個嚴格的體系提出來，如果某個不開明的暴君自以爲該由他來貫徹這一理論，那麼就會出現恐怖的劫難」〔註 26〕，就會對人民「不顧痛苦與死亡的代價而強迫歷史交出想像中的天國」〔註27〕，「企圖締造人間天堂的結果無一例外造成人間地獄，它導致不寬容」〔註 28〕。如今人們之所以厭棄烏托邦，乃是因爲人們對烏托邦運動的悲劇仍記憶猶新。

但令人遺憾的是，在實際的政治社會中，烏托邦往往難以避免向烏托邦運動轉化的命運。烏托邦與宗教不同，烏托邦是關於現世社會的先驗建構，宗教則是關於來世或天國的，烏托邦雖然超越了現實境況，但缺乏宗教的超驗性質，所以無法保證自己不受檢驗。宗教的理想社會在此世是沒有希望的，因此也是人類無法檢驗的，但烏托邦所描繪的美好理想是關於世俗社會的，它常常促使人們急於將它轉變成爲一種實踐。因此，在實際的社會政治生活中，可能性往往成爲檢驗烏托邦的尺度。對此，劉小楓曾指出：「現代烏托邦允諾的魅力，不僅在其未然描繪，而且在其允諾的現實可能性：它允諾的不僅是未來可以享有的，而且是現在就可能享有的，儘管這個『現在』須在歷史的社會行動中逐步達成。」〔註 29〕因此烏托邦只能一次次地向烏托邦運動轉化以接受現實的檢驗而被磨損。

總之，烏托邦思想家爲我們描繪了完美但卻永遠無法實現的社會，但卻並不是沒有意義的，正如指南星並不因爲其永遠不能到達而失去其指南的作用一樣。烏托邦的意義就在於相對於現存它始終是超越性的、否定性的和批判性的。因而，用馬爾庫塞的話來說就是烏托邦「想要繼續忠誠於這些人：

〔註 25〕張汝倫：《柏林和烏托邦》載《讀書》1999 年第 7 期，第 94 頁。

〔註 26〕伯特蘭・羅素：《自由之路》，北京：文化藝術出版社，1997 年，第 507 頁。

〔註 27〕轉引自鄭也夫：《代價論》，三聯書店，1995 年，第 148 頁。

〔註 28〕卡爾・波普爾：《開放社會及其敵人》（第 2 卷），陸衡等譯，中國社會科學出版社，1999 年，第 361 頁。

〔註 29〕劉小楓：《現代性社會理論緒論》，上海三聯書店，1998 年，第 212 頁。

儘管沒有希望，他們已經而且繼續在把生命獻給那偉大的拒絕。

在法西斯年代之初，沃爾待‧本傑明寫道：

> 只是爲著那些沒有希望的人，我們才被賜於希望。〔註30〕

〔註30〕〔美〕馬爾庫賽：《單面人》，左曉斯等譯，湖南人民出版社，1988年，第220頁。

參考文獻

一、經典原著

1. 馬克思：《黑格爾法哲學批判》，《馬克思恩格斯選集》第 1 卷，人民出版社，1995 年。

2. 馬克思：《鴉片貿易史》，《馬克思恩格斯選集》第 1 卷，人民出版社，1995 年。

3. 馬克思：《關於費爾巴哈的提綱》，《馬克思恩格斯選集》第 1 卷，人民出版社，1995 年。

4. 馬克思、恩格斯：《德意志意識形態》，《馬克思恩格斯選集》第 1 卷，人民出版社，1995 年。

5. 馬克思：《社會主義從空想到科學的發展》，《馬克思恩格斯選集》第 3 卷，人民出版社，1995 年。

6. 馬克思：《中國紀事》，《馬克思恩格斯全集》第 15 卷，人民出版社，1963 年。

7. 〔古希臘〕柏拉圖：《理想國》，郭斌和等譯，商務印書館，1986 年。

8. 〔古希臘〕亞里士多德：《政治學》，吳彭壽譯，商務印書館，1965 年。

9. 〔意〕馬基雅維里：《君主論》，潘漢典譯，商務印書館，1985 年。

10. 〔英〕托馬斯·莫爾：《烏托邦》，戴鎦齡譯，商務印書館，1982 年。

11. 〔意〕康帕內拉：《太陽城》，陳大維等譯，商務印書館，1980 年。

12. 〔英〕霍布斯：《利維坦》，黎思復等譯，商務印書館，1985 年。

13. 〔英〕J.溫斯坦萊：《溫斯坦萊文選》，任國棟譯，商務印書館，1965 年。

14. 〔英〕約翰·洛克：《政府論》（下篇），葉啓芳等譯，商務印書館，1964 年。

15. 〔法〕讓・雅克・盧梭:《論人類不平等的起源和基礎》,李常山譯,商務印書館,1962 年。

16. 〔法〕讓・雅克・盧梭:《社會契約論》,何兆武譯,商務印書館,1980 年。

17. 〔英〕E.柏克:《法國革命論》,何兆武等譯,商務印書館,1998 年。

18. 〔法〕聖西門:《聖西門選集》,王燕生、董果良等譯,商務印書館,1979 年。

19. 〔法〕C.傅立葉:《傅立葉選集》,趙俊欣、汪耀三等譯,商務印書館,1979 年。

20. 〔英〕R.歐文:《歐文選集》,柯象峰等譯,商務印書館,1979 年。

21. 〔俄〕M.A.巴枯寧:《國家制度和無政府狀態》,馬驤聰等譯,商務印書館,1982 年。

22. 〔俄〕克魯泡特金:《互助論》,李平漚譯,商務印書館,1963 年。

23. 〔法〕孔多塞:《人類精神進步史表綱要》,何兆武等譯,三聯書店,1998 年。

24. 〔德〕黑格爾:《哲學史講演錄》第一卷,商務印書館,賀麟、王太慶譯,1959 年。

二、國內編著

1. 梅益等主編:《中國大百科全書・政治學》,中國大百科全書出版社,1992 年。

2. 《中國近代史資料叢刊:太平天國》,神州國光社出版,1952 年。

3. 《太平天國印書》,江蘇人民出版社,1979 年。

4. 羅爾綱:《太平天國文選》,上海人民出版社,1956 年。

5. 金毓黻、田餘慶等編:《太平天國史料》,中華書局,1959 年。

6. 《中國近代史資料叢刊:戊戌變法》,神州國光社出版,1953 年。

7. 《康有為全集》(一),上海古籍出版社,1987 年。

8. 《康有為全集》(二),上海古籍出版社,1990 年。

9. 《康有為政論集》,中華書局,1981 年。

10. 康有為:《大同書》,古籍出版社,1956 年。

11. 康有為:《禮運注》,中華書局,1987 年。

12. 蔣貴麟主編:《康南海先生遺著彙刊》,臺北宏業書局有限公司,1987 年。

13. 梁啓超:《清代學術概論》,上海古籍出版社,1998 年。

14. 《師復文存》,革新書局,1927 年。

15. 范文瀾：《中國近代史》，上編第一分冊，人民出版社，1953 年。

16. 高軍等編：《無政府主義在中國》，湖南人民出版社，1984 年。

17. 葛懋春等編：《無政府主義思想資料選》，北京大學出版社，1984 年。

18. 侯外廬：《近代中國思想學說史》，生活書店，1947 年。

19. 陳旭麓：《近代史思辨錄》，廣東人民出版社，1984 年。

20. 陳旭麓：《近代中國社會的新陳代謝》，上海人民出版社，1992 年。

21. 陳恭祿：《中國近代史》卷下，上海書店出版社，1990 年。

22. 馮契主編：《中國近代哲學史》（上），上海人民出版社，1989 年。

23. 熊月之：《中國近代民主思想史》，上海人民出版社，1986 年。

24. 李澤厚：《中國思想史論》，安徽文藝出版社，1999 年。

25. 張星久：《中國近現代政治思想述論》，湖北人民出版社，2000 年。

26. 吳劍傑：《中國近代思潮及其演進》，武漢大學出版社，1989 年。

27. 蕭公權：《中國政治思想史》，遼寧教育出版社，1998 年。

28. 徐善廣、柳劍平：《中國無政府主義史》，湖北人民出版社，1989 年。

29. 蔣俊、李興芝：《中國近代的無政府主義思潮》，山東人民出版社，1991 年。

30. 李怡：《近代中國無政府主義思潮與中國傳統文化》，華中師範大學出版社，2001 年。

31. 王慶成：《太平天國的歷史與思想》，中華書局，1985 年。

32. 蘇雙碧：《太平天國人物論集》，福建人民出版社，1984 年。

33. 廣東、廣西太平天國史研究會編：《太平天國史論文集》，1983 年。

34. 沈嘉榮：《太平天國政權性質問題探索》，重慶出版社，1985 年。

35. 胡繩：《從鴉片戰爭到五四運動》，人民出版社，1981 年。

36. 孔祥吉：《戊戌運動新探》，湖南人民出版社，1988 年。

37. 林克光：《革新派巨人康有為》，中國人民大學出版社，1990 年。

38. 丁文江、趙豐田編：《梁啟超年譜長編》，上海人民出版社，1983 年。

39. 劉小楓：《現代性社會理論緒論》，上海三聯書店，1998 年。

40. 劉小楓：《儒家革命精神源流考》，上海三聯書店，2000 年。

41. 陳周旺：《正義之善——論烏托邦的政治意義》，天津人民出版社，2003 年。

42. 賀來：《現實生活世界——烏托邦精神的真實根基》，吉林教育出版社，1998 年。

43. 衣俊卿：《歷史與烏托邦》，黑龍江教育出版社，1995 年。

44. 劉曄：《知識分子與中國革命》，天津人民出版社，2004 年。

45. 朱學勤：《道德理想國的覆滅》，上海三聯書店，2003 年。

46. 朱學勤：《思想史上的失蹤者》，花城出版社，1999 年。

47. 張汝倫：《意識形態和學術思想論：思考與批判》，上海三聯書店，1999 年。

48. 梁漱溟：《中國文化要義》，上海人民出版社，2005 年。

49. 閔樂曉：《走出烏托邦困境——從現代角度對中國傳統烏托邦主義進行審視》，武漢大學中國哲學專業 2001 年博士論文。

50. 張灝：《幽暗意識與民主傳統》，載於劉軍寧等編《公共論叢：市場邏輯與國家觀念》，三聯書店，1995 年。

51. 張灝：《危機中的中國知識分子：尋求秩序與意義》，山西人民出版社，1988 年。

52. 劉明華：《大同夢》，上海文藝出版社，1999 年。

53. 陳岸瑛著：《不該遺忘的希望——恩斯特·布洛赫烏托邦哲學評述》，北京大學馬克思主義哲學專業 2001 年博士論文。

54. 陸俊：《理想的界限》，社會科學文獻出版社，1998 年。

55. 劉懷玉：《走出歷史哲學烏托邦》，河南人民出版社，2000 年。

56. 臧世俊：《康有為大同思想研究》，廣東高等教育出版社，1997 年。

57. 蕭公權：《近代中國與新世界——康有為變法與大同思想研究》，江蘇人民出版社，1997 年。

58. 金耀基：《從傳統到現代》，中國人民大學出版社，1999 年。

59. 楊紅偉：《論烏托邦的概念及其政治意義》，武漢大學政治學理論專業 2004 年碩士論文。

60. 李良玉：《動蕩時代的知識分子》，浙江人民出版社，1990 年。

61. 張志揚：《缺席的權利》，上海人民出版社，1996 年。

62. 葛兆光：《七世紀前中國的知識、思想與信仰世界》，復旦大學出版社，1998 年。

63. 賀淵：《三民主義與中國政治》，社會科學文獻出版社，1988 年。

64. 許紀霖：《二十世紀中國思想史論》，東方出版中心，2000 年。

65. 許紀霖：《智者的尊嚴——知識分子與近代文化》，學林出版社，1991 年。

66. 蕭功秦：《儒家文化的困境》，臺北：五南圖書出版公司，1988。

67. 蕭功秦：《與政治浪漫主義告別》，湖北教育出版社，2002 年。

68. 李道著：《告別烏托邦》，甘肅人民出版社，1998 年。

69. 賀光滬、許志偉：《對話：儒釋道與基督教》，社會科學文獻出版社，1998 年。

70. 顧準:《顧準文集:從理想主義到經驗主義》,貴州人民出版社,1994 年。

71. 張樂天:《告別理想:人民公社制度研究》,東方出版中心,1998 年。

72. 李世濤主編:《知識分子立場:激進與保守之間的動盪》,時代文藝出版社,2000 年。

73. 程世平:《文明的選擇》,中國社會科學出版社,2000 年。

74. 錢穆:《中國歷代政治得失》,三聯書店,2001 年。

75. 高瑞泉:《中國現代精神傳統》,東方出版社,1999 年。

76. 俞吾金:《意識形態論》,上海人民出版社,1993 年。

77. 鄭也夫:《代價論》,三聯書店,1995 年。

78. 劉軍寧:《保守主義》,中國社會科學出版社,1997 年。

79. 余英時:《現代儒學的回顧與展望》,三聯書店,2004 年。

80. 余英時:《中國思想傳統的現代詮釋》,江蘇人民出版社,1998 年。

81. 高力克:《歷史與價值的張力——中國現代化思想史論》,貴州人民出版社,1992 年。

三、國外譯著

1. 〔英〕戴維・米勒、韋農・波格丹諾主編:《布萊克維爾政治學百科全書》,鄧正來主編,中國政法大學出版社,2002 年。

2. 〔俄〕H.別爾嘉耶夫:《精神王國與凱撒王國》,安啓年等譯,浙江人民出版社,2000 年。

3. 〔俄〕別爾嘉耶夫:《人的奴役與自由》,徐黎明譯,貴陽人民出版社,1994 年。

4. 〔美〕J.赫茨勒:《烏托邦思想史》,張兆麟等譯,商務印書館,1990 年。

5. 〔德〕卡爾・曼海姆:《意識形態與烏托邦》,黎鳴等譯,商務印書館,2000 年。

6. 〔德〕卡爾・曼海姆:《保守主義》,李朝暉、牟建君譯,譯林出版社,2002 年。

7. 〔美〕B.摩爾:《民主和專制的社會起源》,拓夫等譯,華夏出版社,1987 年。

8. 〔美〕Q.斯金納:《現代政治思想的基礎》,段勝武等譯,求實出版社,1989 年。

9. 〔美〕G.薩托利:《民主新論》,馮克利譯,東方出版社,1993 年。

10. 〔美〕柯文:《在中國發現歷史:中國中心觀在美國的興起》,林同奇譯,中華書局,1989 年。

11. 〔美〕阿爾蒙德、小鮑威爾：《當代比較政治學》，朱曾汶、林錚譯，商務印書館，1995 年。

12. 〔美〕杜維明：《道·學·政：論儒家知識分子》，錢文忠、盛勤譯，上海人民出版社，2000 年。

13. 〔英〕F.哈耶克：《自由秩序原理》，鄧正來譯，三聯書店，1997 年。

14. 〔英〕F.哈耶克：《通往奴役之路》，王明毅等譯，中國社會科學出版社，1997 年。

15. 哈耶克：《科學的反革命：理想濫用之研究》，馮克利譯，譯林出版社，2003 年。

16. 〔美〕G.薩拜因：《政治學說史》，盛葵陽、崔妙因譯，商務印書館，1986 年。

17. 〔美〕L.施特勞斯、J.克羅波西主編：《政治哲學史》，李天然等譯，河北人民出版社，1993 年。

18. 〔法〕D.托克維爾：《舊制度與大革命》，馮棠譯，商務印書館，1992 年。

19. 〔德〕馬克斯·韋伯：《新教倫理與資本主義精神》，於曉等譯，三聯書店，1987 年。

20. 〔德〕馬克斯·韋伯：《儒教與道教》，洪天富譯，江蘇人民出版社，1997 年。

21. 〔美〕馬爾庫賽：《單面人》，左曉斯等譯，湖南人民出版社，1988 年。

22. 〔英〕齊格蒙·鮑曼：《立法者與闡釋者》，洪濤譯，上海人民出版社，2000 年。

23. 〔美〕吉爾伯特·羅茲曼主編：《中國的現代化》，江蘇人民出版社，1995 年。

24. 〔美〕杜贊奇：《文化、權力與國家》，王福明譯，江蘇人民出版社，2003 年。

25. 〔美〕塞繆爾·亨廷頓：《變動社會中的政治秩序》，張岱雲譯，上海譯文出版社，1989 年。

26. 〔美〕費正清主編：《劍橋中國晚清史》，中國社會科學出版社，1985 年。

27. 〔美〕費正清主編：《劍橋中華民國史》，章建剛等譯，上海人民出版社，1991 年。

28. 〔以〕艾森斯塔德：《現代化：抗拒與變遷》，張旅平等譯，中國人民大學出版社，1988 年。

29. 〔英〕吉登斯：《民族——國家與暴力》，胡宗澤、趙力濤譯，三聯書店，1998 年。

30. 〔英〕吉登斯：《超越左與右：激進政治的未來》，李惠斌、楊雪冬譯，社會科學文獻出版社，2000 年。

31. 〔英〕卡爾·波普爾：《開放社會及其敵人》，陸衡、鄭一明等譯，中國社會科學出版社，1999 年。

32. 〔英〕卡爾·波普爾：《歷史主義貧困論》，何林、趙平譯，中國社會科學出版社，1998 年。

33. 〔南斯拉夫〕吉拉斯：《不完美的社會》，葉蒼譯，香港今日世界出版社，1976 年。

34. 〔美〕弗朗西斯·福山：《歷史的終結及最後之人》，黃勝強、許銘原譯，中國社會科學出版社，2003 年。

35. 〔英〕邁克爾·H·萊斯諾夫：《二十世紀的政治哲學家》，馮克利譯，商務印書館，2000 年。

36. 〔英〕伊格爾頓：《歷史中的政治、哲學、愛欲》，馬海良譯，中國社會科學出版社，1999 年。

37. 〔法〕西蒙娜·薇依：《在期待之中》，杜小眞等譯，三聯書店，1994 年。

38. 〔德〕恩斯特·卡西爾：《人論》，甘陽譯，上海譯文出版社，1985 年。

39. 〔德〕尤爾根·哈貝馬斯、米夏埃爾·哈勒：《作爲未來的過去》，章國鋒譯，浙江人民出版社，2001 年。

40. 〔英〕伯特蘭·羅素：《自由之路》，李國山等譯，文化藝術出版社，1998 年。

41. 〔美〕E·希爾斯：《論傳統》，傅鏗、呂樂譯，上海人民出版社，1991 年。

42. 〔德〕阿多爾諾：《否定的辯證法》，張鋒譯，重慶出版社，1993 年。

43. 〔美〕莫里斯·邁斯納：《毛澤東與馬克思主義、烏托邦主義》，張寧、陳銘康等譯，中央文獻出版社，1991 年。

44. 〔德〕雅斯貝爾斯：《存在與超越》，余靈靈、徐信華譯，上海三聯書店，1986 年。

45. 〔美〕M.佩里主編：《西方文明史》（上卷），胡萬里等譯，商務印書館，1993 年。

46. 〔美〕薩義德：《知識分子論》，單德興譯，北京三聯書店，2002 年。

47. 〔德〕J.默茨：《歷史與社會中的信仰》，朱雁冰譯，三聯書店，1996 年。

48. 〔美〕保羅·蒂利希：《政治期望》，徐鈞堯譯，四川人民出版社，1989 年。

四、學術論文

1. 〔美〕伯恩斯坦：《形而上學、批評與烏托邦》，載《哲學譯叢》1991 年第 1 期。

2. 〔法〕呂克·拉西納：《天堂、黃金時代、太平盛世和烏托邦》，《第歐根尼》中文版創刊號。

3. 丁松泉：《宗教烏托邦論略》，載《雲南社會科學》1992 年第 6 期。

4. 劉懷玉：《走出歷史哲學烏托邦》，載《中州學刊》1998 年第 6 期。

5. 徐長福：《烏托邦反思：在歷史與現實之間》，載《求是學刊》1999 年第 2 期。

6. 賀來：《烏托邦精神：人與哲學的根本精神》，載《學術月刊》1997 年第 9 期。

7. 張汝倫：《柏林和烏托邦》，載《讀書》1999 年第 7 期。

8. 金觀濤：《中國革命烏托邦的起源：道德理想主義的演變》，載《亞洲研究》1999 年第三十期。

9. 余英時：《中國知識分子的邊緣化》，載《二十一世紀》1991 年 8 月總第六期。

10. 金觀濤：《中國文化的烏托邦精神》，載《二十一世紀》1990 年 12 月總第二期。

11. 金觀濤、劉青峰：《理想主義和烏托邦——〈大同書〉中儒學與佛教的終極關懷》，載《二十一世紀》1995 年 1 月總第二十七期。

12. 張亞冬：《無政府主義與「五四」新文化運動》，載《南京師大學報》1999 年第 2 期。

13. 顧昕：《無政府主義與中國馬克思主義的起源》，載《開放時代》1999 年第 2 期。

14. 張隆溪：《烏托邦：觀念與實踐》，載《讀書》1998 年第 12 期。

15. 蕭功秦：《戊戌變法的再反省》，載《戰略與管理》1995 年第 4 期。

16. 張星久：《儒家思想與中國君主專制的內在衝突》，載《武漢大學學報》1996 年第 5 期。

17. 張星久：《從政治分析的視角看儒家思想的「基本同一性」》，載《武漢大學學報》1999 年第 1 期。

18. 林崗：《激進主義在中國》，載《二十一世紀》1991 年 2 月總第 3 期。

19. 張灝：《略論中共的烏托邦思想——對金觀濤論旨的幾點回應》，載《二十一世紀》1991 年 4 月總第 4 期。

五、英文文獻

1. Krishan Kumar，Utopia and Anti-Utopia in Modern Times，Oxford：Basil Blackwell，1987.

2. Frank E. Manuel & Fritzie P. Manuel，Utopian Thought in the Western World，Massachusetts：the Belknap Press of Havard University Press，1980.

3. Zygmunt Bauman，Socialism：The Active Utopia，London：Gorge Allen & Unwin Ltd，1976.

4. Martin Buber，Paths in Utopia，New York：Macmillan，1950.

5. Ernst Bloch，The Principle of Hope，Oxford：Basil Blackwell Ltd.，1986.

6. Ruth Levitas，The concept of utopia，Syracuse，N.Y.：Syracuse University Press；New York：Philip Allan，1990.

7. THE BLACKWELL ENCYCLOPAEDIA OF POLITICAL THOUGHT，1987.

8. The Oxford English Dictionary，VOL 11，Oxford University Press，1978.

9. ENCYCLOPEDIA BRITANNICA，VOL22，1964.

10. Aurel Kolnai，The Utopian Mind and Other Papers，Atalon Press，1995.

11. Joseph Levenson，Confucian China and Its Modern Fate，University of California Press，1965.

12. Melvin J. Lasky，Utopia and Revolution，Chicago and London：The University of Chicago Press，1976.

後　記

　　本書是在我的博士學位論文的基礎上修改而成的，也是我多年來對近代中國烏托邦思想相關問題進行思考、研究的結果。我 2003 年走入風景如畫的武漢大學攻讀博士學位，師從劉德厚和張星久兩位恩師，致力於中外政治思想的研究，在武大濃厚的學術氛圍中和浩如煙海的名著中體會著思想的樂趣。在學習研究的過程中苦苦思索著論文的選題，在經歷了一次次地選擇和放棄後終於在導師張星久教授的指導下，選定了近代中國的烏托邦思想作爲我的博士論文題目。在論文寫作的過程中充滿了艱辛和樂趣，難忘那夜半孤燈下的苦思冥想，難忘那睡夢中依然纏繞著的困惑，難忘那每一個小小的突破所帶來的興奮和激動，難忘……。2006 年我的博士論文順利完成並通過答辯，畢業後在繁忙的工作之餘，一直關注著學術界對近代中國烏托邦思想的研究動態，課堂上也經常與本科生、研究生討論交流，碰撞出思想的火花，陸續爲論文充實了一些內容，眼前的這本拙著最終得以成形，如今即將付梓出版，此時此刻，湧上心頭的是一份份難以言表的感激，寫作及出版的過程中留下了太多難忘而美好的回憶，很多人給予了我很多的關心與支持，我所能回報的卻少之又少，只能在此表示誠摯的謝意。

　　感謝我的導師劉德厚教授，他嚴謹的學術態度、幽默犀利的語言以及對事物的深刻洞見令人折服，激勵我在學術的道路上不斷探索。感謝我的導師張星久教授，他追求學術的激情與忘我時常感染著眾多的人，他對問題的敏感以及分析的透徹使我經常在思索的惶惑中茅塞頓開，不斷激起思想的火花。論文從選題到最終完成的每一步都凝聚著他的心血，心中的感激之情無法用語言形容，心中常覺愧疚的是這篇論文離他的期望還很遠，他的鼓勵和

教誨我將永遠銘記在心。感謝譚君久教授，聆聽他的授課實在是一種享受，準確精闢的語言不禁令人歎服，啓發式的思路令人受益終身。感謝施雪華教授，他淵博的學識和充滿生氣的授課使人難忘。感謝虞崇勝教授，他樸實謙遜的品格令人敬仰。

感謝趙理富、瞿磊、盧珂、傅小剛、胡祥、馬潤凡、周軍華、李豔麗等同窗好友，與他們的交流與爭論從來都是一件令人愉快的、富有啓發性的事情。

感謝我的家人，他們的關注與期待一直是我不斷前行的動力和源泉，他們的積極支持與不斷鼓勵伴我度過了最爲艱苦的論文寫作階段。

感謝花木蘭文化出版社及北京聯絡處的楊嘉樂博士和陳世東先生，本書的出版得到了他們的大力支持與幫助，他們爲本書付出甚多辛勞。

2013 年 4 月於上海